초보 직장인을 위한

직장생활
설명서

"96학번이
96년생에게"

초보 직장인을 위한
직장생활
설명서

김영태 지음

harmonybook

나는 체육교육을 전공했다.

유아 체육을 5년 정도 하고 임용고시를 치렀는데 아깝게(?) 떨어졌다. 처음 치른 시험이라, 한 번만 더 하면 충분히 합격할 수 있다고, 내가 아닌, 동기와 선후배들이 이야기했다. 2~3번 만에 합격하는 게, 일반적인 현상이기도 했다. 하지만 나는 그럴 수 없었다. 사랑스러운 우리 첫째가 곧 태어나기로 되어있기 때문이었다. 우리 부부의 먹고사는 문제였다면 한 번 더 도전했겠지만, 새로운 식구가 되는 아이를 생각하니 그럴 순 없었다. 과감하게 포기하고, 전공과는 다른 일들을 찾아서 하기 시작했다. 인터넷 전화기를 팔기도 했고 네트워크 마케팅을 하기도 했다. 할 수 있는 건 다 도전했다. 인맥이라고는 초, 중, 고 그리고 대학 동기 말고는 거의 없었다. 그래서 동기들을 찾아다니기 시작했다.

하루는, 고등학교 동기 사무실에 찾아가게 되었다.

동기는, 고등학교 선배의 사무실을 소개해 줬다. 잘 아는 선배였다. 전공과 다른 일을 하고 있어서 일부러 연락할 일은 없었을 뿐이었다. 나는 내가 팔아야 할 인터넷 전화기만 생각하고 방문했다. 선배는 항상 봐왔던 것처럼, 반갑게 맞아줬다. 그 마음이 너무 고마웠다. 그리고 다른 선배도 함께하고 있다는 걸 알게 되었다. 그렇게 몇 번 방문하면서 선배가 하는 일을 해보고 싶다는 생각이 들었다. 그래서 일을 하고 싶다고 부탁했고, 다행히 일을 시작하게 되었다. 그때 그 선배의 배려가 없었다면 지금의 나는 없다고 봐도 과언이 아니다. 많은 것을 배웠고 많은 배려를 받았다. 헤어질 때 불편하게 헤어져서 아쉽지만, 나도 받은 것 이상으로 많은 것을 이뤄놓고 나왔기 때문에, 그나마 다행이라 생각하고 있다. 제대로 된(?) 직장 생활을 처음 했던 그때를 회상해 본다.

17년 전, 서른이 되던 해였다.

나는 전공과는 전혀 상관없는, 더군다나 한 번도 생각해 보지 않은 일을 시작했다. 인쇄와 학회 행사를 진행하는 일이었다. 서른이라는 나이가 그리 많은 건 아니지만, 아무런 지식과 경험 없이 새로운 일을 한다는 게, 쉬운 건 아니었다. 그렇게 시작했기 때문에, 혼자서 많이 공부했다. 선배한테 배우면 거기서 그치는 게 아니라, 복습을 철저하게 했다. 가장 중요하고 어려웠던 건, 견적서를 작성하는 일이었다. 인쇄하는 종류와 양에 따라 계산하는 공식이 있다. 낱장을 계산하는 건 그리 어렵지 않았다. 하지만 책자를 계산하는 건 너무 어려웠다. 표지와 내지 컬러 그리고 내지 흑백 등 종류에 따라 종이 재질이 다르고 인쇄하는 도수(흑백은 1도, 컬러는 4도)도 다르기 때문이다. 각각의 인쇄물에 맞는 공식을 대입해서 계산해야 한다는 말이다. 여기서 숫자가 잘못되면 어떻게 될까? 수량이 적은 것은 그리 문제가 되지 않지만, 수량이 많으면 적게는 몇십만 원 많게는 몇백만 원 손해를 입게 된다. 그러니 신중하지 않을 수 없다.

거의 매일 사무실에 혼자 남아서 견적서 작성 공부를 했다.

방법은 이랬다. 이미 인쇄가 된 책자를 하나 골랐다. 그리고 컴퓨터에서 그 책자에 대한 견적서를 찾았다. 몇 부가 인쇄되었는지만 보고, 견적서를 닫았다. 다음은, 책자를 살펴보고 견적서를 작성했다. 마치 문제집을 풀듯이. 그렇게 계산해서 견적서를 작성한 다음, 떨리는 마음으로 작성돼 있던 견적서를 열었다. 문제집을 채점하듯이 말이다. 내가 작성한 내용과 작성돼 있던 견적서가 일치하면, 그렇게 기분 좋을 수가 없었다. 머리끝이 삐죽 서는 듯한 느낌도 받았다. 그렇게 견적서 작성이 익숙해질 무렵이었다.

그날도 견적서 작성 연습을 하고 있었다.

거짓말 조금 보태서, 이제는 작성하지 못할 견적서는 없다는 생각마저 들 정도로 자신감이 넘쳤었다. 그렇게 어깨 뽕이 올라간 상태에서 책자 하나를 골라 들었다. 여유로운 마음으로 견적서를 작성하고, 채점에 들어갔다. 당연히 맞겠거니 하고 작성돼 있던 견적서를 열었는데… '잉? 뭐지?' 전혀 다른 내용으로 작성된 견적서가 눈에 들어왔다. 이해가 되지 않았다. 내가 알고 있는 공식으로 아무리 대입해도 소용이 없었다. 페이지를 잘못 세었나 다시 살펴봤지만, 도무지 그 이유를 알 수 없었다. 풀리지 않는 수수께끼를 푸는 심정이었다. 그렇게 붙들고 매달리다 지친 새벽, 다음날 아니 그날 아침 출근하면 선배한테 물어보기로 하고 일단 퇴근했다.

선배가 오자마자 견적서와 책자를 들고 찾아갔다.

"이 견적서요. 아무리 봐도 도무지 이해가 안 돼요. 아무리 계산해도 이 도수가 안 나와요. 어떻게 된 거죠?" 선배는 견적서를 쓱 살펴보더니 내려놓고, 아무렇지 않은 듯, 정말 아무렇지 않은 듯 한마디를 툭 하고 내려놨다. "아, 이거? 그때 다른 일 하고 못 받은 게 있었는데, 그 금액을 얹어서 그래." 허무했다. 내가 어제 이 견적서 때문에, 몇 시간을 붙잡고 늘어졌는데 이유가 그런 거였다니. 아무런 말도 나오지 않았다. 그때 들었던 생각은 이랬다. '그때 사무실에 같이 있어 주기만 했어도, 1분도 안 돼서 정리됐을 텐데.' 아! 그렇다고 선배가 새벽까지 같이 있었어야 했다는 건 아니다. 이 일 말고도, 조금만 같이 있었으면, 어렵지 않게 해결할 수 있었던 일들이 많았다. 그 생각이 밀물처럼 밀려왔기 때문에, 그런 마음이 든 거다.

마음의 충격이 좀 심했다.

내가 아무리 노력해도, 노력으로 풀 수 없는 벽에 부딪힌 느낌이었다. 그리고 선배가 원망스러웠다. 조금만 더 같이 있어 줬으면, 어렵지 않게 물어보고 답을 찾았을 거라는 생각 때문이었다. 그래서, **그때부터 나는 후배가 사무실에서 야근하고 있으면 기다렸다. 혹시 나처럼 궁금한 게 있으면 고민하지 말고 와서 물어보라고. 물론 치열하게 고민하면서 배워야 할 부분도 있다. 하지만 내가 겪은 일처럼, 전혀 도움이 되지 않는 고민도 있으니 물어보며 헛수고하지 않기를 바라는 마음이 컸다.** 계속 그렇게 하니, 후배들은 내가 집에 들어가기 싫어서 그렇다고 오해를 하기도 했다. 집에 들어가서 애 보기 싫어서 그렇다고 말이다.

그 말에 변명하진 않았다.

"야! 다 너희들 때문에 있는 거야. 궁금한 거 있으면 물어보라고, 너희들이 그렇게 깊은 뜻을 알아?"라고 말해주고 싶었지만, 참았다. 그러면 후배들이 내가 있는 게 불편할 수 있을 테니까. 나중에는 얘기했다. 시간이 지나고 술 한잔하면서 초창기 고생했던 이야기를 나누는데, 그때 한 후배가 또 이렇게 이야기했다. "부장님은 집에 들어가기 싫으셔서 사무실에 계신 거잖아요." 이런! 그래서 차근차근 설명해 줬다. 앞에 경험했던 일부터 해서, 왜 내가 사무실에 남아있었는지를 말이다. 처음 들어서인지 잠깐, 아주 잠깐 분위기가 숙연해졌다. 정말 몰랐다는 표정과 함께. 그리고 후배들에게 당부했다. **"너희들도 신입이나 이런 친구들이 야근하고 있으면, 같이 좀 있어 주고 그래. 쓸데없는 고민하면서 시간 보내면 얼마나 그렇니. 안 그래?"**

이후로, 후배들이 가끔 고민을 상담해왔다.

일에 대한 문제도 있지만, 개인적인 것도 더러 있었다. 친구와의 문제도 있었고 자기 장래에 대한 고민도 털어놨다. 결혼을 앞둔 친구들은 결혼에 대한 조언을 구했고, 아이를 키우는 것에 대한 것도 있었다. **그렇게 내 경험을 이야기해 줬는데, 그러면서 생각을 정리하기 시작했다. 글을 쓰기 시작했고, 지금도 계속 진행형이다. 앞으로도 계속 써나갈 예정이다.**

이 책의 구성은 총 세 가지로 나눴다.

'업무', '마음 다스림', 그리고 '자기계발'. 예전에 경험한 내용이지만, 지금 후배들에게도 적용할 만한 문제라고 생각한다. 시대는 변해도 사람과 공동체가 고민하는 부분은 거의 비슷하기 때문이다. 소속돼 있는 공동체에서 마음 터놓고 이야기할 선배가 있다면 너무 좋겠지만, 그러지 못하는 후배들이 많다는 것을 알았다. 알려주지는 않으면서 알아서 잘 하기를 바라는 선배들이 생각보다 많다. 마치 경력직만 뽑는 회사처럼 말이다. 그때 울부짖었던 어떤 사람의 한마디가 떠오른다. "모두 경력직만 찾으면, 도대체 저희 같은 신입은 어디서 경력을 쌓으라는 말입니까?" 그래서 도

움이 됐으면 하고 바란다. 후배들에게, 내 글들이 조금이나마 도움이 됐
으면 하는 바람이다. 아무쪼록 행복한 삶을 살아가길 소망한다.

2부 마음 다스림

3부 자기계발

1장

업무

선배가 저보고 기본이 안 됐다고 하는데, 도대체 기본이 뭔가요?

신입 직원이 입사하면, 오리엔테이션을 한다.

회사 전반에 관한 설명과 함께, 각 부서의 업무를 설명해 주므로, 타 부서의 업무를 조금은 이해하라는 취지다. 서로 관련이 있는 부서는 업무에 직접적으로 도움이 될 수 있고, 그렇지 않더라도 회사의 전반적인 비즈니스 형태를 알 기회가 된다. 최소한, 자신이 근무하고 있는 회사에서 어떤 일을 하는지는 알 수 있다.

내가 마케팅 업무를 책임 지던 시절, 이렇게 진행했다.

마케팅에 관한 개념을 이해하기 쉽게, 간단한 사진을 통해 설명해 준다. 자신의 상품이나 서비스에 가치를 더해 고객에게 전달하는 방법을, 예를 들어 알려준다. 가치를 더한다는 측면에서 볼 때, 마케팅 관련된 부서가 아니더라도, 모든 부서에 접목할 수 있는 개념이다.

자신이 다루고 있는 상품이나 서비스를, 어떻게 하면 보다 가치 있게 전달할 수 있을지 고민할 필요가 있다. 가치가 있다는 것은, 고객(내부고객 포함)이 받아들였을 때, 의미와 필요를 느낀다는 사실이다. 의미와 필요를 느끼지 못하는 물건은 처분해야 할 쓰레기로 전락하고, 서비스는 불편한 마음의 짐밖에 되지 않는다.

신입 직원에게 가장 강조하는 것은, 사실, 마케팅에 관련된 것이 아니다.

신입 직원으로서 갖추어야 할, 사회생활을 하는 데 가장 중요하다고 생각하는, 세 가지를 강조한다. 인사와 대답 그리고 피드백이다. 인사는 기본 중의 기본으로, 서로 소통할 준비가 되어 있다는 암묵적인 사인이다. 그래서 아이들에게도, 다른 건 몰라도, 이 부분은 매우 엄격하게 교육하고 있다.

대답은 상대방의 의견을 알아들었다는 표시다.

요즘은 대화 이외에, 단체 메신저 방에서 의견을 나누기도 하는데, 이에 대한 대답이 잘 이루어지지 않을 때가 있다. 그러면 내용에 관해 확인은 했는지, 알아는 들었는지 알 길이 없다. **피드백은 대답에서 조금 더 확장된 개념으로, 지시받은 것에 대해 결과를 설명하거나, 자신의 의견을 표현하는 행위다.** 피드백이 명확하지 않아 서로 오해를 하거나, 잘못 이해해 문제가 되기도 한다.

너무 당연하게 생각하는 세 가지다.

해오고 있던 것이라 여겨서 그런지, 이 말을 하면 당황해하는 표정이 드러난다. 하지만 생각보다, 이 세 가지를 생활에서 잘 지키는 사람은 그리 많지 않다. 처음에는 그렇다고 해도, 시간이 지나면서 점차 안 하게 된다. 기본을 지키는 것은, 의식하지 않으면 간과하기 쉽다. 가만히 생각해 보면, 세상에 많은 문제는 기본을 지키지 않아서 생긴다. 기본적인 예의나 배려를 지키지 않아 마음이 상하고, 상한 마음의 표현을 거칠게 하면 폭언과 폭력이 된다. 더 심해지면 법의 선을 넘기도 한다.

당연한 말과 행동이 잘되지 않은 건, 익숙하지 않아서다.

머리로는 알고 있고, 표현이나 행동을 하지 않으면 익숙해지지 않는다. 아는 것과 할 수 있는 것은 다르다는 말은, 이 때문이다. 익숙한 것을, 옳은 것으로 믿는다.

잘못된 말과 행동이 익숙해지면, 오히려 당연하게 생각하게 된다.

화를 내거나 짜증을 내지 않도록 노력해야 하는 이유가 그렇다. 한 번은 어렵지만, 한두 번 회를 거듭하게 되면, 쉽게 생각한다. 거기에 더해, 참는 내성도 매우 약해진다. 그래서 화나 짜증을 내지 않는 노력이 필요하다. 당연하게 생각하고 있지만, 당연하지 않은 말과 행동이기 때문이다.

당연은, 잘못된 것이 계속되면 익숙해져 옳은 것으로 착각하는 자만이다.

저는 한다고 하는데, 선배들이 인정을 해주지 않아요.
어떻게 해야 인정을 받을 수 있죠?

인정(人情)을 느끼면, 그 사람의 존재 가치를 인정(認定)하게 된다.

따라서 인정(認定)은 타인이 해주는 것이지, 자신이 하는 것이 아니다. 스스로가 인정하는 마음이 강하면 문제가 생기는데, 그 이유는 교만으로 이어지기 때문이다. 여기서 말하는 인정은, '자존감'하고는 다른 시선으로 바라봐야 한다. 자신을 토닥이는 마음을 넘어서는 것이기 때문이다.

스스로가 자신을 인정한다는 것은, 많은 역할을 하고 있다는 마음에서 시작된다.

직책이 높아지거나 성과물이 자신의 손에서부터 시작됐다는 마음이 강하면, 그렇게 된다. 이 마음은 자신감을 끌어올리거나 동기를 유발하는 것이 아니라, 착각하게 만든다. 모든 것이 자신이 만들어냈고 만들어내고 있는 성과라고 착각한다. 그렇지 않은 것도 말이다.

「스토브 리그」라는, 야구 드라마가 있다.

2019년 말에 시작해서 2020년 2월에 종영된 드라마다. 참 재미있게 봤는데, 그 안에 녹아있는 많은 교훈도 건져 낼 수 있었다. 울림이 너무 컸던 대사가 있었다. **"내 가족을 위한 것이, 남의 가족도 울게도 합니다."** 가족을 지키기 위한 가장의 고뇌와 행동이, 누군가의 가족을 울게 할 수 있다는 말이 잊히지 않는다. 내 가족에게 너무 정신이 쏠려서, 다른 가족에게 상처를 줘서는 안 된다.

모든 드라마가 그렇듯, 갈등 상황이 다양하게 전개된다.

「스토브 리그」에서는, 자신에 대한 잘못된 인정(認定)이 불러오는 부작용 사례가 나온다. 스토리를 이끌어가는 팀의 4번 타자가 있다. 프랜차이즈 스타라고 해서, 구단이나 팬들은, 그 팀에 없어서는 안 될 선수로 각인되어 있다. 하지만 새로운 단장이 오면서, 이 선수를 다른 구단으로 쫓아낸다. 모두가 경악하고 말렸지만, 단장은 밀어붙인다. 그 이유 중의 하나가, 팀에 너무 강력한 영향을 끼친다는 이유였다. 모든 것이 그 선수를 중심으로 돌아갔다. 그걸 잘 아는 이 선수는, 드러나진 않지만, 자신이 모든 것을 조정하려고 한다. 선수로서의 영역 이외의 부분까지 포함해서 말이다. 하지만 아무도 이 문제에 대해 제기하지 못했다. 없어서는 안 될 선수였기 때문이다. 그렇게 악순환이 반복되면서 팀은 내부적으로 점점 썩어들어 갔다. 단장은 그 썩은 부분을 도려내려는 의도였다.

인정(認定)받고 싶은 욕구는, 고차원에 속하는 욕구다.

'매슬로의 욕구 이론'으로 설명할 수 있다. 인간의 욕구를 다섯 단계로 구분한다. 맨 아래 단계의 욕구가 충족되면 다음 단계의 욕구를 갈구하게 된다는 이론이다. 생존에 필요한 기본적인 욕구인 '생리적 욕구'가 가장 아래 단계에 속한다. 다음은 '안전의 욕구'다. 신체적, 감정적, 경제적 위험으로부터 보호받고 싶은 욕구를 말한다. 중간에 있는 욕구는 '소속과 애정의 욕구'다. 어느 곳에 소속되고 그 안에서 사랑하고 사랑받고 싶은 욕구를 말한다. 꿈을 이루고 싶다는 '자아실현의 욕구'가 맨 상위의 있고, 그 바로 아래 네 번째 단계인 '존중의 욕구'가 있다. 존중과 주목을 받고 싶은 욕구다. 여기에 해당하는 것이 인정받고 싶은 욕구다.

인정(認定)은 누군가로부터 '받는' 것이지, 스스로 '하는' 것이 아니다.
그러기 위해서는 인정(人情)이 느껴져야 한다. 인정(人情)이 느껴지는 사람은 한결같은 사람이고, 자신을 올리는 사람이 아니라는 공통점이 있다. 한결같이 자신을 낮추는 마음과 행동이, 인정(認定)받을 수 있는 길이다.

인정(認定)은, 한결같이 자신을 낮추는 마음과 행동으로 받을 수 있는, 타인의 마음 도장이다.

회사에 바로 윗선임이 그만둬서 불안해요.
앞으로 어떻게 하죠?

심포지엄이라는 업무를 처음 시작할 때였다.

몇 안 되는 인원이라, 업무를 아는 사람도 없었고 시스템이나 정보도 없었다. 내가 그 업무를 맡게 되었는데, 정말 막막했다. 정신을 잃었던 주인공이 정신을 차리고 보니, 모래바람이 부는 벌판에 혼자 남겨진 영화의 한 장면처럼, 내 마음이 그랬다. 피하고 싶다고 피할 수 있는 상황이 아니었기 때문에 뭐라도 해야 했다. 유아 체육을 할 때, 운동회 등 행사 준비했던 프로세스를 떠올리며, 진행을 시작했다. 해야 할 것 같은 일을 나열했고, 나열한 일들을 묶을 수 있는 것끼리 묶었다. 묶고 난 일들 위에 대표할 수 있는 이름을 붙였다. 대분류로 구분을 한 것이다.

대분류로 나눈 내용을 바탕으로, 체크리스트를 만들었다.

체크리스트에는 물건이라면 필요한 수량을 적었고, 업무라면 해야 할 일정을 표시했다. 내가 해야 할 것과 협력업체에 도움을 받아야 할 것을 구분했고, 거래처에 확인을 받아야 할 것도 정리했다. 최종적으로, **내가 할 수 있는 것과 할 수 없는 것을 구분하고 기한을 정했다. 내가 밤을 새워서 할 수 있는 업무가 있지만, 밤을 새운다고, 내 의지로 맞출 수 없는 것도 있기 때문이다.** 돌이켜보면, 거래처 입장에서 희한한 업체라고 생각할, 말과 행동을 참 많이도 했다. 지금 생각하면 너무도 부끄럽고 말도 안 되는 일이지만, 그때는 용감했다. 몰랐으니까. 그렇게 부딪히고 넘어지면서 업무를 습득했다. 몸과 머리 그리고 마음으로 부딪히면서 익힌 업무 역량과 배움은 온전히 나의 것이 되었다. 그렇게 시작한 일을, 15년 이상 지속할 수 있던 것도 그때의 경험이 있었기에 가능했다고 장담할 수 있다.

아무리 배울 것이 많아도, 필요 없는 일과 안 할 수 있으면 안 해도 되는 일들이 있다.

그래서 경력자가 필요한 것이다. 시행착오는 한두 번 겪는 것이지, 매번 겪는 것은 시행착오가 아니라 문제기 때문이다. **필요 없는 일과 안 할 수 있으면 안 해도 되는 업무를 없애도록, 시스템을 구성했다.** 후배들이 겪지 않아도 될 시행착오는 겪고 싶지 않게 하기 위해서다. 내가 별로 안 좋았으니까.

체크리스트 양식을 만들었다.

각각의 업무를 할 때 확인해야 할 사항과 준비물 등에 대해 세세하게 문서로 만들었다. 그렇게 갖추고 나니, 후배들은 시스템에 따라, 업무를 수월하게 배울 수가 있었다. 더 빨리 성장을 할 수 있게 되었고, 업무시간도 많이 단축되었다. 경쟁업체는 갖추지 못한 시스템을 갖췄다는 것이 뿌듯했다. 이 시스템은, 업무 프로세스 이외에, 자신의 업무 노하우를 내어놓아야 가능하다. 자신의 노하우를 밥그릇 지키기로 사수하고 있으면, 절대 시스템을 만들 수 없다.

동전에 양면이 있듯이, 장점이 있으면 그 속에는 반드시 단점이 존재하는 법.

쉽게 익힐 수 있다는 것과 시행착오를 최소화할 수 있다는 장점이 있지만, 시스템으로 가르쳐줄 수 없는 것이 존재했다. 시행착오가 꼭 나쁜 것만은 아니라는 생각을 하게 되는 대목이다. **부딪히고 넘어지는 것을 최소화하다 보니, 그런 상황에, 쉽게 힘들어하고 어려워했다.** 시스템대로 움직였기 때문에, 조금만 낯선 상황을 만나면, 이겨낼 시도를 하지 않는 것이다. 처음부터 해본 사람은 없는데, 안 해봤다는 이유로 지레 겁을 먹는다. 모두가 그런 것은 아니지만, 해보려고 하기보다, 자신은 할 수 없다는 생각을 먼저 하게 됐다.

영화나 드라마를 보면, 독하다 싶을 정도로 부하직원을 혹사하는 상사가 나온다.

그렇게 맷집을 키워 놨기 때문에 어지간한 일에는 눈 하나 깜빡하지 않는다. 예전에는, '꼭 저렇게까지 해야 하나?'라는 생각을 했었다. 하지만 인격적인 존중이 뒷받침된다면, 성장을 위해서, 그 방법도 나쁘지는 않다. 야외 카페에서 커피를 마실 때, 비나 눈이 오면, 그것을 막기 위해 가림막을 내린다. 비나 눈이 멈추고, 언제 그랬냐는 듯, 햇볕이 비추면 그 햇볕을 쐬고 싶어진다. 그때 하는 방법은, 두 가지다. 가림막을 거두거나, 의자를 옮겨 가림막이 가리지 않는 곳으로 이동하는 것이다.

가림막은 비나 눈을 막아주기도 하지만, 햇볕도 가린다.
가림막에 몸을 맡기는 것도 필요하지만, 항상 가림막 아래 있다면 성장이 매우 더디게 된다. 누군가 갑자기 가림막을 걷어냈을 때, 어찌할 바를 모르게 된다. 가림막이 있더라도, 가끔은 비와 눈도 맞아보고 햇볕도 쐬가면서 그렇게 살아보면 어떨까? 가림막이 언제나 영원히 나를 가려주지도 않고, 막는 것이 다 좋은 것은 아니니 말이다.

가림막은, 눈과 비(위기)를 막아주지만 햇빛(기회)도 막는다.

안 되는 걸 계속 지시하는 상사 때문에 미치겠어요.
설득할 방법이 없을까요?

'하고자 하면 방법이 생기고, 안 하고자 하면 핑계가 생긴다.'

다양한 문제와 부딪히면서, 몸소 깨달은 것 중의 하나다.

나중에 알게 된 것이지만, 이와 비슷한 말이, 필리핀 속담이라는 것을 알고 깜짝 놀랐다. 오래된 속담이나 사자성어가 현재에도 통용되는 것처럼, 형태는 다를 수 있지만, 사람이 살아가는 방식은 국경을 떠나 비슷하다는 생각이 든다.

주어진 문제를 해결하기 위해, 갖은 방법을 다 써봤다.

우리 구성원의 능력으로 어렵다고 판단되면, 다양한 사람에게 도움을 청하기도 했다. 그렇게 집중하고 노력한 문제는 해결되는 경우가 많았다. 해결이 안 되더라도, 그 과정을 통해, 배움을 얻는 시간이 되었다. 그 배움은 후에 다른 문제를 해결하는 데, 직간접적으로 도움이 되었다.

어떤 문제는 마주한 순간부터, 해결하기 싫은, 피하고 싶은 것도 있다.

순간적으로, 해결하기 어렵거나, 해결돼도 크게 달라질 것 없다는 생각이 들기 때문이다. 어떤 프로젝트 의뢰를 받을 때도 그렇다. 수주할 가능성이 매우 낮거나, 수주하더라도 고생만 할 것 같은 느낌이 드는 게 있다. 그러면 당연히 안 되는 이유를 찾게 되고, 그 이유에 대한 합당한 근거를 찾는다. 안 되는 방향으로 흘러간다는 말이다.

어려운 문제에 부딪히거나 큰 프로젝트를 진행해야 할 때, 이런 질문을 한다.

"가능할까?" 이 질문에 어떤 답을 가지고 출발을 하느냐에 따라, 해결될 수도 있고 아닐 수도 있다. 故 정주영 회장은 "이봐! 해보기는 해 봤어?"라는 질문으로, 물음표를 느낌표로 만들었다. 상식적으로 말이 안 된다고 생각한 것을, 현실로 만든 것이다. 그중에서, 하고자 하면 방법이 생긴다는 것을 증명한 좋은 예가 있다.

한국전쟁 이후, 미국 대통령이 한국에 방문하게 되었다.

UN군 묘지를 방문한다는 이야기를 듣고, 잔디를 깔아야 하는 특명이 떨어진다. 하지만 UN군 묘지는 풀 한 포기 없는 곳이기도 했고, 그때가 한겨울이었다. 모두가 안 된다고 했지만, 정주영 회장은 할 수 있다고 말한다. 트럭을 몰고 낙동강으로 가서, 푸른 새싹을 피우기 시작한 보리밭을 산다. 푸른 새싹이 돋아난 뗏장을 떼서, 묘지에 옮겨 심음으로 문제를 해결한다. **이 문제를 해결할 수 있었던 이유는, 문제의 핵심을, 다른 사람들과 다르게 봤기 때문이다. 다른 사람은 핵심을 '잔디'로 봤지만, 정주영 회장은 '푸른색'으로 봤다.** 미국 대통령에게 보여주고 싶은 것은 푸르름이었지, 잔디가 아니라는 것을 안 것이다. 그것을 정확하게 집어냈기 때문에, 문제를 해결할 수 있었다.

문제 해결에 대한 유무는, 자신이 믿는 대로 되는 경우가 많다.

된다고 생각하고 믿으면, 되는 방법이 보일 것이다. 안 된다고 생각하

면, 안 되는 이유만 떠오를 것이다. 물론, 모든 문제를 다 해결해야 하는 것은 아니다. 때로는 피해야 할 것도 있고, 나의 힘으로 어찌할 수 없는 것도 있다. 믿는 대로 이루어진다.

방법은, 마음의 결대로 이루어질 거라는 확신으로 찾을 수 있다.

도무지 아이디어가 떠오르지 않아요.
좋은 방법이 없을까요?

한참 일을 열정적으로 할 때의 기억이 떠오른다.

그때의 열정은 거짓말을 조금 보태면, 잠을 잘 때, 꿈에서도 일을 했었다. 눈을 뜨는 순간부터, 진행하는 프로젝트에 대한 아이디어를 고민했다.

마케팅은 제품이나 브랜드의 가치를 효과적으로 전달하는 방법을 찾는 일이다.

정확한 정보나 가치를 극대화하기 위해서는, 전달하는 방법이 중요하다. 고객이 제품이나 서비스를 선택할 수 있도록 해야 하기 때문이다. 아이디어가 바로 떠오를 때도 있지만, 그렇지 않을 때는 답답한 마음에 가슴을 졸이기도 한다.

어떤 제품이 발매 5주년을 맞는, 대규모 심포지엄을 준비할 때였다.

고객사 담당자는 제품에 대한 효과는 고객들이 충분히 알고 있다고 했다. 그래서 효과에 대한 언급보다는, 브랜드를 최대한 노출할 방법을 의뢰했다. 의뢰를 받고 고민을 하기 시작했다. 일반적으로 많이 사용했던 방법을 간추려서 제안할 수도 있었지만, 그러고 싶지 않았다. 고객의 만족은 둘째 치고, 내가 만족스럽지 않기 때문이었다. 이번에는, 기존에 시도하지 않았던 새로운 방법으로 제안하고 싶다는 생각이 컸다.

한참을 고민해도, 좋은 아이디어가 떠오르지 않았다.

다른 분야의 사례를 찾아봤지만, 강렬한 느낌표를 떠올리게 하는 것은 없었다. 화려하고 특이하기만 한 아이디어 말고, 정말 효과 있는 아이디어를 원했기 때문이다. 광고도 보면, 광고 자체로는 화려하고 특이하지만, 제품에 대한 기억이 남지 않는 광고가 있다. 그런 브랜딩은 하고 싶지 않았다.

심포지엄 개최 일정은 다가오고 있었고, 아이디어는 떠오르지 않아 혼란스러웠다.

한 가지 프로젝트만 할 순 없기에, 다른 고객사 미팅으로 외근을 마치고 돌아오는 길이었다. 버스정류장에서 버스를 기다리면서도, 아이디어를 고민해 봤지만 진도를 내지 못하고 있었다. 머릿속으로 생각만 하다가, 일단 메모지에 그림을 그려보기로 하고, 가방에서 메모지를 꺼냈다. 이렇게 저렇게 그림을 그리기 시작했다. 그러다 문득 이런 생각이 들었다.

'가장 심플하면서도 가장 강력한 것이 무엇일까?'

가장 심플한 것은 제품의 로고다. 가장 강력한 것은 잘 보이고, 오랜 시간 노출하는 거다. 제품의 로고를 이용해서, 강연자의 연단과 좌장(강연을 이끄는 사람)의 테이블을 만들자는 결론을 내렸다. 결과는? 지금까지 봤던 심포지엄 무대 중에, 최고였다는 평가를 들었다.

결과를 내기 위해 많이 고민했기 때문에, 가치 있는 결과물이 나왔다.

가치 있는 결과를 낼 수 있었던 것은, 그 생각에 몰두했기 때문이다. 항상 그 안에 머물렀기 때문에, 떠오른 아이디어를 바로 받아들일 수 있었다. 답을 얻는 방법은, 그 안에 머무는 것이다. 원하는 방향이 있다면, 그

곳으로 흘러갈 수 있도록 머물러야 한다.

응답은, 항상 그 안에 머물러 있어야 얻을 수 있는 해결책이다.

다수결로 결정했는데, 결과가 이상해요.
뭐가 문제죠?

"다수결의 가장 큰 문제는 소수의 의견이 무시되는 것이 아니라, 다수의 의견이 정답이라 믿는 것이다."

다수결에 대한 나의 생각이다. 다수결은, 공동체에서 결정을 내릴 때, 가장 합리적이고 민주주의적인 방식이라 생각한다. 선거가 가장 대표적인 예라고 할 수 있고, 생각해 보면, 대부분의 의사결정이 다수결로 결정된다. 다수의 의견을 반영하는 것이라 큰 의심 없이 받아들인다.

소수 의견의 사람들은 합리적인 이유를 제시하면서, 합의점을 찾으려고 노력한다.

다수 의견에 있는 사람들을 회유하거나, 약간의 의견이라도 반영될 수 있도록 애쓴다. 많은 다수결의 결과를 봤을 때, 그 결과가 과연, 바른 판단인가라는 의문을 가져본 적이 몇 번 있었다. 다수결의 위험성을 봤기 때문이다.

소수의 의견을 낸 사람들은, 다수가 생각하는, 진실을 거부한 사람이 된다.

안타깝게도, 소수 의견을 내는 대부분은 약자다. 직장에서는 직급이 낮은 직원이고, 사회에서는 사회적 약자에 속하는 사람들이다. 기득권층에서 만들어온 문화에 다른 의견을 내는 것을, 그들은 반항이라고 치부한다. 영화 '소수 의견'이나 정의에 관련된 책에서도, 다수결의 위험성에 대해 지적하고 있다.

　다수결의 판단을 무조건 반대하는 것은 아니다.

　다만, **다수의 의견이, 무조건 정답으로 받아들이는 것은 경계해야 한다.** 좋은 공동체를 만들기 위해 가장 필요한 것은, 자유롭게 대화할 수 있는 분위기다. 지금까지 해결하지 못한 문제를 해결할 수도 있고, 새로운 아이디어를 발견할 수도 있다. 서로의 진짜 생각과 성향을 파악할 수 있고, 상대방을 배려하는 문화로 만들 수 있다. 상대방을 잘 알기 때문에 가능하다.

　소수의 의견을 내는 사람은, 자기 생각을 명확하게 할 필요가 있다.

　반대를 위한 반대가 아니라면, 자신의 의견을 분명히 밝혀야 한다. 평소에 소신 있게 살아온 사람이면, 어렵지 않게 의견을 낼 수 있다. 공동체에서 전혀 생각지 않았던 의견을 묻는 경우는 거의 없다. **어떤 상황에서 어떤 말을 해야 할지 고민하기보다, 어떤 생각을 가지고 살아가야 할지를 고민해야 한다.** 생각의 중심이 바로 서 있다면, 상황에 맞는 말은 자연스럽게 떠오른다.

　다수결은, 무조건 정답이라고 믿으면 위험해지는 선택이다.

새로 들어온 후임이 있는데, 도무지 할 줄 아는 게 없어요. 그래도 참아야 하나요?

존중에 대해 생각하게 하는 이야기가 있다.

옛날에, 어느 선비가 나룻배에 올랐다. 뱃사공에게, 논어를 읽어봤냐고 물어보자, 뱃사공은, 자신은 글을 읽을 줄 모른다고 말한다. 선비는 뱃사공에게 훈계하기 시작했다. 인생을 살아가는데, 어떻게 논어를 모를 수 있냐는 것이다. 그때부터 한참을 훈계했다. 뱃사공은 기분이 나빴지만, 묵묵히 노를 저었다.

한참을 가는데, 바람이 세게 불고 파도가 거세게 일어나기 시작했다.

배가 흔들고, 큰 파도로 물이 배 안에 가득 차게 되었다. 물이 가득 찬 배는 점점 가라앉기 시작했다. 파도는 잔잔해졌지만, 더는 배에 머물러 있을 수 없는 상황이 되었다. 뱃사공이 다급히 선비에게 물었다. "헤엄칠 줄 아십니까?" 선비는 물에 들어가 본 적도 없다고 말한다. 뱃사공은 선비의 목 뒷덜미를 잡고 헤엄치기 시작했다. 다행히 멀지 않은 곳에 섬이 있어, 두 사람은 가까스로 살아났다. 뱃사공은 선비에게 숨을 고르며 이렇게 말했다. **"때로는 인생에서, 논어보다 더 중요한 것도 있습니다."** 선비는 자신이 교만했던 것을 뉘우치며 고개를 숙였다.

아무리 뛰어난 지식이나 재물을 가졌다고 하더라도 무용지물일 때가 있다.

물에 빠졌을 때는, 헤엄치는 능력보다 값진 것은 없다. 다양한 지식과 재물을 가지고 있다고, 그렇지 않은 사람을 하찮게 여겨서는 안 된다. 때로는 그 사람의 하찮아 보이는 능력이, 나를 살릴 수 있기 때문이다.

공동체의 리더 중에서, 자신의 능력이 뛰어나다고 교만한 사람들이 있다. 구성원들을 하찮게 생각하는 것이다. 자신이 다 이끌고 있다는 생각에 빠져있다. 뉴스에서 나오는 사내 갑질도 그런 마음이 표출된 사례가 볼 수 있다. 방향을 잡아주고 어려운 상황을 헤쳐나가는 역량은, 리더가 탁월한 것이 사실이다. 하지만 구성원들이 각자의 역할을 해내지 못하면, 아무리 뛰어난 역량도 소용없다. 누구라도 할 수 있는 일이라는 생각이 들더라도, 우습게 보면 안 된다. 영업력이 뛰어난 리더가 있다고 해도, 실행할 구성원이 없으면 소용이 없기 때문이다.

진정한 리더는 자신의 역할을 충실히 하면서, 구성원의 역할도 소중하게 여기는 사람이다.

역할을 인정해 주고 존중하면, 구성원은 마음을 다해서 자신의 역할을 할 것이다. 그 마음은, 때로는, 리더가 해결할 수 없는 일을 해결하기도 한다. 드라마나 영화에서도 이런 장면이 가끔 나온다. 회사의 임원이나 팀장이 해결 못 하는 일을, 말단 사원이 재치 있게 해결하는 것이다. 세상에는, 직급이나 경력 그리고 나이순으로 해결할 수 없는 일이 분명히 있다. 만나는 사람과 주변에 있는 모든 사람을 대할 때, 존중의 마음으로 대해야 하는 이유이다.

존중은, 나를 살리는 마음이다.

좋은 리더가 되고 싶습니다.
어떤 리더가 좋은 리더인가요?

장수(將帥)를 세 가지로 구분한, 고전을 읽은 적이 있다.

오래돼서 제목이 기억나진 않지만, 내용은 또렷하게 기억난다. 맹장(猛將)과 지장(智將) 그리고 덕장(德璋) 이렇게 세 부류로 나눴다. 저자는 자신이 생각하는, 올바른 리더 순서로 나열했다.

맹장은 무서워서 감히 속이지 못하는 장수다.

좋게 말하면 결단력과 추진력이 강력한 리더이고, 나쁘게 말하면 무조건 밀어붙이는 독재자의 모습이라 할 수 있다. 빠른 결과가 나타나지만, 그 결과는 매우 좋거나 매우 나쁜 경우가 많다. 구성원과 의견이 맞으면, 아이디어가 더해지면서 좋은 결과가 만들어진다. 그렇지 않으면, 억지로 끌려가는 형국이라 좋은 결과를 내기 어렵다.

지장은 지혜로워서 도저히 속일 수 없는 장수다.

'눈치가 백 단이다.'라는 말처럼, 눈만 쳐다봐도 다 알 것 같아, 사실 그대로 말하게 된다. 무조건 밀어붙이는 모습은 아니지만, 그 논리가 명확해, 설득되는 리더의 모습이다. 처음에는 다른 의견을 가졌지만, 말을 들으면서 설득이 되고 그렇게 따르게 된다. 리더가 구성원들보다 많은 경험과 지식을 가지고 있을 때, 발휘될 수 있는 모습이다. 좋은 실력을 쌓기 위해서는, 이런 리더와 함께 시간을 보내는 것이 좋다.

덕장은 차마 속일 수 없는 장수다.

맹장처럼 밀어붙이는 것도 아니고, 지장처럼 지혜로운 것도 아닌 좀 어정쩡한 모습이다. 구성원들이 마음으로 따르는 것으로, 저자는 이 리더를 가장 이상적인 리더로 꼽았다. 나도 저자의 의견에 동의했고, 많은 사람이 그렇게 생각했다. 하지만 조직 생활을 오래 경험하면서, 그 의미를 재해석하게 되었다. **리더의 모습을, 단편적으로 판단해서는 안 된다는 것을 깨달았다.**

'사람이 참 좋다.'라고 하면, 순수하고 나무랄 데 없다는 좋은 의미로 통용되었다.

하지만 언제부턴가, '사람만 좋다.'라는 의미로 변질됐다. 다른 건 모르겠고, 그냥 사람은, 나쁘지는 않다는 의미로 말이다. 성과를 내야 하는 회사나 공동체에서, 말하는 의도에 따라, 실력이 없다는 것을 우회적으로 표현하는 말이 되기도 한다. 지금처럼 급격하게 변하는 시대에는 상황에 따른, 리더십에 재해석이 필요하다.

공동체는 구성원이 모여야 만들어지듯, 리더십은 구성원에 따라 달라야 한다.

처음 만들어져 방향을 잡지 못하는 구성원이라면, 맹장의 모습으로 진두지휘해야 한다. 이때 의견을 듣겠다고 모아놓는다면, 의견만 분분할 뿐, 아무런 결과를 낼 수 없다. 방향을 알지 못하는데 어디로 가야 할지 답을 내라는 것은, 말이 되지 않는다. 구성원들이 어느 정도 실력을 갖추고 있다면, 덕장의 모습으로 포용하고 나아가야 한다. 실질적인 일을 하는 데 걸리적거리는 것이 없도록, 가지만 쳐주면서 지켜봐 주면 된다. 그들을 가둬놓고 이리 가라 저리 가라 하면, 앞에서는 그렇게 하겠다고 하지만, 뒤돌아서 자기만의 방식을 고집하게 된다. 잡음이 많아진다.

상황이 그대로 머물러 있지 않듯, 한 가지 리더의 모습으로 한정 짓는 것은 무리가 있다.

상황에 따라 접목해서 리더의 모습을 발휘해야 하는데, 빼놓지 말아야 할 것이 있다. 지장의 모습이다. **리더라면 기본적으로 지장의 모습을 갖춰야 한다. 관련된 분야의 경험과 지혜를 갖춰야 하는 것은, 리더의 기본 중의 기본이다.** 지장의 모습이 없다면, 맹장과 덕장을 접목한다고 해도 좋은 모습이 나올 수 없다.

지장의 모습이 없는 맹장은, 불속에 뛰어드는 불나방과 같다.

무조건 돌격 앞으로 한다고 해서 결과가 나오는 것은 아니다. 가야 할 때와 서야 할 때를 알지 못하면 다 같이 죽는 꼴밖에 되지 않는다. 지장의 모습이 없는 덕장은, 여기저기서 터지는 산발 탄과 같다. 방향을 제시해 주지는 못하고 인자한 미소만 짓는 모습에, 구성원들은 속이 터진다. 가장 이상적인 리더는, 구성원과 상황에 따라 다양한 방법을 사용하는 리더다.

리더십은, 상황과 사람에 따라, 어떤 손을 내밀어야 할지 달라져야 할 기준이다.

**챙겨주기 싫은 후배가 있는데, 선배는 계속 챙겨주라고 해요.
이 불편한 마음을 어떻게 해야 할까요?**

직장 생활에서 가장 스트레스받는 상황은 무엇일까?

10여 년 전, '직장인들이 퇴사를 결심하는 이유'에 대해 조사한 적이 있다. 사내 발표용이었다. 왜 준비했는지 기억이 잘 나진 않지만, 조사 결과를 보고 좀 의아한 생각이 들었다. 퇴사의 절대적인 이유가, 업무와 관련된 것보다, 사람이라는 이유 때문이다. 지금은 많은 사람이, 이 부분에 대해 공감하고 알고 있다. 그만큼 언론이나 매체에서 많이 소개했다. 그 이유에 대한 분석도 다양하다. 결국은 세대 간, 이해할 수 없는 문화가 가장 큰 영향을 주었다고 말한다. 이제 퇴사의 이유를, 업무나 회사의 비전 등으로 생각하는 사람은 별로 없어 보인다.

퇴사를 결심한 것은, 어떤 부분에서, 스트레스를 감당하기 어렵다는 생각 때문이다.

도저히 견딜 수 없는 스트레스로, 벗어나야겠다는 생각이 강하게 드는 것이다. 퇴사의 많은 이유가 사람 때문이라는 것은, 사람 때문에 받는 스트레스가 심하다고 해석할 수 있다. 하지만 회사에는, 퇴사 이유를 솔직하게 말하지 않는다. 새로운 영역의 일을 해보고 싶다거나 공부를 하고 싶다고 말하면서 조용히 떠나고 싶어 한다. 말해도 변하지 않는다는 생각과 어차피 떠날 건데 굳이 말할 필요가 있겠냐는 생각이다. 퇴사의 이유가 사람 때문이라는 것을 알지만, 오랜 시간이 지나도, 개선되지 않는 이유 중 하나라고 본다.

몇 년 전에 잡코리아와 알바몬이 공동으로, 설문조사 한 기사를 찾았다. 퇴사 경험이 있는 사람을 대상으로 한 내용이다. 「직장인 52.1% "퇴사하는 진짜 이유 숨겼다"」라는 제목으로 게재되었다. 1위를 한 내용은, '상사/동료와의 갈등 때문에'이고, 밝히지 않았다는 비율이 65.7%, 밝혔다는 비율이 34.3%였다. 다음으로 이어지는 순위는, '조직 문화가 나랑 맞지 않아서', '직급/직책에 대한 불만 때문', '지켜지지 않는 워라밸 때문에' 등등이 있다. (출처: 동아닷컴/2020.4.13.) 실제 조사 결과, 퇴사의 가장 큰 이유가 사람 때문이라는 것과 사실대로 밝히지 않는 비중이 높다는 것을 알 수 있다. 더불어 퇴사하는 사람 대부분이 누구인지, 간접적으로 알 수 있다. 오랜 시간 회사에 다닌 사람이 아닌, 얼마 되지 않는 사람들이다.

지금까지 살아왔던 환경과 많이 다른 직장 생활이 힘들게 느껴졌으리라 생각된다.

새로운 사람들 그리고 생각이 전혀 다른 사람들과의 소통하는 것은, 먼 나라 이웃나라 같은 느낌마저 들기도 한다. 그렇게 **한 번 두 번 떠나던 회사 생활이, 습관이 되는 건 아닌지 생각해 볼 필요도 있다.** 처음에는 본의 아니게 그랬어도, 반복되면서 자신에게 합리화를 시키기 때문이다. 요즘은 문화가 많이 바뀌어서, 기성세대가 20~30대를 이해하기 위한 노력을 많이 하고 있다. 그들을 이해하기 위한 서적이 다수 쏟아져 나오는 것을 봐도 알 수 있다. 이야기를 많이 듣기 위한 노력도 이어지고 있다. 이제는, 한쪽에서 강요하거나 무조건 따르는 문화가 아니다. 일방통행으로 흘러가는 조직은 점점 사라지게 된다.

일방통행은 위에서 아래로 흐르는 것만 의미하는 것은 아니다.

예전에는 이런 문화가 당연하게 여겨졌지만, 지금은 오히려 반대의 흐름으로 흐르기도 한다. 며칠 전, 기업에서 신입 직원 교육과 컨설팅하는 분의 이야기를 들었다. '설마?'라는 생각이 들 정도로, 매우 황당한 사례를 들었다. 단체 메신저 방이 일상화되다 보니 생긴 사례다. 업무 종료 시각이 좀 지난 시간 그리고 주말에 누군가 한 번 메시지 올린 것을, 인사부에 고발까지 했다는 말이다. 여러 번도 아니고 자주도 아닌 딱 한 번인데. 솔직히 너무하다는 생각까지 들었다. 이외에도 몇 가지가 있는데, 극단적인 사례만 들었기 때문에 그런 생각이 들 수 있지만, 왜 사회생활을 하는지 이해할 수 없었다.

모든 것을 타인에게 맞추면서 살아갈 순 없다.

하지만 모든 것을 자기 생각에 맞춰야 한다고 강요할 수도 없다. 내가 맞추는 노력과 나에게 맞춰주기를 바라는 요구를 적절하게 해야 한다. '가는 말이 고와야 오는 말도 곱다.'라는 속담을 떠올려본다. 내가 '먼저'다. **모든 불화의 원인은 '네가 먼저'라는 생각 때문이다. 마음이 동요하지 않더라도, '내가 먼저'라는 생각으로 말과 행동을 하면 더 좋은 몫을 얻으리라 믿는다.**

먼저는, 좋은 몫을 얻기 위해, 필요한 마음이다.

곧 퇴사를 앞둔 선배가 있는데 세상 신나 보여요.
남아 있는 내가 잘못된 건가요?

"나만 아니면 돼!"

예전에 다니던 회사에서, 직원들이 농담처럼 가볍게 했지만, 진심으로 했던 표현이다.

까탈스러운 거래처 담당자를 배정할 때, "나만 아니면 돼!" 문제가 발생해서 책임 추궁을 할 때, "나만 아니면 돼!" 많은 업무를 처리할 일이 있어 야근할 때, "나만 아니면 돼!"

공동체에 어떤 문제가 발생하거나 어려운 상황이 생겼을 때, 그 불똥이 자신에게 튀지만 않으면 상관없다는 의미다.

참 씁쓸한 얘기로 들리지만, 직원들끼리, 모두가 공감하면서 암호처럼 사용했다.

그렇다고 서로 악의적인 마음을 갖거나 불화가 있었던 것은 아니다. 그만큼 모두가 많은 업무에 시달리고 있었기 때문에, 제비뽑기에 뽑히듯 불상사(?)를 입은 사람에게 농담처럼 던졌던 말이다. 그렇게 말은 했지만, 함께 도움을 주고 함께 고민을 나눴다. "나만 아니면 돼!"라는 표현은 말 그대로 자신에게 피해만 오지 않으면 누가 어떻게 되든 상관없다는 의미가 아니었다. 모두가 힘든 상황에서, 유쾌하게 서로를 위로하는 방식이었다.

"나만 아니면 돼!"

어느 순간부터, 이 표현이 말 그대로 사용되는 것 같아 씁쓸한 마음이 든다. 함께 하는 동료는 어떻게 되든, 자신에게 이로울 수 있다면, 상관없다는 생각이 전염병처럼 퍼지는 것 같다. 커다란 공을 함께 짊어지면서 버티고 있는데, 다른 공이 조금 더 편할 것 같아 빠진다고 하면, 남아 있는 사람들이 그 사람만큼의 짐을 나눠서 져야 한다. 당연히 더 힘들어진다. 그걸 뻔히 알면서 빠지겠다고 하는 것은, "나만 아니면 돼!"라는 생각이 지배적이기 때문이다. 그동안 함께 했던 시간에 대한 무게도 있는데, 한순간에 물거품으로 취급해버린다.

자신의 꿈을 위한 선택이라면, 그리고 지금보다 나은, 선택이라면 응원해 줘야 한다.

회사의 부당한 처우나 사람으로 인한 괴로움으로 인한 것이면, 당연히 그렇게 하도록 도와줘야 한다. **하지만 누가 보더라도, 일단 지금의 힘든 상황을 벗어나기 위한 것이라면, 함께하고 있는 사람을 한 번쯤은 생각해 봐야 한다.** 자신의 짐을 떠안아야 하는 다른 사람을 생각해 봐야 한다는 말이다. 7명이 앉을 수 있는 지하철 의자에 8번째 앉는 사람이 있다고 하자. 그 한 명으로 다른 7명이 불편해하는 것처럼, 자신이 8번째 사람이 되는 것에 대해 진중하게 생각해야 한다. 그리고 또 하나, 자신이 다른 7명 중 한 명이 될 수 있다는 것도 기억해야 한다.

지금의 상황을 벗어나기 위한 차선의 선택에서, 가장 큰 문제는 잘못된 판단이다.

차선을 최선으로 착각한다. 지금만 벗어나면, 모든 상황이 자기 생각대로 돌아갈 거라 착각한다. 하지만 얼마 지나지 않아, 현실에 부딪히게 된다. 지금까지 지켜본, 차선의 선택을 한 사람들을 보면 그렇다. 조금은 먼저 걸어온 사람으로서, 여러 이야기를 해도 듣지 않는다. 그 이유가 뭘까? 보려고 하지 않고 들으려 하지 않기 때문이다. **아무리 좋은 그림도 보려 하지 않으면 기억되지 않는 풍경일 뿐이고, 아무리 좋은 음악도 들으려 하지 않으면 소음일 뿐이다. 눈을 가리고 귀를 막으면, 그 대가도 자신이 고스란히 져야 한다는 것을 잊지 않아야 한다.**

감당은, 자신이 생각하는 것보다, 더 큰 무게감을 견딜 각오를 하는 거다.

잘 지내다가도 한순간에 신뢰가 무너져 내릴 때가 있어요. 뭐가 문제죠?

신뢰를 쌓기 위해서는. 오랜 시간 공을 들여야 한다.

신뢰 관계가 형성되었다 하더라도, 유지하는 것 또한 간단하지 않다. 초기에 했던, 노력만큼은 아니지만, 그에 버금가는 수준은 유지해야 한다. 그렇지 않으면 사람이 변했다는 말을 듣게 된다. 그래서 오랜 시간, 신뢰 관계를 유지하는 사람의 노력과 정성은 인정해 줄 수밖에 없다. 그냥 되는 건 없다. 어떤 성과가 나타나는 이유는, 시간과 노력 그리고 정성으로 만들어진다.

신뢰는 쌓는 것과 달리, 무너지는 건 한순간이다.

도미노를 세우는 것은 오랜 시간과 정성을 들여야 하지만, 넘어트리는 건 손가락 하나로 툭 치면 되는 것처럼 말이다. 짧은 시간도 시간이지만, 손가락 하나로 툭 치는 것처럼, 별거 아닌 일로 무너질 때가 빈번하다. 너무 허무하다. 그동안의 시간과 노력이 아깝다는 생각이 들고, 배신감에 치를 떨기도 한다.

잠을 못 이루거나, 일이 손에 잡히지 않을 만큼 신경이 쓰이기도 한다.

어떻게 그럴 수 있는지 이해가 되지 않는다. 받은 상처의 크기는 점점 커지고 깊어지게 된다. 기억에서 잊힐 만큼 시간이 지나야 잊을 수 있지만, 문득 그때의 기억이 떠오르면 다시 한번 치를 떨기도 한다.

배신당했다는 생각이 들면, 많은 생각을 하게 된다.

처음에는 원망스러운 생각이 가득해진다. 내가 해준 것만 생각난다. 해준 게 많다는 생각이 들면, 원망의 크기는 구르고 굴러서 눈덩이처럼 커진다. 시간이 한참 지나고, 이 부분에 대해 생각해 본 적이 있다. 문득 들었던 생각은 이것이었다.

'담벼락이 무너지는 게, 한순간일까?'

뉴스에서 건물이 무너졌다는 소식이 들릴 때, 공통적인 의견은, 조금씩 무너지고 있었다는 말이다. 실금이 갔고 그 실금이 점점 커지고 번지면서, 무너질 준비를 하고 있던 거다. 하지만 사람들은 인지하지 못했거나, 크게 신경 쓰지 않았다. 그렇게 방치한 것이, 붕괴로 이어졌다.

신뢰 관계도 이런 관점에서 살펴봤다.

조금의 틈이 생겼을 것이고, 그 틈을 방치한 시간에 비례해서, 점점 벌어지고 있었다. 인지하지 못한 것뿐이지, 틈이 없던 게 아니다. 폭탄을 이용해서 건물을 무너트리는 게 아니고서는, 오랜 시간, 누적된 틈으로부터 서서히 무너짐은 시작되고 있다.

신뢰가 무너졌던 관계를 가만히 돌이켜보면, 사인이 있었다.

틈이 생기는 조짐이 있었다. 민감하게 받아들이고 조치를 했으면, 작은 틈에서 메울 수 있었다. 무덤덤하게 넘겼기 때문에 틈은 벌어졌고, 결정적인 계기로 무너졌다. 결정적인 계기라는 것이 강력한 사건이 아닌, 아주 사소한 사건일 때도 있다.

중요한 건 사건의 크기가 아니라, 상대방이 받은 마음의 상처다.

사례는 다양할 수 있지만, 한 문장으로 요약하면, 이렇게 정리할 수 있다. 존중받지 못하고 있다는 느낌이다. 그 느낌은 자신이 받을 수도 있고, 줄 수도 있다.

모든 마음의 등 돌림을 이것으로 단정 지을 순 없다.

정말 말도 안 되는 상황도 있기 때문이다. 자신의 이익을 위해, 한순간에 등을 돌리는 상황도 있다. 다만 함께 살아가는 공동체 안에서, 작은 틈이 느껴진다면 민감하고 세심하게 살펴볼 필요는 있다. 무너지고 후회하거나 아쉬워해 봐야, 다시 세울 수 없다.

신뢰는, 민감하게 반응하지 않으면 서서히 무너져 내리는 마음이다.

보고하려고 했는데 어떻게 알았는지
상사가 먼저 말하면서 짜증 내요. 왜 그런 거죠?

어떤 공동체든 목적이 있고, 그 목적을 달성하기 위해 구성원이 존재한다.

회사는 이익 창출을 전제로, 업종이나 업태에 따라 그에 맞는 인력을 꾸린다. 직책에 맡는 업무가 맡겨지고, 각자는 자신의 자리에서 임무를 수행한다. 그렇게 회사는 운영이 되고, 성과에 따라 성장을 하거나 정체되기도 한다. 운영할 여력이 되지 않으면, 폐업하기도 한다.

일은 사람이 한다.

기술의 발달과 인공지능의 도입으로 사람을 대체하는 시스템이 많이 갖춰지고 있지만, 그래도 일의 중심에는 사람이 있다. 식당에서 메뉴를 주문하거나 은행에서 입출금을 하는 등의 단순한 일은, 기계로 많이 대체됐다. 하지만 상황에 따라 판단하고 결정해야 하는 일이나, 전문성을 요구하는 일은 아직 기계가 대체할 수 없다.

사람이라서 발생할 수 있는 문제는, '실수'다.

물론 기계도 오작동이 일어나거나 시스템에 오류가 생기면 문제가 발생한다. 사람은 실수를 거름 삼아 성장한다고 해도 과언이 아니다. 실수를 통해 간과한 것이 무엇인지 알게 되고, 복기하면서 어떤 판단을 해야했는지 깨닫게 된다. 이후에 비슷한 상황이 생기면, 그때의 기억을 떠올리고 판단해서 좋은 결과를 만들어낸다. 이런 경험들이 쌓여 생기는 힘이, '경력'이다.

경력자는 자신이 경험했던 일을 바탕으로, 후임들을 안내한다.

반복적으로 실수가 발생할 수 있는 업무에 대해서는, 시행착오를 줄이기 위해, 자신이 경험했던 실수 사례를 알려준다. 어떻게 대처해야 하는지도 함께 알려준다. 굳이 경험하지 않아도 되고 시간과 비용의 손해가 날 수 있는 문제는, 예방하는 것이 좋다.

실제로 겪으면서 느껴야 하는 시행착오는, 최대한 백업을 하면서 지켜본다.

후임이 잘못 판단해도, 대처할 방안을 가지고 바라본다. 혼자서 낑낑대고 있을 때, "이런 방법은 어떨까?" 하면서 건네주면, 그냥 알려줄 때와는 다르게 받아들이게 된다. 모르는 문제는 고민하지 않고 답을 보면 금방 잊히지만, 고민하다 안돼서 답을 보면 오래 기억되는 것처럼 말이다.

문제 상황을 발생하게 하지 않거나, 최소화하는 방법이 있다.

각자의 위치에서 조치할 수 없는 상황이 발생했을 때, 작은 것이라도 빠르게 보고하는 시스템이다. 작은 문제를 끌어안고 있다, 큰 문제로 번지게 하는 사례가 있다. 고객의 작은 불만을 바로 조치했으면 그냥 넘어갈 수 있었는데, 시간을 끌면서 제대로 된 조치를 하지 않아, 큰 보상을 해줘야 하는 상황도 발생한다.

시스템이라고는 했지만, 그보다 중요한 건 분위기다.

자신이 조치할 수 없는 것이나 작은 문제를, 바로 보고할 수 있는 분위기다. 이런 분위기가 조성되어 있으면 어렵지 않게 바로 이야기하고 조치할 수 있다. 하지만 그렇게 하기 어려운 분위기가 조성되면, 혼자서 어떻게든 막아보려다 되레 큰 문제로 키우게 된다.

후임이 문제 상황을 바로 보고할 수 있게 하는 분위기는 어떤 걸까?

무조건 잘해주는 것이 답은 아니다. 그러면 오히려 더 감추게 된다. 얘기하지 않으면 모를 거로 생각한다. 얘기하지 않아도 언젠가는 알 거라는 생각이 들면, 바로 얘기하게 된다. 후임이 하는 업무에 관심을 가지고 지켜보면 그렇게 된다. 보고 있다고 느껴지면, 언젠간 안다고 생각한다. 여기에 더해, 그 위치에서 할 수 있는 실수는 보듬어주고 가르쳐주어야 한다. 잘못이 아니라, 몰라서 그렇다는 것을 알려줘야 위축되지 않는다.

후임으로서, 문제가 발생했을 때, 바로 보고해야 하는 이유는 이렇다.

내가 후배들한테도 자주 언급하는 말이다. **"먼저 말하면 보고지만, 나중에 말하면 핑계가 된다."** 선임이 문제 상황을 인지하기 전에 말하면 보고가 된다. 하지만 인지하고 물어봤을 때 말하면 핑계가 된다. 같은 말이지만 시점에 따라 보고가 될 수도 있고 핑계가 될 수도 있다. 어차피 언젠가는 알게 될 거라면, 핑계 대는 사람으로 인식되기보다, 보고하는 사람으로 인식되는 게 낫지 않을까?

보고는, 먼저 말하는 것이다. 나중에 말하면 핑계가 된다.

말싸움해서 이겼는데 뭔가 찝찝해요.
왜 그런 거죠?

부부끼리 말다툼을 한다.

누가 잘못을 해서 말다툼이 벌어진 것이 아니라, 의견 차이 때문에 다툼이 일어난다. 예를 들어, 휴가를 가는데 산으로 갈지 바다로 갈지 혹은 펜션으로 갈지 호텔로 갈지 등이다. 사소한 의견의 차이는 어느덧 언성이 높아지고, 지나간 일이라고 묻어두었던, 묵은 이야기를 하나씩 꺼내기 시작한다. 당연히 상대방이 들었을 때 기분 좋지 않은 말이다. 한참을 옥신각신하다 보면, 의견이 중요한 것이 아니라, 말싸움에서 지지 않는 것이 중요하게 된다. 말싸움에서 밀리지 않기 위해 꺼내 들 수밖에 없는 건, 상대방의 약점이다.

약점은 열등감을 가진 부분이나 오래된 실수같이, 언급되지 않았으면 하는 부분이다.

상대방의 역린이라고 할 수 있다. 그곳을 건드린 순간, 작은 불씨가 온 산을 집어삼키듯, 말싸움은 걷잡을 수 없이 커진다. 때로는 돌아올 수 없는 강을 건너기도 한다. 말을 서로 섞지 않는 부부의 이야기를 들은 기억이 있다. 서로 쪽지나 문자 등으로 의사소통을 한다고 한다. 몇 년을 그렇게 지냈다. 중요한 건 그렇게 된 이유다. 서로가 그 이유를 기억하지 못한다. 매우 사소한 일이었다는 것만 기억하고 있다.

지는 게 이기는 거라는, 반어법 같은 말이 있다.

결과적으로는 이겼어도 마음이 찜찜할 때 이렇게 표현한다. 앞에서 말한 부부 사이의 말다툼이 그렇다. 말싸움에서는 이겼어도 무슨 이유에선지, 찜찜한 마음이 들 때가 있다. 내 의견대로 하기로 했지만, 마음은 더 불편한 거다. 이런 상황은, 이겼어도 이겼다고 볼 수 없다. 오히려 의견을 접어준 상대방이 승자의 모습처럼 보인다. 편안해 보이기 때문이다.

지는 게 이기는 거라는 표현은, 부부 사이에만 통용되는 건 아니다.

『어떻게 원하는 것을 얻는가』라는 책 제목처럼, 원하는 것을 얻기 위해서는, 지는 게 이길 때가 있다. 한참 실무자로 일할 때, 호텔과 마찰이 생긴 적이 있었다. 기본적으로 세팅해 주는 테이블 수량 이외의, 추가 테이블 세팅을 요청해서 발생한 문제다. 예약 지배인은 해주겠다고 했는데, 현장에 있는 지배인은 들은 적이 없다며 완강하게 거부했다. 사실 호텔에서는 해주지 않아도 되는 부분이다. 식사가 예약된 수량과 테이블 수량의 차이가 크면, 윗선에서 문제 삼을 수 있다는 이유로 계속 거부했다.

계속 우겨서는, 원하는 것을 얻을 수 없겠다는 생각이 들었다.

그래서 사정했다. 현장 지배인에게, 그렇게 되지 않으면 매우 곤란해지는 상황을 말했다. 완곡하게 부탁했다. 고객사 담당자가 매우 까칠한 성격이라 와서 난리를 부리면, 더 골치 아파질 수 있다고 살짝 엄포도 놨다. 몇 번은 안 된다고 하다가, 안쓰러워 보였는지 추가 세팅을 해줘서 행사를 잘 마쳤다.

행사를 잘 마치고 현장 지배인을 불렀다.

고맙다는 인사와 함께, 호텔 측에서 잘못한 부분에 관해 이야기했다. 행사 전에 하지 못했던, 책임 소재에 대해 명확하게 따졌다. 결론적으로, 호텔에서 전달을 제대로 하지 못해서 발생한 문제로 정리가 되었다. 이후부터 논의된 사항에 대해, 전달을 잘해 달라고 당부하면서 마무리 지었다.

행사 전에 계속해서 잘잘못을 따지고 들었다면, 어땠을까 생각해 봤다. 잘잘못을 따지는 것에 대해서는 이길 수 있었지만, 결과는 좋지 않았을 수도 있었다. 원활하게 도움을 받지 못했을 수도 있고, 행사 내내 마음 졸였을 수도 있다.

누군가와 부딪히는 순간, 짚어봐야 할 것이 있다.

'다툼의 목적이 속 시원함인가? 원하는 것을 얻기 위함인가?' 내가 상대방을 눌렀다는 쾌감을 얻기 위해서는 결과와 상관없이 내질러도 되겠지만, 상대방에게 무언가를 얻기 위해서는 잠깐 호흡을 골라야 한다. 여기서는 이겨도 이긴 게 아니기 때문이다. 보이는 승리가 아니라, 진짜 승리가 무엇인지 기억해야 한다.

승리는, 보이는 우위가 아니라, 마음에서 차오르는 기쁨을 느낄 때 비로소 완성된다.

꼰대처럼 구는 상사가 있어요.
그만하게 할 방법이 없을까요?

'꼰대'라는 표현이 있다.

처음 이 표현을, 어린 시절 영화에서 들었다. 그리 단정해 보이지 않는 학생이, 자신의 아버지나 선생님을 꼰대라고 불렀다. 좀 더 구체적으로는, '우리 꼰대'라고 불렀다. 처음에는 내가 알지 못하는 다른 표현인가 했는데, 시간이 지나고 의미를 알았을 때, 선생님과 아버지한테 왜 그렇게 버릇없이 행동했는지 이해할 수 있었다.

최근에는 직장에서 더 많이 사용되는 용어가 되었다.

직장 상사 중에, 세대 차이가 나는 사람을 일컬어 꼰대라고 부른다. '라 때'라는 표현을 시작으로, 자신의 지난 이야기를 들먹이며 지금의 모습을 다그치면, '꼰대'로서의 면모를 갖추게 된다. 라디오에서, '꼰대 테스트'라는 것을 한 적이 있다. 14개의 질문을 던지는데, 자신에게 해당하는 개수가 몇 개인지 세어보게 했다. 해당하는 개수에 따라 꼰대의 농도를 평가했다. 예를 들어, 4~5개 정도(개수가 정확히 기억나진 않는다.) 해당하면, '잠재적 꼰대'라고 해서, 지금은 아니지만, 꼰대의 가능성을 지니고 있다고 판단하는 식이다.

문제의 내용을 들어보면 내가 생각해도, 너무하다는 생각이 든 질문이 있었다.

내가 봐도 꼰대라 생각됐다. 하지만 '당연히 그래야 하는 거 아니야?'라고 반문하게 되는 질문도 있었다. 몇 년 전, 나도 심각한 꼰대였다고 내가 인정한다. (후배들은 지금도 내가 그렇다고 생각할 수 있지만) 후배들의 잘못된 부분을 가르쳐줘야 한다는 생각이 강했다. 그래서 예전에는 보이는 대로 바로바로 지적했다. 지금은 몇 번을 참고 참은 후에 조곤조곤 설명해 주려고 노력한다. 그래서 그런지 나에게 해당하는 질문은 2~3개 정도였다. 생각만으로 따지면 해당하는 개수가 더 되지만, 말과 행동으로 표현하지 않았기 때문에, 이 정도가 되었다.

'꼰대'와 '꼰대라고 부르는 사람'이, 온도 차가 나는 이유가 뭘까?

나와 다른 부분을 지적하고 싶은 마음이 더 크기 때문이라 생각한다. 내가 서 있는 시선에서 상대를 바라본다. 꼰대는 지금 세대(20~30대) 사람의 시선으로 바라보려 하지 않고, 자신이 그 세대였을 때의 시선으로 바라본다. 세월이 변한 만큼 여러 상황이 많이 바뀌었다. 하지만 자의든 타의든, '라떼'라는 말로 운을 뗀다. 이 단어를 들으면, 뒤에 이어지는 이야기는, '또 시작했네'라며 듣지 않으려고 한다.

지금 세대의 시선도 마찬가지이다.

꼰대는 세대 차이가 나는 모든 사람을 총칭하는 말은 아니다. 그렇게 되어서도 안 된다. 이렇게 말하면, 20~30대 후배들은, 꼰대라서 그렇게 말한다고 생각할 수 있다. 하지만 반드시 짚고 넘어가야 할 게 있다. **꼰대라고 부르는 사람이 하는 이야기가, 지금 상황과 너무 맞지 않는 얼토당토않은 이야기인지, 아니면 필요한 이야기인지 살펴봐야 한다.**

듣기 싫은 이야기는 무조건 귀를 막고 반대하는, '꼰대의 잔소리'로 치부하지는 않았는지 되돌아봐야 한다. 자칫 정말 소중한 기회, 잘못된 방향을 바꿀 수 있는 마지막 기회를 놓칠 수도 있기 때문이다. 사춘기 때를 돌이켜 보면 그렇다. 부모님께 싫은 소리 들을 때는 야속했지만, 방에서 가만히 그 이야기를 생각해 보면, 맞는 이야기가 많았다.

내가 바라보는 시선은, 지나온 삶이 바탕이 된다.

내가 살아온 삶과 타인이 살아온 삶은 다르다. 사회에서 만난 비슷한 나이의 사람과 이야기할 때, 공감되지 않는 사람이 있는 것도 그런 이유다. 지나온 삶이 다르다. 하물며 세대의 간격까지 더해지면 시선의 차이는 더 날 수밖에 없다. 내가 바라보는 시선을 타인에게 이해시키기 위해서는 내 삶을 알려줘야 한다. 그래야 상대가 내 시선을 어느 정도 이해할 수 있게 된다. 강연하는 사람이 자신의 삶을 이야기하는 것도 같은 맥락이다. 그래야 청중은 강연 내용을 더 깊이 이해하고 공감할 수 있다.

타인의 시선을 이해하기 위해서는, 그 사람의 삶으로 들어가야 한다.

어떤 길을 걸어왔고 어떤 생각을 하면서 살아왔으며, 어떤 꿈을 가졌는지 묻고 들어야 한다. 그렇게 타인의 삶에 잠시나마 동행했을 때, 그 사람의 시선을 이해할 수 있는 여지가 생긴다. **시선의 차이가 나는 사람이 있다면, '저 사람 왜 저래?'라고 생각하기보다, '대화가 부족했구나' 생각하고 먼저 상대에 대해 알아보는 노력을 하면 어떨까?**

시선은, 삶에 동행하는 노력을 해야, 어느 정도 맞출 수 있는 마음이다.

후배가 들어와서 일을 좀 시켜야 하는데, 불안해서 못 맡기겠어요. 어떻게 하면 되죠?

중간 관리자 정도의 위치가 되면, 갈등이 일어나는 지점이 있다.

내가 해야 할 업무와 후임에게 지시해야 할 업무를 잘 구분하고 그렇게 해야 하는데, 그게 잘 안된다. 잘 안되는 이유는 다양하겠지만, 본인이 잘 구분하지 못하는 경우와 후임을 믿지 못하는 것으로 크게 구분된다. 본인이 잘 구분하지 못하는 경우는 자신의 선임에게 조언을 구하거나 시행착오를 거쳐 서서히 다듬어 가면 된다. 문제는 후자의 경우다. 믿지 못하는 마음인 '불신'은, '불안'에서 온다.

불안의 첫 번째 단계는, "그냥 내가 하는 게 편하지!"라고 생각하는 마음이다.

자신이 하면 1시간이면 될 것을 후임에게 지시하면 2~3시간이 걸린다. 능숙하지 않은 부분도 있고 업무역량에 차이가 나니 당연한 결과다. 시간 여유가 있으면 기다리겠지만, 그렇지 않으면 시켰다가 자신이 다시 가져오거나 아예 시키지 않고 자신이 한다. 그러면서 이렇게 투덜댄다.

"일이 너무 많아!"

조급한 마음에 자신이 해야 할 업무와 지시해야 할 업무까지 떠안고 있으니 그렇게 느낄 수밖에 없다. 후임이 생겼는데 오히려 업무가 더 많아졌다고 느껴지면 한번 점검해 볼 필요가 있다. 그리고 알아두어야 할 것은, 후임이 잘못한 일은 대세에 큰 지장이 없다는 사실이다.

불안의 다음 단계는, 시켜보지도 않고 "네가 어떻게 해?"라고 생각하는 마음이다.

처음부터 했던 사람은 없는데, 처음이라는 이유로 그리고 내가 확인하지 않았다는 이유로, 할 수 없다고 단정 짓는다. 대세에 크게 지장을 주거나 내 선에서 수습할 수 없는 문제라면 신중하게 고민해야겠지만, 그렇지 않다면 믿고 맡길 필요가 있다. 믿고 맡기지 않으면 자신이 계속 그 일을 해야 한다.

제주로 출장을 간 적이 있다.

토요일과 일요일에 진행되는 심포지엄이면 실무자들은 세팅과 준비를 위해 금요일에 이동하지만, 나는 토요일에 이동한다. 하지만 이번에는 금요일에 이동했다. 이유는 운전 때문이었다. 렌터카로 이동해야 하는데, 제주 출장 담당자 둘이 운전 초보였다. 운전면허가 있다는 사실도 최근에야 알았다. 동승자 중에 운전을 잘하는 사람이 있으면 모를까, 그렇지 않은 상태로 보내는 건 너무 불안했다.

제주 시내에서 서귀포까지 내가 운전을 해서 이동했다.

금요일이라 그런지 공항에 사람들로 붐볐는데, 도로에는 차들로 복잡했다. 공사 중인 곳은, 내비게이션과 다른 동선이라, 급하게 핸들을 꺾어야 하는 상황도 발생했다. 이런 상황과 마주치면서 '내가 오길 잘했네'라는 생각을 했고, 직원들도 자신들이 했으면 오밤중에 도착했을 거라며 내 선택을 지지해 주었다.

세팅을 마치고, 저녁을 먹기 위해 이동했다.

숙소와는 조금 떨어진 지점이었다. 제주 출장을 오면 자주 가는 고깃집이다. 고기를 먹으며 반주를 하지 않는 것은 매우 어색한 일이었기에, 한 잔하게 되었다. 가까운 거리니, 술을 마시지 않는 직원이 운전하면 될 거라는 생각이었다. 식사를 마치고 이동을 하는데, 사실 불안했다.

주차장을 빠져나오는데 앞차와의 거리감도 없어서 몇 번을 앞뒤로 왔다 갔다 했다.

도로에 진입하고 앞으로 나아가는데, 괜찮았다. 운전이 익숙하지 않은 모습은 있지만, 나름 괜찮게 했다. 이야기를 들어보니, 오늘 출장을 위해 지난 2주 동안 연수도 받았다고 한다. 제주에 이들끼리 왔으면 길을 조금 헤매거나 조금 늦게 도착했을 수는 있지만, 오지 못할 정도는 아니라는 것을 알았다.

믿음을 주지 않으면 볼 수 없다는 사실을 다시 깨달았다.

믿고 맡기면 알아서 할 텐데 그러지 못했다. 정 못할 거 같으면 도움을 요청했을 텐데, 내가 오지랖이 넓었다. 안전이 걱정된 것도 사실이지만 말이다. 출발 전에는 잊고 있던, 초보 운전자들의 교통사고율이 더 적다는 통계도 떠올랐다. 이들이 오히려 더 안전하게 운전하고 왔을 가능성도 크다는 말이다. 믿음의 결과는 상대방이 보여주는 거지만, 내가 먼저 믿음을 주지 않으면 볼 수 없다는 사실을 잊지 않아야 한다.

불안은, 믿음을 던지지 않고 움켜쥐고 있을 때, 변질되는 마음이다.

상황에 따라 융통성 있게 잘 대처하고 있는데,
저보고 중심을 잡으라고 하네요. 무슨 뜻인가요?

여러 취미 중, 종영된 드라마 연속으로 보기가 있다.

너도나도 재미있다고 언급하는 드라마도, 종영되기 전까지는, 웬만해서는 보지 않는다. 다음 회를 보기 위해 일주일을 기다려야 하는 게 싫다. 내킬 때, 몇 편을 내리 봐야 성에 찬다. 종영된 지 한참 지난 드라마를 볼 때도 있다. 누군가가 일명 '인생 드라마'라고 극찬하는 드라마다. 「나의 아저씨」가 그런 드라마 중 하나다. 몇 년이 지났지만, 최근까지 SNS에서 언급될 정도로 많은 사람이 기억하고 있다.

즐겨 봤던 드라마가 또 있다.

「낭만닥터 김사부 2」다. 제목으로 유추할 수 있듯, 1부가 있지만 1부를 보진 않았다. 종영된 드라마를 볼 수 있는 사이트에서, 들어봤던 제목이라 눌렀다가, 계속 보게 되었다. 드라마는 재미도 빼놓을 수 없지만, 벌어지는 상황과 그에 맞는 대사로 보게 된다. 귀에 꽂힌 대사는 드라마 안에만 머무는 게 아니라, 생각을 건드린다. 잔잔한 강에 작은 돌을 던지면, 그 돌이 떨어진 자리를 중심으로 물결이 퍼져나가듯 머릿속에서 생각이 번져나간다.

2회에서 그런 대사가 들렸다.

몇 번을 다시 보면서 그 대사를 메모했다. 상황은 이렇다. 신의 손이라

불리는 '김사부'는, 대형 종합병원의 본원이 아닌, 강원도 정선 분원에서 근무한다. 어느 날, 군사작전 중 국방부 장관이 교통사고로 이 병원에 오게 된다. 심각한 상황에서 1차 수술을 잘 마무리했는데, 김사부와 앙숙인 이사장이 못된 계략을 꾸민다. 본원에서 의료진을 파견해, 국방부 장관의 주치의를 바꾸려 한다. 사회적 이슈가 크다는 이유로, 생사가 오가는 사람을 이용하려는 계획이다.

국방부 장관이 심정지가 오는 상황이 발생한다.

1차 수술을 했던 분원의 의사들과 환자를 넘기라는 본원 의료진이 대치한다. 옥신각신하는 동안 환자는 점점 위급해진다. 김사부는 본원 의료진에 아랑곳하지 않고 환자에게 다가선다. 이를 막아선 본원 책임자가, 눈을 부릅뜨며 힘주어 묻는다. **"그러다 잘못되면 책임질 수 있겠습니까?"** 이에 김사부는 호통을 치듯 대답한다. **"살릴 수 있겠습니까?"** 그리고 가르치듯 조용히 이어 말한다. **"먼저 이렇게 물어야지."** 본원 책임자는 이 말에 더는 제지하지 못하고 치료 과정을 지켜본다.

책임질 수 있냐는 질문과 살릴 수 있냐는 질문에 느낌이 다른 이유가 뭘까?

의사로서 책임지는 것이 응급 환자를 살리려는 노력이라 생각되기 때문이다. 같은 듯하지만, 두 질문이 전혀 다른 느낌이 드는 이유를 생각해 봤다. 두 사람의 질문이 같을 수 없는 이유는 어렵지 않게 찾을 수 있다. 의사라는 타이틀은 같지만, 그 안에 든 생각은 전혀 다르다. 김사부의 살릴 수 있냐는 질문은, 말 그대로 의사로서 환자를 살려야 한다는 마음이다. 하지만 본원 책임자의 질문에, 환자는 없다. 사회적 이슈에 관한 생각만 가득하다. 의사로서 갖춰야 할 본질에 집중하지 않고, 그로 인해 얻을 수 있는 이해득실에만 꽂혀있다.

김사부의 모습에서는 당당함이 느껴지지만, 본원 책임자에게서는 불안함이 느껴진다.

소신이 명확하고 해야 할 것에 최선을 다하는 사람은 당당하지만, 소신보다 계산기를 먼저 두드리고 해야 할 것이 아닌 하고 싶은 것에만 몰두하는 사람은 불안하다. 역으로 말하면 당당하고 해야 할 것에 최선을 다하는 사람은 소신이라는 중심이 있고, 반대의 사람은 중심이 없다. 중심이 없으니 흔들린다. 두려움으로 마음이 심하게 흔들린다면, 나의 중심이 어디에 있는지 살펴볼 시간이라고 여겨도 되겠다.

중심은, 소신껏 당당하게 해야 할 것을 하는 사람 안에 있는 것이다.

친구들은 스펙 쌓는다고 열심인데, 저는 제자리인 듯 해요. 괜찮을까요?

인턴 직원이 있었다.

4개월가량 근무했다. 대학 마지막 학기를 앞두고 휴학한 상태였는데, 관심 있는 일이라 경험하고 싶어서 지원했다고 했다. 복학을 미룰 수 없어 그만두게 되었다. 함께 인턴을 시작한 친구가 한 명 더 있는데, 그 친구도 마지막 학기를 남겨두고 있어 그달까지 근무했었다. 바로 복학하지는 않는 것 같고, 다른 계획이 있는 것 같았다. 인원보다 많은 업무 일정이었는데, 큰 도움이 되었다. 조금 더 있었으면 했지만, 상황이 더는 그럴수 없다.

계약서를 작성했을 때가 떠올랐다.

눈은 말똥말똥했고, 대답 소리는 또렷했다. 꼿꼿하게 허리를 펴고 앉은 자세는 자신감에 넘쳐 보였다. 하고 싶었던 일을 할 수 있다는 설렘이 온몸에 그대로 드러났다. 하지만 그 설렘은 오래가지 않았다. 첫 주말 출장을 다녀온 다음 날 아침, 뒷모습을 보니 물먹은 솜처럼 축 처져 있었다. 눈은 반쯤 풀려있었고, 얼굴색도 좋아 보이진 않았다. 둘 다 그랬다. 이후에는 내근만 시키고 출장을 보내진 않았다.

내근업무는 잘 수행했다.

머리가 좋은 친구들이라 업무 이해력이 좋았고, 수행 속도도 빨랐다.

결과물도 좋았다. 특별한 기술이나 지식이 있어야 수행할 수 있는 업무는 아니기 때문에, 누구나 할 수는 있다. 하지만 누구나 성과를 내는 건 아니다. 힘들거나 어렵다고 중도에 포기하는 친구도 있고, 거래처로부터 잦은 클레임을 받아, 어쩔 수 없이 그만해야 하는 친구도 있었다. 그런 면에서는 충분히 역할을 했다고 볼 수 있다.

근무 마지막 날, 송별의 의미로 점심 식사를 같이했다.

음식을 가릴 줄 알았는데, 가리지 않고 다 잘 먹었다. 그동안 수고했다는 말과 함께 앞으로 기회가 되면 다시 보자는 말도 건넸다. 밥만 먹기 아쉬워, 카페에서 차를 한잔했다. 이런저런 얘기를 하다가, 한 달 근무가 남은 친구한테 그만두고 무엇을 할지 질문을 했다. 자격증을 따겠다고 했다. 따려고 하는 자격증의 가지 수가 꽤 됐다. 그걸 다 따서 뭘 할 건지 묻자, 목적이 있는 건 아니라고 했다. 그냥 있어야 할 것 같다는 게 이유였다.

자격증이 많이 있으면 뭘 해도 도움이 될 것 같다는 막연한 이유였다.

목적이 있는 준비가 아닌, 일단 하고 보자는 준비였다. 예전에도 그렇게 말하는 친구들이 있었다. 스펙을 쌓아야 한다는 말만 듣고, 남들이 하는 건, 다하려고 했다. **자신이 무엇을 하고 싶은지 아니면 무엇을 할지 목표를 정하진 않고, 일단 하고 보자는 식이었다. 그래야 뒤처지지 않는다는 말이, 서글프게 들렸다.** 막연한 마음으로 보내는 시간과 노력이 헛되지 않기를 바라는 것 말고는 해줄 말이 없었다.

구슬이 서 말이라도 꿰어야 보배가 된다.

구슬이 아무리 많아도 어떻게 꿸지 생각하지 않고 막 집어넣으면, 보배가 되지 않는다. 그냥 줄에 끼워진 구슬 모음 정도에 지나지 않는다. 적절한 자리에 적절한 구슬이 있지 않기 때문이다. 막연하게 구슬을 많이 가지고 있으려는 욕심으로 보배를 만들긴 어렵다. 마음에 위안만 될 뿐이다. 정작 필요한 구슬이 없다는 사실을 깨달은 순간, 위안은 불안으로 바뀐다.

보배를 만드는 건, 많은 구슬이 아니다.

필요한 구슬이 적절하게 구성되어 있어야 보배가 된다. 보배로 만들기 위해, 어떤 구슬을 어떻게 배치할지 구상하고 꿰어야 한다. 나를 보배로 만들기 위해서도 마찬가지다. 왜 그렇게 만들고 싶은지 그리고 어떻게 배치해야 할지 고민해야 한다. 무슨 구술을 모을지는 그다음이다.

보배는, '왜'와 '어떻게' 다음에, '무엇'이 배치되어야 완성된다.

자기 노하우라며 업무를 잘 알려주지 않는 선배가 있어요. 그렇게까지 해야 하나요?

프로와 아마추어를 구분하는 기준은 뭘까?

한 분야에서 오랜 시간 몸담은 사람이라면, 자신만의 기준을 가지고 있으리라 생각된다. 나도 몇 가지의 기준을 가지고 있다. 직면한 상황을 보면서 생각하기도 했고, 느끼기도 했다. 오랜 시간 지내면서, 가랑비에 옷 젖듯, 그렇게 젖어 든 기준도 하나 있다. 오래전부터 지금까지 이 생각에는 변함이 없고, 종종 목격하거나 느끼곤 한다.

'프로는 손을 펴고 아마추어는 감싸 쥔다.'

프로는 손을 펴서 자신이 가지고 있는 패를 다 보여주고 심지어 자세히 알려준다. 자신이 힘들게 쌓아 온 경험과 노력을 아무렇지 않게 알려준다. 시행착오를 겪으면서 만들어 온, 유형무형의 시스템까지도 전부 내어준다. 하지만 아마추어는 노심초사하며, 꼭 감싸 안 는다. 나중에 보면 별거 아니거나 다 알고 있는 경우가 태반인데도 말이다.

프로는 알고 있다.

자신의 영업 기밀을 다 알려줘도 실행하는 사람은 많지 않다는걸. 아는 것과 할 수 있는 것은 다르다. 할 수 있는 것과 하는 것도 다르다. 하는 사람이라야 결과를 낼 수 있다. 그렇게 결과를 내는 사람이 있어야, 자신도 수월해진다. 언제까지 뛰어다닐 수는 없는 노릇이니까.

프로는 알려주면서 자신이 더 배우고 견고해진다는 걸 안다.

설명하면서 놓치고 있던 것을 깨닫기도 하고, 모호하게 알고 있던 것을 확실히 다지기도 한다. 공부 잘하는 아이들도 마찬가지다. 친구에게 설명하면 더 확실히 알고, 자신이 몰랐던 것을 깨우친다는 것을 안다. 친구에게 도움을 주려는 마음이 자신에게 득으로 돌아온다.

『정유정, 이야기를 이야기하다』

사실 정유정 작가의 책을 읽어보진 않았다. 이 책을 읽으면서 전부 읽어야겠다고 마음먹었다. 이 책은 인터뷰 형식을 빌려, 자신의 영업 기밀을 모두 공개한 책이다. 소설가들이 자신의 방법이라며 실루엣처럼 알려준 책은 있지만, 이처럼 자세한 책은 처음이다. 종반부에는 몇 페이지를 그대로 필사해야 할 만큼, 적용해보고 싶은 방법들이 자세히 실려있다. 그래서 나는 정유정 작가를 '프로 작가'라 감히 말하고 싶다. 멋지다.

아마추어는 모른다.

프로가 알고 있는 걸 모른다. 자신만 살겠다는 욕심으로 보지 못한다. 이를 잘 알려주는 이야기가 있다. 눈보라가 치는 추운 겨울날, 두 친구가 산을 넘어가고 있었다. 한참을 가다, 눈 속에 쓰러져있는 사람을 발견한다. 한 친구는 자신들도 지쳤으니 그냥 가자고 한다. 다른 한 친구는 사람을 어떻게 두고 가냐며 맞선다. 실랑이를 벌이다, 한 친구는 먼저 길을 떠났다.

다른 한 친구는 쓰러진 사람을 둘러업고 비틀거리며 길을 나섰다. 힘겨웠지만 간신히 버티며 한 발씩 걸음을 옮겼다. 한참을 가다가 또 쓰러진 사람을 발견한다. 잠시 쉴 겸 그리고 사람의 상태를 확인할 겸, 업고 있던 사람을 조심히 내려놓았다. 그리고 쓰러진 사람을 살피는데, 그만 주저앉고 말았다. 아까 먼저 떠난 친구였다. 코에 귀를 대봤지만 아무런 소리도 들리지 않았다. 자신의 몸에는 땀이 맺혀있고, 김이 나고 있다는 사실을 뒤늦게 알아차렸다.

 살겠다고 먼저 간 친구는 추위에 얼어 죽었다.
 살리겠다고 함께 간 친구는 상대방의 체온으로 한겨울에도 땀을 흘렸다. 주는 만큼, 아니 주는 것보다 더 많이 돌려받는다는 사실을 잘 알려준다. **어쩌면 내 것으로 생각하며 움켜쥐고 있는 것이, 누군가한테 거저 받은 것일 수도 있다는 생각을 잊지 않아야 한다.**

 프로는, 움켜쥔 손으로는 아무것도 잡을 수 없다는 것을 아는 사람이다.

문제의 본질을 파악하지 못한다는 말을 자주 듣는데, 문제의 본질이 뭔가요?

'출제자의 의도를 파악하라!'

수험생에게 강조하는 말이다. 오래전부터 들어왔고 지금도 듣고 있으며 앞으로도 들을 거라 확신한다. '세상에 변하지 않는 건, 모든 것은 변한다는 사실이다.' 같은, 몇 안 되는 만고불변의 법칙이기 때문이다. 답을 찾기 위해서는 문제가 있어야 하고, 문제는 누군가에 의해 만들어진다. 모르는 문제가 나오면 문제를 잘 살펴보라는 선생님의 조언이 떠오른다. 답에 대한 힌트가, 문제에 숨겨져 있는 경우가 많다는 게 이유였다.

강력하게 떠오르는 시험 문제가 있다.

문제가 뭐였는지 기억나진 않지만, 2번 문제였고 3개를 적는 주관식으로 배점이 6점이라는 건 정확하게 기억난다. 이 문제가 현재 나의 모습을 바꿨다고 해도 과언이 아니다. 임용고시 문제였다. 다른 문제를 다 풀고 이 문제만 20~30분은 고민했던 걸로 기억된다. 고민했던 가장 큰 이유는, 전날 본 친구의 노트 때문이었다.

시험장이 수원에 있었다.

몇몇 친구들이 모여 근처 모텔방을 잡았다. 각자 공부하면서 구두로 질의응답하는 시간도 가졌다. 서로의 노트를 돌려보기도 했다. 그러다 한 친구의 노트에서 내가 알고 있는 내용과 다른 내용이 적혀있는 걸 봤다.

그때 왜 다른지 살펴봤으면, 지금은 또 모를 일이다. 그냥 '다르네?'라고 생각하고 덮었다. 이 내용이 2번 문제였다.

후회했다.

그 친구의 노트를 본 걸 후회했고 정확하게 왜 다른지 확인하지 않은 걸 후회했다. 그렇게 고민한 끝에 내가 알고 있던 내용이 아닌, 친구의 노트에서 봤던 내용으로 적어서 제출했다. 결과는? 내가 알고 있던 내용이 정답이었다. 허무했다. 상대평가라 소수점 차이로도 당락이 결정되는데, 1~2점도 아닌 6점짜리라니. 그래도 다른 문제는 잘 풀었으니 희망을 걸었다.

임용고시는 정답을 공개하지 않는다.

지금은 어떤지 모르겠지만, 그때는 그랬다. 시험이 끝나면 친구들끼리 서로 맞춰보기도 하고 학원에서 풀이를 듣기도 했다. 답이 딱 떨어지는 주관식은 그렇다고 해도, 그렇지 않은 주관식은 맞았는지 틀렸는지 확신이 들지 않는다. 확인하고 싶은 내용이 있다면, 의견을 제출해서 답변을 들을 수 있었다. 6점을 제외하고 점수를 살펴보니, 커트라인에 간당간당했다. 하지만 결국 떨어졌다. 정확하진 않지만, 1점 내외의 점수로 떨어진 것으로 기억된다.

내 실수는 친구의 노트를 본 것이 아니다.

그때는 그렇다고 생각했고 그 생각이 꽤 오래갔다. 하지만 잘 생각해보면 그게 핵심은 아니다. 문제를 정확하게 다시 파악하는 노력을 하지 않았다. 친구의 노트가 어쨌고 내가 알고 있는 게 어쨌고 가 중요한 게 아니라, 문제가 무엇을 원하는지에 집중하지 않았다. 그냥 헷갈린다는 이유로 거기에 쏠려, 문제를 정확하게 다시 보지 못했다.

가장 확실한 답은, 문제에서 나온다.

정확한 답을 찾기 위해서는, 답을 찾으려는 노력보다, 문제를 명확하게 파악하는 노력을 먼저 해야 한다. 가고자 하는 목적지에 노달하기 위해서는 내가 어디를 가는지 명확하게 확인해야 하는 것과 같다. 초행길인데 대충 보고 출발했다 난감했던 적이 여러 번 있었다. 명칭은 비슷한데 지역이 전혀 달라 되돌아오기도 했다.

시작이 반이다.

답을 찾을 때도 마찬가지다. 문제라는 시작을 잘 살피고 정확하게 파악하면, 반은 답을 찾은 것과 같다. 문제를 대충 보고 답을 찾으러 가는 길은, 험난하기도 하고 엉뚱한 곳에 닿을 수도 있다. **어떻게 가는지도 중요하지만, 그에 앞서 왜 가야 하는지를 아는 게 중요하다. 왜 가야 하는지를 알면, 어떻게 가야 하는지가 보이기도 한다.** 어차피 가야 하는 길이라면 정확하게 가는 게 좋지 않은가?

실행은, 의도를 명확하게 알고 출발했을 때 원하는 목적지에 도달할 수 있는 행동이다.

말하는 의도대로 전달되지 않는 것 같아 속상해요.
어떻게 말해야 하죠?

겉모양은 같지만, 내용은 전혀 다른 것이 있다.

식당에서 보이는 요리된 음식 모형이다. 때로는 한참을 바라보며 동행한 사람과, 진짜니 가짜니 하면서, 옥신각신할 정도로 분간하기 어려웠던 적도 있었다. 모양은 음식이나 모형이나 같지만, 음식은 먹을 수 있고 모형은 먹을 수 없다는 차이가 있다. 그냥 넘어갈 수 있는, 그냥저냥 한 차이가 아닌, 근본적인 차이다. 진실과 거짓처럼.

사람도 그렇다.

겉으로 봤을 땐 '선의(善意)'인 것 같지만, 속을 들여다보면 '악의(惡意)'일 때가 있다. 나를 위해서 그렇게 한 줄 알았는데, 알고 보니 자신의 욕심을 채우기 위한 수단이었음을 알게 된다. 마치 자신이 희생하는 것처럼 말하지만, 본인의 실속을 차리기 위해서였다는 걸 아는 순간, 참 허망하다. 때로는 선의로 한 말이나 행동을 악의로 받아들일 때도 있다. 상대를 생각해서 마음을 썼지만, 내 마음을 헤아리기보다, 자신의 감정이나 단편적인 생각으로 마음에 바리케이드를 쳐버린다. 이 또한 허탈하다.

동전의 양면 같은 모습도 있다.

단순하게 생각하면 앞과 뒤의 차이일 뿐이라 생각하지만, 전혀 다르다. 선의와 악의처럼 비슷한 모습이지만 어떻게 바라보느냐에 따라 전혀 다르게 해석된다. 말도 그렇다. 어떤 순서로 이야기하느냐에 따라 말하고 자 하는 사람의 의도가 잘 전달되기도 하지만, 그렇지 않을 수도 있다.

좋은 소식과 나쁜 소식을 전하는 순서가 그렇다.

좋은 소식은 결과를 먼저 알리고 히스토리를 나중에 말하는 게 좋고, 나쁜 소식은 히스토리를 말하고 나중에 결과를 알리는 게 좋다. 듣는 사람으로서는, 처음 들은 내용이 뒤에 듣는 이야기에 영향을 주기 때문이다. 좋은 소식의 결과를 들으면, 뒤에 나오는 자잘한 문제는 문제로 들리지 않는다. 반대로 나쁜 소식은 결과를 먼저 듣게 되면, 뒤에 나오는 좋은 부분은 들리지 않게 된다. 같은 내용이라도 순서에 따라 받아들이는 게 완전히 달라진다.

서울 시장 선거를 배경으로 한 영화, 「특별 시민」에 인상적인 장면이 나온다.

아이디어는 좋지만, 의도를 완전히 왜곡할 수 있다는 것을 보여준다. 선거 방송을 어떻게 구성할지 고민하던 광고 담당자가 상대 광고를 자세히 살펴본다. '지피지기 백전불태'. 상대를 알아야 좋은 전략이 나올 수 있기 때문이다. 그때! 상대 광고를 역이용하자는 아이디어가 떠오른다. 상대 후보가 광고한 본래 내용을 역으로 돌려 의도를 완전히 바꾸겠다는 생각이었다.

「이제는 모든 것을 바꿔야 합니다.

기호 2번 양진주

그동안 열심히 준비했습니다.

부정과 부패로 가득 찬 서울
더 이상 용납할 수 없습니다.
서민이 우선인 사회
미래 서울의 핵심입니다.
지역 경제의 불균형이야말로
있어서는 안 될 절대 악입니다.」

이 내용을 거꾸로 돌려 이렇게 만들었다.

「이제는 모든 것을 바꿔야 합니다.
기호 2번 양진주
있어서는 안 될 절대 악입니다.

지역 경제의 불균형이야말로
미래 서울의 핵심입니다.
서민이 우선인 사회
더 이상 용납할 수 없습니다.
부정과 부패로 가득 찬 서울
그동안 열심히 준비했습니다.

변종구는 다릅니다.
기호 1번 변종구」

달라진 문장은 없다.

순서만 바꿨을 뿐이다. 하지만 그 내용은 천지 차이다. 섬뜩할 정도로. 말하고 행하는 사람은 나지만 그것을 받아들이는 사람은 어떨지 생각해 봐야 할 중요한 이유를 발견하게 된다. **내가 말한 것을 내 의도대로 받아들이지 못하는 사람을 원망하기보다, 내 의도를 잘 이해할 수 있게, 상대방의 처지에서 잘 풀어줬는지 생각해야 한다.** 그러지 못했던 많은 상황이 떠오른다. 앞으로 말해도 거꾸로 밀해도 같은 의미로 전달될 수 있도록, 세심하게 주의를 기울일 필요가 있다.

말은, 내 의도대로 전달되는 것이 아니라 상대방이 듣고 싶은 대로 전달된다.

저보고 호불호가 너무 강하다고 하는데요.
좋은 거 아닌가요?

'블라인드 테스트'라는 것이 있다.

브랜드를 숨기고 제품만으로 평가하는 것을 말한다. 네임 밸류가 낮다고 생각하는 회사나 신생 회사는 이 결과를 가지고 홍보를 많이 한다. 제품에 자신이 있다면 말이다. 10년도 지난 이야기지만, 블라인드 테스트 스토리 중에 기억나는 것이 있다. 바리스타를 대상으로 커피 맛에 대해 블라인드 테스트를 했는데, 의외의 결과가 나왔다. 1위를 차지한 브랜드는 커피 전문이라고 인식하고 있는 브랜드가 아니라, 도넛 전문이라고 인식한 브랜드였기 때문이다.

내가 제일 좋아하는 커피 브랜드다.

블라인드 테스트에 관한 이야기를 듣기 전부터, 나는 이 브랜드의 커피를 좋아했다. 매장에서 마시는 것도 좋아했고, 원두를 사서 집에서 직접 드립으로 마시기도 했다. 이 얘기를 듣고 커피 맛이 더 좋게 느껴졌던 건 기분 탓이겠지? 이 커피를 접하게 된 계기가 기억나진 않지만, 이 커피를 마실 때 좋은 사람과 함께였거나 기분 좋은 상황이 있었던 게 아닌가 추측해본다. 맛있게 먹거나 마신 기억 속에는 분명, 좋은 사람과 함께였거나 기분 좋은 상황이 함께였다는 건 부정할 수 없다.

선입견(先入見)이라는 말이 있다.

한자 의미를 그대로 풀면, 먼저 들어선 생각이다. 어떤 사람이나 현상에 대해 자세하게 듣거나 알아보기 전에, 머릿속에 어떤 생각이 들어선다. 이 생각은 지금까지 자신이 경험하거나 느껴왔던 내용을 바탕으로 형성된다. 앞서 말한 좋아하는 커피 브랜드에 대한 선입견이 그렇다. 좋아하는 마음이 강하면 다른 커피 브랜드의 맛은 보지도 않고 그저 그렇다고 판단하게 된다.

블라인드 테스트를 시행하는 이유가 이것이다.

사람들이 가지고 있는 선입견을 깨트리기에, 충분하다. 합리적이고 공개적인 테스트를 통해, 사람들이 좋아하는, 객관적인 결과를 얻어낼 수 있다. 만약 브랜드를 공개하고 테스트를 했다면 결과는 크게 달라졌으리라 생각된다. 사람은 자신이 보고 싶은 것만 보려고 하고 믿고 싶은 것만 믿으려 하기 때문이다.

사람은 절대적으로 감성적인 동물이다.

사람과 다른 동물을 구분하는 것이 이성(理性)이라고 말하지만, 이성이 동원될 때는 결과보다 이유를 말할 때가 많다. 감정으로 결정하고 판단한 것을, 이성으로 이유를 설명한다. 내가 누군가를 좋아하거나 무언가를 좋아하는 것은 감정이다. 그냥 좋은 것인데, 누군가가 왜 좋냐고 질문하면 이유를 찾게 된다. 그때 발휘되는 것이 이성이다.

선입견을 블라인드 해야 한다.

보고 싶은 것이 아닌 봐야 할 것을 보기 위해서는, 선입견을 블라인드 해야 한다. 믿고 싶은 것이 아닌 믿어야 할 것을 믿기 위해서는 선입견을 블라인드 해야 한다. 선입견을 온전히 블라인드 한다는 것은 사실 어렵다. 사람은 지극히 감정적인 동물이기 때문이다. 하지만 노력할 수는 있다. 아니 해야 한다. 그래야 진실과 진리에서 멀어지지 않을 수 있다.

브랜드를 걷어내듯 걷어내면 된다.

누가 말했는지가 아니라, 그 말이 어떤 내용인지에 집중해야 한다. 내가 좋아하는 사람이 말했는지 싫어하는 사람이 말했는지가 아니라, 그 말이 옳은지 그른지에 집중해야 한다. 내용의 앞과 뒤가 맞는지 집중해야 한다. 중요한 사안이라면, 그 내용을 나열하고 조목조목 살펴봐야 한다. 가장 중요한 것은, 그 사람이 하는 말을 자신의 삶으로 살아내고 있는지이다.

맹목적인 불신도 문제지만, 맹목적인 추종도 문제다.

필터링하지 않고 무조건 받아들인다. 타인의 생각이 마치 자기 생각인 것처럼 착각한다. 결과에 대한 책임은 본인이 져야 하는데 마치 그 사람이 져줄 것 같은 착각을 한다. 받아들이는 선택을 했다면 그 선택에 관한 결과도 본인이 감수해야 한다. 선택의 중심에 자신이 있는지, 있다고 착각하고 있는 건 아닌지 잘 살펴봐야 한다.

블라인드는, 진실과 진리에 가까이 있기 위해, 선입견을 가려주는 도구이다.

하루하루 숨 쉴 틈이 없어요.
이러다 번아웃될 것 같아요. 방법이 있을까요?

"숨 쉴 공간"

들숨과 날숨을 통한 호흡은, 육체의 생명을 유지하는 데 필수 요소다. 생명 유지에 가장 기본적인 조건은 공기와 물인데, 물은 며칠 마시지 않아도 버틸 수 있지만, 숨은 몇 분만 막혀도 목숨을 잃는다. 그만큼 숨 쉴 공간이 더 중요하다고 말할 수 있다. 사람은 빵만으로 살 수 없다는 말처럼, 숨 쉴 공간도 단순히 생리적인 호흡만 필요한 건 아니다. 생리적인 숨 이외에 다른 숨 쉴 공간을 이렇게 표현한다. "숨 쉴 구멍"

마음이 숨 쉴 구멍이 필요하다.

빡빡한 분위기에서 조직 생활을 하는 사람은, 숨 막힌다고 표현한다. 살벌한 분위기는 함께 있는 공간의 공기를 무겁게 만든다. 무거운 공기는 누가 뭐라고 하지 않아도, 마음을 짓눌러, 숨 막히는 느낌을 주기에 충분하다. 눈 돌릴 틈 없이 바쁜 일정도 마찬가지다. 좀 쉴만하면 찾고 하나 끝냈다 싶으면 다른 일이 던져지는 상황은, 정말이지 미칠 것 같다. 누구에게 대신 일을 시킬 수 없거나 미룰 수 없는 일이라면, 헉헉댈 수밖에 없다.

가장 빡빡한 조직은 뭐니 뭐니 해도 군대다.

훈련소에서부터 졸병을 벗어나기 전까지는 온천지에 CCTV가 달린 느낌이다. 운이 좋으면 졸병을 빨리 벗어날 수 있지만, 재수 없으면 그 기간이 길어진다. 이것도 운명이라 생각하고 받아들여야 한다. 군 복무를 한 사람이라면, 졸병 때의 추억은 누구나 가지고 있다. 화장실에서 초코파이를 먹은 건 거의 공통적인 에피소드라, 새롭지도 않다.

너무 팽창한 풍선은 쉽게 터지게 마련이다.

선임들은 그걸 잘 안다. 꽉 막힌 몇몇을 빼고는. 힘들어하는 후임을 몰래 불러 숨겨 둔 간식을 챙겨주기도 하고 사재 담배를 물려주기도 한다. 돌이켜보면 별거 아니고 짧은 시간이었지만, 모든 힘듦을 보상받는 느낌이었다. 숨 쉴 구멍을, 적절한 타이밍에 잘 마련해 줬다. 계급이 낮은 사람들이 사고를 치는 대표적인 이유는, 숨 쉴 구멍이 없어서일 가능성이 크다.

훈련소에서 숨 쉴 구멍을 잘 이용한 동기들이 있었다.

점호가 끝나면 슬그머니 소대장실을 찾아가는 동기들이 있었다. 매일 같은 동기는 아니었는데, 나중에 알고 보니 돌아가는 순서가 있었다. 훈련 기간이 거의 끝날 때쯤 알게 되었는데, 이유가 대박이었다. 소대장실을 찾는 동기들은 상담을 이유로 들어간다고 했다. 정말 상담한 동기도 있었겠지만, 다른 목적이 있던 동기도 있었다. 담배였다.

훈련소에서는 담배를 피울 수 없었다.

골초인 동기들은 쓰레기 소각장에서 피다 남은 꽁초를 주워 돌아가며 피기도 했다. 그렇게 목마를 때 우물이 되어준 사람이 소대장이었다. 좋은 일을 상담하러 가진 않는다. 걱정거리를 가지고 들어간 동기에게 소대장이 주는 해법 중 하나가 담배였다. 절대 불가한 담배가 공식으로 허용된, 공간과 시간이었다. 이 정보(?)를 입수한 골초 동기들은 상담 거리를 만들어냈다. 없는 여자친구를 만들기도 하고, 건강하신 부모님을 환자로 만들기도 했다.

숨 쉴 구멍은 누구나 필요하다.

조직 생활에서는, 선임들이 먼저 챙겨줄 필요가 있다. 자신도 경험했으니, 언제 어느 타이밍에 필요한지 잘 안다. 매번 그럴 순 없어도, 필요한 순간이나 상황에서는 만들어줘야 한다. 악용하는 후임이 없다면 선임의 이런 호의는 계속되리라 본다. 하지만 악용하는 사람이 있다면, 다시는 숨 쉴 구멍을 보장받기 어려울 수 있다. 배려가 계속되니 그게 권리인 줄 아는 사람은 좀 곤란하다.

숨 쉴 구멍은 개인이 만드는 노력도 필요하다.

회사 생활도 스트레스를 잘 풀 수 있는 사람이 오래 남는다. 면접을 볼 때, 스트레스를 푸는 자신만의 방법이 있는지를 중요하게 보는 이유도 그것이다. 어디라도 스트레스를 받지 않을 순 없다. 그래서 **스트레스를 받지 않는 방법을 찾는 것이 아니라, 잘 푸는 방법을 찾아야 한다.** 마음을 억누르는 무게를 덜어내는 방법을 찾아야 한다. 누가 대신 찾아줄 수도, 해줄 수도 없다. 다이어트처럼. 그것을 찾아내고 실행한다면, 지금보다 조금은 가벼운 삶을 살 수 있지 않을까?

구멍은, 내가 살고 타인을 살릴 수 있는, 마음의 여유 공간이다.

저는 희생하고 있다고 생각하는데,
사람들 반응이 별로예요. 왜 그런 거죠?

문장을 효과적으로 표현하기 위해 문장을 꾸미는 것을, '수사법'이라 한다.

수사법은 문장뿐만 아니라 대화에서도 시의적절하게 사용하면 효과적이다. 전달하는 느낌의 무게감을 다르게 할 수 있다. 요리할 때 풍부한 맛을 내기 위해 사용하는, 양념이라고 하면 비유가 적절하려나? 그냥 말하거나 써도 의미는 통하겠지만, 임팩트! 머리나 마음에 꽂히는 강도가 다르다. 임팩트가 강하면 타인의 생각을 변화시키거나, 타인에게 오랜 시간 영향을 주기도 한다. 책의 한 문장 그리고 누군가의 한마디가, 인생에 기준이 되기도 하니 말이다.

'죽어야 산다.'

수사법 중에 변화법, 변화법 중에 역설법이다. 모순되는 말 같지만, 그 이면에 숨겨진 진실을 드러내는 수사법이다. 가장 잘 알고 있는 표현이, "소리 없는 아우성"이다. '아우성'이라는 말은 떠들썩하게 지르는 소리라는 표현인데, 소리가 없단다. 마음껏 표현할 수 없는 상황이지만 어떻게든 해보려는 몸부림이 느껴진다. '죽어야 산다'라는 표현도 그렇다. 너무 살고 싶어서 죽기로 작정한 심정이, 듣는 사람의 마음을 복잡하게 만든다.

영화 「명량」에서, 이순신 장군의 대사에도 담겨 있다.

수많은 적군으로 두려움에 떨고 있는 병사들. 이런 병사들의 두려운 마음을 용기로 바꿀 수만 있다면 승산이 있겠다고 생각한다. 그리고 그 방법에 대해 이렇게 말한다. "죽어야겠지. 내가" 군사들의 두려움을 용기로 바꿀 수 있다고 믿고, 희생을 결정하는 리더. 그 리더의 용기로 군사들의 두려움은 용기로 바뀌었고, 전사가 되어 싸운다. 그리고 승리한다.

개인의 희생으로 공동체를 살렸다.

영화에서는 이순신 장군 말고도, 한 군사가 자신을 희생하면서 공동체를 살린다. 폭탄이 실린 배에 올라 적군의 배와 충돌한다. 그로 인해 많은 군사를 살린다. 그러고 보면, 역사의 중요한 순간에는, 개인의 희생이 있었다. 그 희생으로 위험한 상황을 잘 막았고, 기회를 만들었다. 한 사람의 마음가짐과 행동이 역사를 바꿀 수 있다는 사실은, 소름 돋는 일이다.

개인의 희생은 자발적이어야 한다.

역사에서도 그랬듯이, 자발적인 희생만이 빛을 발한다. 타인의 강요에 의한 희생은 말 그대로 희생일 뿐, 그 어떤 의미도 주지 못한다. 희생을 강요하는 분위기는, 나만 아니면 된다고 생각하게 한다. 나만 아니면 된다는 생각이 팽배한 공동체는, 잠재된 폭탄을 안고 있는 것과 같다. 언제 어디서 터질지 모른다. 방치할수록 그 강도는 점점 부풀어 오른다. 그 폭탄을 제거하지 않으면, 희생하지 않으려는 모든 사람이 희생양이 된다.

개인의 희생을 강요하는 것은 아니다.

하지만 개인의 희생이 없다면, 공동체 모두가 희생해야 하는 상황은 피할 수 없다. 지하철 좌석은 7명이 앉을 수 있게 돼 있다. 하지만 8명의 사람이 앉았다고 가정하면, 8명 모두 불편하게 이동해야 한다. 이때 어떤 1명이 일어서면, 다른 7명은 편하게 갈 수 있다. 1명의 희생으로 7명이 편안해진다. 그럼 일어선 1명은 불편할까? 양보를 해본 사람은 안다.

희생을 거창하게 생각하면 아무것도 할 수 없다.

폭탄을 들고 혼자 적진에 뛰어들어야 한다면, 엄두가 나지 않는다. 고양이 목에 방울을 달아야 하는 쥐라면 오금이 저리다. 하지만 우리가 희생할 수 있는 것은 생각보다 작다. 지하철 자리에서 일어나는 것, 같이 먹을 때 먹고 싶은 거 하나 덜먹는 것, 뒷사람을 위해 문을 잠시 잡아주는 것, 먼저 인사하는 것 등 조금만 마음을 내어놓으면 할 수 있다. 중요한 것은, 그 수혜를 타인이 아니라 자신이 받는다는 사실이다.

희생은, 상대의 편안을 먼저 생각하는 마음 그리고 행동이다.

선배가 하라는 대로 했는데, 원하는 결과가 나오질 않아요. 그 선배 방법이 잘못된 거죠?

중학생 때, 공부를 잘하고 싶었다.

아주 열심히 한 건 아니지만, 그래도 나름 한다고 하는데 평균 70점대를 맞았다. 좀 더 노력해도 그 점수였다. 80점대까지 올리고 싶었다. 반에서 1~2등 하는 친구에게 이 얘기를 했더니, "야! 80점대는 놀면서 해도 그냥 나오는 점수잖아!"라는 말을 들었다. 주먹을 꽉 쥐었다가 힘을 풀었다. 하긴, 1~2문제만 틀려도 머리를 쥐어뜯는 친구한테, 80점대는 점수도 아니었겠지. 그래서 내 목표인 80점대 친구를 물색하기 시작했다. 너무 과하게 공부하지 않으면서 80점대를 맞는 친구.

같이 축구를 하면서 놀던 친구가 있었다.

피부색이 나보다 더 짙었던 친구였다. 가만히 생각해 보니, 그 친구는 학교 끝나고 매일 운동장에서 축구를 할 때, 같이 했던 친구였다. 틈나는 대로 공부하는 게 아니라, 같이 노는 친구. 학교에서 봤을 때는 나와 별다르지 않은 친구였다. 나는 열심히 공부해서 성적이 잘 나오는 친구보다, 같이 노는데 성적이 잘 나오는 친구가 더 대단해 보였다. 공부 잘하는 친구들이 봤을 때, 80점대는 점수도 아니었겠지만 나는 달랐다.

시험 기간에 그 친구 집으로 갔다.

같이 공부하면서 어떻게 공부하는지도 보고, 방법도 물어볼 겸 해서.

그다지 집중해서 공부하는 편은 아니었다. 어두워졌을 때 출출하기도 했고, 바람도 쐴 겸 근처 편의점을 갔다. 무엇을 먹었는지는 기억나지 않지만, 무슨 얘기를 했는지는 기억난다.

"넌 공부를 별로 하지 않는 것 같은데 어떻게 점수가 잘 나오는 거야?"

"잘 나오긴 뭐가 잘 나오냐? 80점대 밖에 안 나오는데."

이 친구는 1~2등 하는 친구와는 달리, 주먹이 쥐어지진 않았다.

그렇게 밉게 들리지 않았기 때문이다. 이 친구는 자기가 맘먹고 달려들면 90점 대도 받을 수 있다고 말했다. 근데 그러고 싶지 않다고 했다. 좋아하는 축구도 하고 친구들하고 놀면서 그렇게 지내고 싶다고 했었다. 부러웠다. 성적을 조절할 수 있다니. 그 친구의 말이 전부 사실인지 아닌지는 모르겠지만 어쨌든 방법을 아는 친구라 생각됐다.

"어떻게 하면 80점대를 받을 수 있냐?"

급한 마음에 바로 물어봤다. 생각보다 시시한 답변에 김이 새긴 했지만.

수업 시간에 집중할 것.

이 친구가 가장 강조했던 부분이었다. 자신은 평소에 따로 공부를 많이 하지는 않지만, 수업 시간만큼은 초집중한다고 했다. 선생님이 여러 번 강조한 내용이나 시험에 나온다고 힌트를 준 부분은, 잘 표시해두고 꼭 기억한다고 했다. 그리고 바로 복습. 학교 마치고 돌아오면, 잠깐이지만 그날 배웠던 부분을 잠시 훑어본다고 했다. 단기기억에선 잊히기 전에 장기기억으로 넘기는 습관이랄까? 기억이론에 대해 그때부터 알고 있던 친구라 생각된다. 그리고 암기 과목은 시험 범위를, 5번만 읽으라고 했다.

수업 시간에 집중과 바로 복습은 이해가 됐다.

하지만 암기 과목은 5번만 읽으라는 말은 이해가 되지 않았다. 암기 과목은 말 그대로 노트에 여러 번 쓰면서 외워야 하는 게 아닌가? 이유를 묻자, 더는 설명 없이 "그냥 5번만 읽어봐. 그럼 돼."라는 답만 했다. 속는 셈 치고 그렇게 하기로 했다. 하지만 5번 읽는 게 그렇게 힘든 건 줄 몰랐다. 3번째 중간 정도 되니, 지겨웠다. 읽었던 내용을 다시 보자니 지겨웠다. 머릿속에는 이미 다 저장된 기분이었다. '그래, 다 기억나는데 굳이 5번까지 읽을 필요 없잖아?' 그렇게 마음을 안정시키고 더는 읽지 않았다. 시험 결과는 전과 같았다.

친구한테 따지듯 물었다.

"야! 암기 과목, 읽어도 똑같던데?"

"너 5번 다 안 읽었지?"

"…."

사실 아직도 과학적인 근거는 찾지 못했다. 하지만 분명한 건 5번은 읽으면 시험 점수가 더 좋아질 거라는 확신이 들었다. 그 친구의 질문에서 느껴졌다. 해본 사람은 아는데, 해보지 않은 사람은 꼼수를 부리다 실패하는 걸 자주 본 모양이었다.

원하는 것을 얻기 위해 주위에 조언을 구한다.

요청을 받은 사람은 자신의 경험과 지식을 동원해서, 어떻게 하라고 친절하게 설명해 준다. 그러면 조언을 구한 사람은 그냥 하면 된다. 그러면 원하는 것을 얻을 수 있다. 하지만 원하는 것을 얻은 사람은 그리 많지 않다. 그대로 하지 않기 때문이다. 레시피를 변경하면 원하는 맛이 나오지 않는다. 재료가 다 들어갔다고, 원하는 맛이 나는 건 아니다. **원하는 맛을 맛보고 싶다면, 알려준 레시피대로 해야 한다.** 레시피대로 하진 않으면서 원하는 맛을 바라는 건, 욕심이다. 누구나 알고 있지만, 자주 잊는다.

조건은, 제시한 대로 따라 하면 되지만, 막상 하려면 잘 안되는 무엇이다.

무조건 참고 견디는 게 능사는 아닌 것 같은데요. 그렇게까지 버텨야 하나요?

'존버정신'

의미를 말 그대로 풀기는 좀 그러니(모르면 검색창에서 찾아보시길), 부드럽게 풀면, 최대한 열심히 버티겠다는 정신을 말한다. 이 말이 어디서부터 시작됐는지는 모르겠지만, 몇 년 전에, 다양한 형태로 사람들의 눈과 귀에 스며들었다. 현실의 무게에 짓눌리고 있던 사람들이, 내려놓을까 고민하던 찰나, 마음을 고쳐먹을 수 있는 계기를 마련해 주기도 했다.

지난 시간을 돌이켜보면, 그랬다.

'존버정신'이라는 표현이 있진 않았지만, 그렇게 살아냈다. 밥 먹을 시간 없이 일하기도 했고, 처리할 일의 무게에 주저앉고 싶은 적도 있었다. 쉴 팔자는 아니었는지, 전에 했던 일은 주말에 일이 많은 업종이었다. 지금 하는 일은 전공과 전혀 상관없이 우연히 하게 되었는데, 재미있게 시작했다. 새로운 분야의 비즈니스를 하게 되면서, 업무 강도가 기하급수적으로 늘어났다.

가장 힘들었던 건, 배우거나 물어볼 사람이 없었다는 사실이었다.

처음 하는 업무였는데 그 담당을 내가 맡아서 그랬다. 맨몸으로 부딪히면서 배우기 시작했다. 몰라서 했던 어처구니없는 말과 행동은 흑역사이기도 하지만, 후배들에게 당당하게 들려주는 무용담이 되기도 한다. 온몸으로 받아안으며 배우고 깨달아서인지, 물리적인 시간에 비해 더 많은 경험과 사람을 얻게 되었다. 일 때문에 그리고 사람 때문에 내려놓고 싶었지만, 하루하루 버티다 보니, 그 삶을 바탕으로 지금은 많이 좋아졌다.

요즘 '존버정신'을 운운하면, 어떨까?

모두가 예상하는, 두 글자로 된 단어를 듣게 될 가능성이 크다. '꼰대'. 언제부턴가, 후배들에게 충고해 주는 사람은 모두 '꼰대'라 불리는 것 같아 아쉽다. 그러면 불난 집에 휘발유를 들고 들어가도 말해 줄 수가 없다. 고맙다는 말은 차치하더라도, 좋은 소리도 못 듣는데 굳이 해줄 필요를 못 느끼게 된다. '그래! 네 인생인데, 네가 알아서 해라!'라는 생각으로 마음을 접게 된다. 그러니, 선배가 하는 말을 잔소리로만 듣지 말고, 한 번쯤은 깊이 생각해 봤으면 한다. 들어도 그만 안 들어도 그만이지만, 어쨌든 본인만 손해라는 것만 명심했으면 한다.

퇴사를 결심한 후배를 볼 때, 안타까울 때가 있다.

자신의 꿈이나 다른 분야의 도전을 위해서, 아니면 쉼을 갖고 싶어서가 아니다. 뚜렷한 생각 없이 그냥 힘들어서 그만두고 싶다는 후배들이다. 생존 감각이 무뎌졌다고 표현해야 하나? 그냥 다니다 보니 다 그런 것 같고, 어디나 마찬가지인 것 같고, 언제든 본인이 원하면 다른 곳에 취업할 수 있을 것 같은 그런 느낌말이다.

말도 안 되는 처우와 괴로움을 참고 견디라는 말이 아니다.

자신이 회사라는 지붕 밖으로 뛰쳐나가도, 혼자 잘 살아날 수 있는지 살펴보란 말을 하고 싶다. 조금이라도 나서면 위태한 사람이 너무 자신

있게 뛰쳐나가는 모습이 너무 안타깝다. 모든 것이 자신의 입맛에 맞춰질 수 없는데, 그걸 바라는 걸 보면 안타깝다. 나갈 때는 승자인 듯한 표정으로 나가지만, 회사에 있을 때보다 좋지 못한 모습으로 지낸다는 소식이 들리면 더 안타깝다.

취할 것은 취하고 감내해야 할 것은 감내해야 한다.

모두 만족스럽거나 입맛에 맞을 수 없다. 누구나 마찬가지다. 신입이나 경력자나 심지어 회사의 대표도 마찬가지다. 각자가 감내해야 할 몫이 있다. 그 몫을 받아안을 때, 좋은 몫도 받아안을 수 있다. **좋은 몫만 차지하려는 사람은, 자신의 자리에서 점점 뒤로 처질 수밖에 없다. 왜냐면, 함께 하고 싶은 사람이 줄어들기 때문이다.**

존버정신은, 취할 것은 취하고 감내할 것은 감내하면서 이겨내는 정신이다.

마가 꼈는지 하는 일마다 조금씩 문제가 생겨요.
어떤 노력을 해야 하는 거죠?

"몸에 좋은 약은 입에 쓰다."

많이 들어본 속담이다. 깊이 생각하지 않아도 쉽게 공감할 수 있는 말이다. 어릴 때 많이 경험했기 때문이다. 감기에 걸리거나 몸이 안 좋으면, 약을 먹었다. 왜 약은 그렇게 쓰게 만들었는지, 몸이 아픈 것보다 약 먹는 게 더 고통스러웠다. 한 손에는 막대 사탕을 들고, 입에 털어 넣어주시는 약을 받아먹은 기억도 난다. 입에 쓴 약은 먹기가 힘들어서 그렇지, 못 먹진 않았다.

가장 고생하면 먹었던 약은, 알약이었다.

작은 알약 한 개를 목으로 넘기기 위해, 작은 주전자 한 통의 물을 다 비우기도 했다. 물만 꼴깍꼴깍 잘 넘어갔고, 알약은 언제나 목 제일 안쪽에 멈춰있었다. 한 번은 도저히 안 되겠다 싶어, 알약을 깨서 가루로 만들었다. 하지만 목에 넘기는 순간 약은 물론 그전에 먹었던 음식까지 올리고 말았다. 평소 먹던 가루약은 비교도 안 될 정도로 쓴맛이 강했고, 그 느낌은 위안에 있던 음식물을 끌어올리는 마중물 역할을 했다.

지금은 몇 개의 알약도 한 번에 넘긴다.

아주 적은 양의 물로도 가볍게 넘길 수 있다. 자랑할 건 아니지만. 중학생 때까지 알약을 먹지 못했던 건, 나에게 스트레스였다. 그래서 작은 알

갱이로 된 비타민으로 연습을 했다. 목으로 넘기는 연습. 그렇게 몇 번을 하다, 조금 더 큰 알갱이로 바꿨고 나중에는 알약 크기 정도로 도전을 했었다. 처음 성공했을 때, 느낌이 왔다. 어떻게 넘겨야 하는지 감을 잡았다. 왜 그동안 넘기지 못했는지 원인도 알게 되었다.

목구멍이 열리지 않으면, 알약은 넘어가지 않는다.

물과 함께 쓸려 내려갈 수 있도록 목구멍을 열어줘야 했다. 하지만 그전에는 꿀꺽하면서 목구멍도 함께 닫아버렸다. 물은 넘어갔지만, 알약은 그대로 남아있던 이유다. 목구멍을 닫았던 이유는, 목에 걸릴 것 같은 두려움도 한몫했다. 생선 가시나 국수가 목에 걸려본 사람은, 목에 무언가가 걸린다는 것이 얼마나 고통스러운지 안다. 두 가지 모두 경험을 했던 나는, 의식하지는 않았지만, 불편함과 함께 두려움이 깔려있었다.

걸리는 느낌은, 불편함과 함께 두려움을 준다.

목에 걸리는 건 앞선 경험에서 말했듯, 다시는 경험하고 싶지 않다. 다리에 무언가가 걸려 넘어질 뻔하거나 넘어져도 매우 불편하다. 순간적으로 반응하는 몸도 불편하지만, 짜증이 올라오는 마음도 불편하다. 운전하다 만나는 과속방지턱도 불편하다. 속도를 줄이는 것도 그렇고, 보지 못했을 땐, 심한 덜컹거림을 감내해야 하기도 한다. 그렇다면 걸림은 무조건 불편하고 두렵기만 한 존재일까?

걸림은, 주의를 불러온다.

다시 한번 살펴보게 되고 다음에는 반복되지 않도록 주의를 기울인다.
음식이 목에 걸렸던 경험은, 조심해서 음식을 먹게 만든다. 발에 무언가

걸렸던 지점 근처를 가면, 발아래를 자세히 살피게 된다. 심하게 덜컹거린 지점에 도달하면 속도를 줄이고 전방을 주시하게 된다. 다시는 반복된 실수를 하지 않기 위해 노력한다. 그렇게 주의를 기울이고 살피게 된다.

인생에서 걸림은, 생각하지 않은 방향으로 흘러갈 때 온다.

계획하지 않았고 의도하지 않은 방향으로 흘러갈 때, 인생의 과속방지턱을 넘는 느낌을 경험한다. 덜컹거리고 말면 그나마 다행이지만, 한쪽으로 넘어지거나 뒤집히면 정말 막막해진다. 크진 않지만 그런 경험을 몇 번 해보니 알겠더라. 왜 그런 걸림이 왔는지.

주의하라는 메시지였다.

더 큰 방지턱을 만나기 전에 주의하라고 알려준 메시지였다. 다른 길이 더 좋은 길이라는 것을 알려준 메시지였다. 지금까지는 그랬다. 그래서 걸림이 오면 주의를 기울인다. 지금 이 걸림이 나에게 주는 메시지는 무엇일지. 혹 좋은 메시지가 아니면 어떠한가? 지금까지 얻어먹은 복이 얼마인데.

걸림은, 지금보다 더 큰 걸림에 주의할 것을 알려주거나, 더 좋은 길로 안내해 주는 메시지다.

선배가 저보고 항상 섣부르게 판단한다고 뭐라고 해요. 빠르게 판단하는 게 잘못인가요?

단정은 자신감의 표시인가? 자만의 표시인가?

어떤 상황이나 사람을 보고 이렇다 저렇다, 빠르게 단정 짓는 사람이 있다. 어떤 면에서 보면 결단력이 있어 보이기도 하지만, 때로는 성급해 보이기도 한다. 단정의 결과가 좋으면 다행이지만, 그렇지 않으면 곤란한 상황이 발생하기도 한다. 좋은 기회를 놓치게 될 수도 있고, 위험한 상황에 빠질 수도 있다. 한 번 더 확인했더라면 좋았을 텐데 그러지 않아 안타까운 결과를 낸 사례는, 사건 사고를 통해 알고 있다.

사람의 목숨을 앗아간 사건 사고는 모두 안타깝다.

사람의 목숨을 앗아가진 않았지만, 영혼을 앗아간 사건은 더 안타깝다. 죄인으로 판결을 받아 오랜 시간 감옥에서 옥살이했는데, 무죄 선고가 떨어진 사람이 그렇다. 가끔 뉴스나 다큐멘터리를 통해 이런 소식을 들으면 가슴이 먹먹하고 화가 난다. 지나간 시간이 얼마나 아쉬울까 안쓰럽다가도, 앞으로 살아갈 시간을 생각하니 걱정이 됐다. 공식적으로 아니라는 판결을 받았지만, 사람들의 마음에 새겨진 낙인이 쉽게 지워질까 걱정되었다. 그리고 고개 숙인 마음이 다시 고개를 들 수 있을지도.

통조림 사건을 기억하는가?

사체 부패 방지용으로 쓰이는 포르말린을 물에 섞어, 번데기나 골뱅이

등 통조림 제품에 뿌린 혐의로 식품업자가 기소되었다. 누구나 자주 먹던 통조림에서 그런 물질이 나왔다고 하니, 파장은 매우 컸다. 언론에서도 경쟁하듯 앞다퉈서 이 소식을 전했다. 결과는 무죄판결이었다. 하지만 거기서 끝나지 않았다. 해당 업체는 물론, 통조림 관련 20~30개 업체가 문을 닫았다고 한다. 너무 어처구니없지 않은가? 누군가의 제보로 시작된 것인지 조사에서 혐의를 발견한 것인지는 모르겠다. 중요한 건, 누군가의 확실하지 않은 결론으로, 너무 많은 사람이 희생되었다는 사실이다.

한 번만 더 확인했다면 어땠을까?

누군가 말한 내용을 그냥 듣지 말고, 자신이 좀 더 확인했다면 어땠을까 생각해 본다. 사람들에게 영향을 줄 수 있는 자리나 역할을 맡고 있다면 매우 중요한 사안이다. 주변의 말만 듣는 것이 아니라, 자신이 직접 확인하는 노력이 필요하다. 좋은 일이라면 모를까 그렇지 않은 일이라면 더욱 확인하고 신중해야 한다. "어! 아니네?" 하고 끝날 일이 아니다. 나는 혀끝으로 끝낼 수 있을지 모르지만, 누군가는 목숨까지 걸어야 끝나는 일이 될 수도 있다.

섣부른 단정은 타인을 잡기도 하지만, 자신도 잡는다.

일상에서 섣부르게 단정 지었던 상황을 떠올려보면, 어렵지 않게 느낌이 온다. 그리고 그렇게 단정 지었던 상황을 떠올려보면, 내가 직접 확인하거나 생각한 게 아닌 경우가 대부분이다. 누군가의 말을 듣고 확인하지 않고 결론을 내렸다. 만약 확인했다면 큰 어려움 없이 해결할 수 있는 일도 많았다. 꼭 확인해야 한다. 내가 직접 확인해야 한다. 안 좋은 일이라면 더욱 내가 직접 보고 듣고 확인해서 결론을 지어야 한다. 그리고 무겁게 여겨야 한다. 가볍게 날린 내 한마디가 누군가에게는 비수가 되어 꽂힐 수 있다는 것을 명심해야 한다.

단정은, 더는 볼 수 없게 만드는 안대이자 더는 들을 수 없게 만드는 귀마개다.

이러면 이런다고 뭐라고 하고
저러면 저런다고 뭐라고 해요. 왜 그런 거죠?

쌍둥이도 자세히 보면, 다르다고 한다.

똑같아 보이는 얼굴은 있어도, 똑같은 얼굴은 없다는 말이다. 성향이 같은 사람은 더욱 없다. 비슷할 순 있지만 같을 순 없다. 이렇듯 각양각색인 사람들을 모두 만족시킨다는 것은 불가능하다. 공동체에서 가장 어려운 부분 중의 하나가 이것이다. 시스템을 도입하거나 정책을 만들 때, 서로 다른 의견을 잘 정리해야 한다. 모두가 만족할 순 없어도, 수긍할 수 있도록은 해야 문제를 최소화할 수 있다.

개인은 어떨까?

나를 바라보는 사람들의 생각이 제각각인데, 어디에 초점을 맞춰야 할까? 결론부터 말하자면, 나에게 맞춰야 한다. **내가 옳다고 생각하는 것에 초점을 맞춰야, 일관성을 지킬 수 있고, 나의 정체성을 제대로 드러낼 수 있다.** 이럴 때는 이렇게 저럴 때는 저렇게, 잣대가 수시로 바뀌는 사람은 함께 하기 불편하다. 종잡을 수 없는 말과 행동으로, 주변 사람들을 힘들게 한다.

어느 쪽으로 행동해도 누군가는 비난하게 되어 있다.

10여 년 전쯤 절실하게 느낀 사례가 있었다. 관리자로 일하고 있을 때였다. 일이 워낙 많았기 때문에, 실무자와 다를 바 없이 실무도 하면서 관리도 했었다. 실무자들이 힘들어하든 말든 내 일만 하면 그만이었지만,

그건 아니라 생각했다. 그렇게 열심히 일했는데, 한 직원이 퇴사하면서 이런 말을 했다. "여기에 있으면 제 10년의 미래가 부장님일 텐데, 저는 10년 후에도 부장님처럼 그렇게 일하면서 살고 싶진 않습니다."

충격이었다.

내 생각에는 열심히 함께하고 있다고 생각했는데, 이런 말을 들을 준 몰랐기 때문이다. 그 직원은 나이가 들고 직급이 올라가면, 조금은 여유 있는 삶을 살 수 있으리라 생각했다고 한다. 하지만 나를 보니 여유는 고사하고 오히려 더 많은 일에 치이고, 책임까지 떠안아야 하는 게 싫었다고 한다. 10년 후에도 그렇게 살아야 한다는 사실이, 비전을 잃게 했다고 한다. 얘기를 들었을 때는 당황했는데, 시간이 지나고 생각해 보니 일리 있는 말이었다. 희망이 보이지 않는데, 지금을 걸 순 없는 일이다.

관리자로서 충실하게 일했다.

실무와 관리를 함께할 때 발생하는 부작용을 최소화하기 위해서였다. 관리자여도, 사람인지라, 다른 실무자의 일보다 내가 맡은 일에 더 신경을 쓰게 됐다. 그러면서 다른 프로젝트의 문제를 놓치는 실수가 생겼다. 그래서 실무에서 손을 뗐다. 아무리 일이 많아도 전반적인 부분에 신경을 썼지, 실무를 직접 하지는 않았다. 그랬더니 어떤 직원이, 내가 일을 도와주지 않는다고 말하고 다닌다는 얘기를 들었다. 황당했다. 실무자가 이해할 수 없는, 관리자의 일을 편하게 생각한 모양이었다.

다른 태도였지만, 보는 시선이 달랐다.

이렇게 하면 저렇게 하지 않는다고 불평을 늘어놨고, 저렇게 하면 이렇게 하지 않는다고 불평을 늘어놨다. 어떻게 해도 좋은 이야기를 들을 수 있는데, 어떻게 해도 나쁜 이야기를 들었다. 물론 개중에는 반대로 보는 사람도 있었다. 관리자로서 실무를 열심히 도와주는 모습에서 많이 배웠다는 직원도 있었다. 관리자로서 짊어지고 있는 무게를 이해하기 위해 노력하는 직원도 있었다. 모두가 나쁘게 보지도 좋게 보지도 않았다. 앞으로도 그러리라, 99.9% 확신한다.

어떻게 바라봐 줄지 생각하지 말아야 한다.

내가 어떻게 할지를, 먼저 생각해야 한다. 다른 사람의 시선을 전혀 무시할 순 없지만, 그보다 자기 생각이 먼저여야 한다. 무엇이 옳은 것인지 무엇이 내 생각인지 명확하게 살피는 것이 먼저여야 한다. 그 후에, 고개를 들고 둘러봐도 된다. 나를 지지하는 모습도 그렇지 않은 모습도 받아들여야 한다. 어차피 어느 쪽이든 지지하는 사람과 그렇지 않은 사람이 있다. 그렇다면 어떤 모습이 더 낫겠는가?

욕심은, 모두가 나를 좋게 보기를 바라는 마음이다.

바쁘게 생활하는 것 같은데, 일이 줄지 않아요.
제가 일을 못하는 건가요?

프로젝트를 진행할 때, 체크리스트를 작성한다.

프로젝트를 수행하기 위해 해야 할 일과 그 일을 언제까지 마무리할지를 포함한다. 전부 혼자 할 수 있는 프로젝트는 거의 없다. 따라서 내부에서 도움받을 부분과 외부에서 도움받을 부분까지 확인하고 포함한다. 체크리스트가 완성되면, 정리해 놓은 목록과 순서에 따라 진행하면 된다.

체크리스트를 잘 작성하면 좋은 점이 많다.

전체적인 그림을 한눈에 볼 수 있고, 완료된 것과 그렇지 않은 것을 확인할 수 있다. 진행 상황이 계획대로 되고 있는지, 느린지 빠른지도 알 수 있다. 경험상 가장 도움이 됐던 것은, 정신없을 때 기준을 잡아준다는 사실이다. 프로젝트가 정신없이 돌아갈 때, 무엇을 해야 하는지 무엇이 빠졌는지 머릿속에 떠오르지 않을 때가 있다. 이때 체크리스트를 보면, 어렵지 않게 찾아낼 수 있다. **성공적인 프로젝트 수행을 위해서 가장 필요한 건 사람이지만, 그 사람의 중심을 잡아주는 건 체크리스트라고 할 수 있다.**

체크리스트를, 또 다른 일로 생각하는 사람이 있다.

바쁘다는 이유로 체크리스트를 작성하지 않는다. 그런 사람은 더 바쁠 수밖에 없다. 자신을 잡아 줄 기준이 없기 때문이다. 한 번은, 너무 정신

없어 보이는 후배에게 물었다. 왜 그렇게 정신이 없냐고. 일이 너무 많다는 대답이 돌아왔다. 이것저것 닥치는 대로 일하는 것처럼 보였다. 우선순위도 순서도 없어 보였다. 그래서 체크리스트를 작성하라고 제안했다.

체크리스트는 한 프로젝트를 세부적으로 나눌 때도 필요하지만, 여러 일을 할 때도 필요하다.

적어놓고 보면 우선순위가 보이고 필요 없는 일도 보인다. 장을 보러 갈 때, 사야 할 목록을 적은 날과 그렇지 않은 날에 차이가 나는 것처럼 말이다. 하지만 후배에게 돌아온 대답은 이랬다. "너무 바빠서 체크리스트 작성할 시간이 없어요." 그랬다. 후배가 정신없는 이유는 체크리스트를 작성하지 않았기 때문이다. 작성할 시간이 없다고 말했지만, 작성하지 않아 시간이 없는 거라 99.9% 확신한다.

창고가 있다.

여러 박스가 너저분하게 흩어져있다. 거기에 계속 짐을 집어넣는다. 정리 좀 하면 더 많이, 그리고 차곡차곡 쌓을 수 있을 텐데 그러지 않는다. 문제는 나중에 필요한 물건을 찾을 때다. 어디에 무엇이 있는지 과연 찾을 수 있을까? 정리를 좀 하면 더 많이 그리고 정돈되게 쌓을 수 있지 않냐고 제안한다. 하지만 그 사람에게 이런 답이 돌아온다. "지금 정리할 시간이 없어요." 왜 창고가 너저분할 수밖에 없는지 이해가 되는가?

나만의 생각 정리 시간이 필요하다.

밥 먹을 시간조차 제대로 갖기 어려운데, 무슨 소리냐 반문할 수도 있다. 하지만 그런 시간을 갖지 않아서 더 바쁜 거다. 몇 시간을 가지라고 말하는 건 아니다. 몇십 분이나 몇 분이라도 시간을 갖는 것과 갖지 않는 것은 차이가 있다. 시간이 있어서 마련하는 시간이 아니라, 시간을 빼서 만들어야 하는 시간이다.

새벽에 일찍 일어나면 좋은 이유 중 하나가 이것이다.

나만의 시간을 가질 수 있다는 것. 아무에게도 방해받지 않는 나만의 시간을 확보할 수 있다. 그 시간에는 누구에게 전화가 오지도 않고 만나자고 요청이 들어오지도 않는다. 일과시간이나 타인과 함께하는 시간에는, 이런 시간을 확보하기 어렵다. 그 시간은 나보다 타인이 더 많이 지배하는 시간이 된다. 나만의 시간일 수 없다.

문제를 해결하는 가장 좋은 방법은, 원인을 정확히 아는 거다.

문제의 본질이 무엇인지 어디서부터 시작이 되었는지 그리고 어디를 건드려야 하는지 말이다. 나무의 잎사귀가 썩었다고 잎사귀만 떼 내면 문제가 해결될까? 그 원인을 찾아야 한다. 대체로 뿌리에서부터 문제가 시작된다. 뿌리에서부터 영양분을 올바르게 공급해 줘야, 잎사귀가 되살아날 수 있다. 지금 내가 직면하고 있는 문제가 잎사귀라고 잎사귀만 떼 내고 있다면, 가만히 생각해 볼 필요가 있다. 원인이 잎사귀가 맞는가?

혼자는, 기준을 잡기 위해, 일부러 시간을 내서 확보해야 하는 상태다.

못되게 구는 사람은 항상 좋은 일만 있는 것 같아요.
너무 불공평한 거 아닌가요?

'지금 앞에 있는 사람은, 누군가의 소중한 가족입니다.'

언젠가부터 눈에 자주 띄는 문구다. 콜센터에 전화를 해도 이와 비슷한 내용의 안내가 들린다. 감정노동 하는 사람을 함부로 대하지 말라는 메시지다. 감정노동은 직장인이 사람을 대하는 일을 수행할 때, 조직에서 바람직하다고 여기는 감정을 자신의 감정과는 무관하게 행하는 노동을 의미한다. (출처: 위키백과) 웃는 게 웃는 게 아니라는 말처럼 말이다.

직장인은 거의 모두 감정노동자다.

자신의 감정보다 회사 내부의 분위기나 거래처 담당자에 따라 감정을 달리해야 한다. 동의하지 않아도 동의해야 한다고 말해야 하고, 좋지 않아도 좋다고 말해야 한다. 그것을 직장인의 숙명이라 생각하며 살아야 한다. 그렇게 숙명적으로 살아온 시간을, '불금'이라는 표현으로 보상받으려 한다. 물론 때로는 주말에도 일해야 하는 사람도 있기는 하지만.

자신의 감정을 억눌러야 하는 관점에서 보면, 이에 해당하지 않는 사람이 있을까 싶다.

강약이나 횟수의 차이는 나겠지만 말이다. '풍선효과'라는 말이 있다. 풍선의 한쪽을 누르면 다른 한쪽이 더 부풀어 오르는 현상을 말한다. COVID-19의 영향으로 많은 억제 정책이 시행되었지만, 그 정책을 피해 다른 방향으로 부풀어 오른 것이 대표적인 예다. 그런 면에서는 정말 아이디어를 잘 낸다는 생각이 든다. 식당에서 뉴스를 보다 관련된 소식이 나오면, 주변 여기저기에서 "참, 기발하네. 어떻게 저런 생각을 했지?"라는 말이 쏟아진다.

풍선효과는 사람과 사람 관계에서도 일어난다.

누군가한테 받은 스트레스를 자신보다 아랫사람이나 약하다고 생각되는 사람에게 쏟아붓는 경우다. 앞서 말한 감정노동자를 대하는 태도에 대해 언급했던 것처럼, 그런 사람들이 많아지면서, 사회적 약자들은 그 무게를 그대로 떠안게 된다. 그 무게를 견디지 못하고 정신질환을 앓거나 심지 목숨을 끊는 사례도 있다고 하니, 실제 때리지만 않았지, 폭력을 가하고 살인을 저지르는 것과 같다고 볼 수 있다.

살인은 신체적 목숨을 앗아가는 것만을 의미하지 않는다.

상대방의 자존감을 무너트리는 것도 또 다른 폭력이고 살인이다. 자존감은 자신이 살아가는 이유다. 내가 나를 사랑하는 마음이기도 하고 다른 사람들이 존중해 줬으면 하는 마음이다. 마음의 상처를 받는다고 자존감이 무너지는 건 아니지만, 자주 그리고 강력한 충격에는 무너진다. 자존감이 무너졌다는 것은 살아가는 이유의 방향을 잃어버린 것과 같다. 혼란스럽고 왜 그 자리에 있는지, 계속 있어야 하는지 헷갈린다.

나는 자존감을 무너트리는 사람인가?

아니면 자존감을 단단하게 해주고 넘어진 자존감을 일으켜주는 사람인가? 분명한 것은 내가 타인에게 행하는 그대로, 아니 그 몇 곱절로 받게 될 것이라는 사실이다. 당장은 아닐지 몰라도 결정적인 순간에 고스란히 떠안게 된다고 믿는다. 사람들은 의구심을 갖는다. 정말 못 되게 사는 사람이 더 잘 사는 것 같다고. 나도 이해하지 못했다. 하지만 어디선가 이런 내용의 글을 읽고 깨닫게 되었다. 그 이유를.

하느님께서는 이런 계획이 있다고 한다.

1층에서 떨어지면 조금 충격이 있겠지만 큰 지장은 없다.

2~3층에서 떨어지면 다치기는 하겠지만 다시 일어설 수 있다. 하지만 10층이나 그 이상에서 떨어지면 어떨까? 더는 말하지 않아도 짐작할 수 있다. 그렇단다. 그런 사람들이 잘 사는 것처럼 보일지 몰라도 떨어질 위치가 점점 올라가고 있다는 말이다. 또 하나는 계속 기회를 주시는 것이라 말한다. 회개할 기회 말이다. 회개한다면 조금 낮은 곳으로 내려와 떨어지거나 바닥까지 잘 내려올 수도 있다고 한다.

이유는, 당장은 알지 못하지만, 시간이 지나면서 깨닫게 되는 사실이다.

원하는 대로 되지 않았을 때,
마음을 다스리는 방법이 있을까요?

회사에서는 새로운 프로젝트를 위해, 새로운 사업부를 신설하기도 한다. 일반적으로 새로운 분야의 프로젝트를 진행할 때 구성한다. 새로운 분야이기 때문에 기존 구성원이 소화할 수 없는 영역이 있다. 새로운 분야가 아니더라도 새로운 사업부를 구성할 수 있다. 기존 사업에 새로운 분야를 추가로 접목하는 프로젝트가 그렇다. 기존에 구성된 부서로 운영해도 되지만, 박차를 가하기 어렵다는 판단이 들면 그렇게 한다. 힘을 실어 성장시키기 위함이다.

새로운 사업부의 인원을 구성할 때, 두 가지 방법이 있다.

새로운 사람을 채용하는 방법과 기존에 있는 사람 중 적합하다고 판단되는 사람을 부서 이동시키는 방법이다. 전혀 다른 분야가 아니라면 기존 사업 분야가 기본이 되기 때문에, 기존 인력이 필요하다. 기본을 알아야 응용도 할 수 있는 법이니까. 여기서 중요한 것은, 기존 직원을 선별하는 기준이다. 어떤 기준으로 선별하느냐에 따라 지금보다 좋은 성과를 낼 수도 있고, 전혀 아닐 수도 있다.

기준은 두 가지로 살필 수 있다.

좋아하는 것과 잘하는 것이다. 개인이 직업을 선택할 때도 이 기준을 적용한다. 내가 좋아하는 일은 무엇인지 그리고 그것을 잘 할 수 있는지 생각하고 결정한다. 좋아하는 것과 잘할 수 있는 것이라면 최고의 선택이 되겠지만, 그렇지 않을 때는 고민이 된다. 좋아하는 것을 해야 할지 잘할 수 있는 것을 해야 할지 말이다.

새로운 사업부의 업무 성격에 따라, 이 두 가지 기준을 맞춰본다.

이때도 마찬가지로 좋아할 것 같은 사람과 잘할 것 같은 사람이 오버랩되면 좋겠지만, 가능성은 크지 않다. 좋아할 것 같은 사람이 떠오르지만, 현재 역량이 그에 발맞춰지기 어렵다는 생각이 오래지 않아 든다. 머릿속에 'Delete' 키를 누르고 다시 생각한다. 이번에는 좋아할지는 모르겠지만, 잘할 것 같은 사람이 떠오른다. 머릿속이 조금씩 정리되는 느낌과 함께 적합도가 급속도로 올라간다. 그렇게 마음을 굳혀간다.

모든 것에는 목적과 이유가 있다.

그 목적과 이유에 부합해야 좋은 결과를 가져올 수 있다. 앞서 말한 두 가지의 기준도 그렇다. 업무에 좋은 성과를 내기 위해서는 두 가지 모두 맞아떨어지면 좋겠지만, 그중 하나를 선택해야 한다면, 잘할 것 같은 것에 기준을 둬야 한다. 성과를 내야 하기 때문이다. 아무리 좋아한다고 해도 역량이 뒷받침되지 않거나 잘 할 것 같은 여지가 없다면, 사업도 그렇고 그 사람의 역할도 계속하기 어렵다.

원하는 것과 필요한 것도 그렇다.

내가 원하는 것이 있다고 다 이루어진다면 매우 좋을 것 같지만, 과연 그럴까? 소위 똥인지 된장인지 모르고 청했는데 그게 만약 똥이었다면? 그걸 얻었다면 원하는 것을 얻었다고 좋아할까? 막상 생각했던 게 아니라 실망하거나 좌절하게 될까? 후자일 가능성이 크다. 그래서 원하는 것이 아니라 필요한 것을 바래야 한다.

나에게 일어나는 모든 상황을 받아들이는 마음이 달라져야 한다.
내가 원하는 것이 아닐지라도, 나에게 필요한 것일 수 있다고 생각해보는 거다. 그러면 깨닫게 된다. 그 일이 나에게 일어난 이유를 말이다. "와!"라는 감탄사가 절로 나올 만큼, 머리와 가슴을 강하게 내려찍을 때도 있다. 나는 그랬다.

아이가 사탕을 좋아한다고 원할 때마다 사탕을 주는 부모는 없다.
좋지 않다는 것을 알기 때문이다. 나에게 벌어지는 일도 마찬가지다. 나는 사탕이라 생각하지만, 그게 나의 어딘가를 썩게 할 수 있다. 당장은 달콤한 맛을 맛보진 못하지만, 시간이 지나면 나를 위한 것임을 깨닫게 된다. 그 이유를 찾기 위해 노력할 때 말이다.

지혜는, 나에게 일어나는 모든 상황의 이유를 찾기 위해 노력할 때, 발휘되는 능력이다.

워라벨을 실현하는 직장 생활을 하고 싶습니다.
선택에 기준이 있을까요?

원하는 것을 얻기 위해, 가장 소중한 것을 내놓아야 한다면?

원하는 것과 내가 가지고 있는 소중한 것의 무게를 마음의 저울에 달아 본다. 어느 쪽으로 기우느냐에 따라, 소중한 것을 내어놓을 수도 있고 원하는 것을 포기할 수도 있다. 어쩌면 우리는, 매번 경중은 다르지만, 이런 선택을 요구받는다. 인생은 'B(Birth)'와 'D(Death)' 사이에 'C(Choice)'라는 말도 있지 않은가? 선택의 단적인 예로, 직장 생활을 들 수 있다.

직장인은 자신의 시간을 내어놓고, 급여를 받는다.

생활하는데 필요한 돈을 얻기 위해 자신의 소중한 시간을 내어놓는다. 여기서 말하는 시간은 단순한 시간만을 의미하지 않는다. 그 사람이 가지고 있는 역량과 경험 등이 포함된다. 회사에서 급여를 지불하고 그 사람을 채용해야 할 이유 즉, 교환가치의 필요성을 느껴야 계약이 성사되기 때문이다. 교환가치는 회사와 개인 모두 만족해야 계약이 성사된다. 하지만 언젠가부터, 교환가치의 공식을 흔드는 움직임이 보인다.

세대 차이가 나서 이해를 못 하는 것일 수도 있다.

하지만 아무리 이해하려는 마음을 가져도, 도가 지나친 경우가 있는 것도 사실이다. 최소한의 도리를 알고 모르고의 문제는, 나이가 많고 적고의 문제가 아니라, 개인의 문제라는 것을 깨닫게 된다. 사회생활을 어느 정도 했지만, 인사를 제대로 안 하는 사람이 있다. 반면 이제 갓 사회생활을 시작했는데, 인사도 잘하고 예의를 잘 갖추는 사람이 있다. 생각의 깊이가, 단순히 세대의 문제가 아니라는 말이다.

시간이나 마음에 여유가 있으면 급여는 그에 반비례한다.

반대의 상황도 마찬가지다. 물론 그렇지 않은 업종도 있겠지만 대부분 업종이 그렇다고 봐야 한다. 교환가치의 원리가 그렇다. 공급과 수요의 법칙과 같다고 말할 수 있다. 누구나 할 수 있는 일에 대한 가치는 낮을 수밖에 없고 소수의 사람이 할 수 있는 일에 대한 가치는 높을 수밖에 없다. 그리고 많은 시간을 투입하는 사람은 그만큼 대가를 받지만, 그렇지 않은 사람은 그 대가를 어느 정도는 포기해야 한다. 하지만 그것을 부정하려고 한다.

쉬운 일을 하고 싶고 적게 일하고 싶지만, 가치는 높게 평가받기를 원한다.

그런 모습을 보면 안타까운 마음이 든다. 제로섬 게임의 원리가 여기에도 적용되기 때문이다.

누군가가 이득을 얻게 되면 다른 누군가는 손해를 봐서 결국 제로가 된다는 제로섬 게임의 원리. 자신은 손해를 보지 않겠다는 마음은, 누군가는 손해를 봐도 상관없다는 마음으로 연결된다. 나만 아니면 된다는 그 생각이, 결국 자신에게도 악영향을 미친다는 것을 깨닫지 못한다.

너무 단편적으로 바라보고 생각한다.

그래서 안타깝다. 시간이 지나고 직접 피부에 와닿아야 깨닫는다. 그때는 이미 선택을 되돌리기 늦었을 때다. 자기 생각과 다른 생각을 이야기하면, 꼰대라고 한다. 말도 안 되는 말을 하는 사람의 말은 무시해도 되지만, 진중하게 이야기하는 사람의 말은 한 번쯤 새겨듣고 생각할 필요가 있다. 자기 생각과 다른 말을 틀렸다고 쉽게 판단하면, 그 책임 또한 본인이 져야 할 테니 말이다. 아무리 꼰대라도 배울 점 하나쯤은 가지고 있다는 것을 기억해야 한다.

선택은, 하나를 얻기 위해서는 하나를 포기해야 하는 결정이다.

저 혼자만 발버둥 치며 일한다는 느낌이 들어요.
여기에 계속 있어야 하나요?

가성비라는 말이 있다.

투입 대비 산출이 좋다는 의미다. 예를 들어, 100원을 들였는데 1,000원의 가치를 얻는다면 가성비가 좋다고 말한다. 반대로 1,000원을 들였는데 그 이하의 가치를 얻는다면, 가성비가 떨어진다고 말한다. 그렇다. 누구나 아는 이야기다. 굳이 설명하지 않아도 다 아는 이야기다. 하지만 여기서 투입 대비 산출의 의미 말고, 다른 부분에 초점을 맞춰서 생각해 보려고 한다. 바로, 투입이다.

투입하지 않으면 아무런 가치를 얻을 수 없다.

가치를 얻을 수 없다는 말은, 결과가 없다는 말이다. 아침에 일어나서 잠이 들 때까지, 아니 잠이 든 순간에도 우리는 결과를 내기 위해 살아간다고 해도 과언이 아니다. 직장에서 다니는 사람은 당연하고, 집안일도 결과를 내야 한다. 청소하거나 빨래를 할 때 그리고 설거지를 할 때도 결과를 내야 한다. 최근에는 가성비, 아마도 가사 노동과 시간에 대한 가성비라고 해야겠지? 가전제품의 힘을 빌리고 있다. 청소기와 세탁기, 건조기 그리고 식기세척기까지. 누군가가 그러더라, 식기세척기는 신세계라고.

투입은 나의 노력이다.

여기서 말하는 노력은 금전적인 부분이 될 수도 있고, 역량과 노력이 될 수도 있다. 그것도 아니면 신경 쓰고 고민하는 부분이 될 수도 있다. 유형적인 부분뿐만 아니라 무형적인 부분까지 모두 포함된다. 중요한 건, 나의 노력이 조금이라도 투입되지 않는다면, 결과를 내기 어렵다는 사실이다. 결과가 나더라도 의도와는 전혀 상관없는, 오히려 아무런 결과도 나지 않았더라면 하고, 바라는 결과일 때도 있다. 우리는 이것을 '사고(事故)'라고 표현한다. 그래서 투입은, 나의 노력만 해당하는 게 아니다.

투입은 '함께'가 포함되어야 한다.

영화 「라디오 스타」의 명대사처럼, 혼자서 빛나는 별은 없는 법이다. 한창 실무를 할 때, 나는 몰랐다. 내가 잘나서, 내가 잘해서 빛나는 줄 알았다. 그때 누군가가 이 영화를 예로 들면서 이야기해 줬다. 혼자서 빛나는 별은 없다고. 비겁한 변명이라 생각했다. 자신이 노력하지 않았던 부분을 포장하기 위한 가식이라 생각했다. 철없는 생각이었다는 걸 한참이 지난 후에 깨달았다. 내가 알지 못하는, 그리고 보이지 않는 노력이 투입되었다는 것을 나중에서야 깨닫게 되었다.

언제냐고?

후배가 나를 그렇게 바라볼 때였다. 나더러 아무것도 안 하는 사람이라고 말했다는 얘기를 듣고, 한참을 충격에서 헤어 나오지 못한 적이 있다. 그들이 일할 수 있게 영업해서 일감을 따오고, 사고가 터지면 전면에 나서서 수습했는데, 아무것도 안 하는 사람이라니. 그들의 처지에서는, 같이 몸으로 움직여서 일해야, 일하는 사람이라 생각한 모양이었다. 직급이나 직책에 따라 해야 할 일이 다른데 그걸 이해하지 못했다.

서운했지만, 그때 깨달았다.

나도 마찬가지였다는 것을. 내가 이해하지 못한 부분을, 후배들도 이해하지 못했다. 그들에게 서운함을 느꼈을 때, 나에게 서운함을 많이 느꼈겠구나! 생각이 들었다. 왜 그리 어리고 속이 좁았는지 참. 뭐, 그렇게 배우고 성장하는 거 아니겠나? 그렇게 털어 버리고 현재에 집중해야, 또다시 그런 후회 혹은 아쉬움을 남기지 않겠지?

투입에서 나의 노력은 매우 중요하다.

결과를 내는 시작이기 때문이다. 하지만 결과는 혼자서 내는 것이 아니라는걸, 반드시 기억해야 한다. 그 마음을 잊으면 교만해진다. 교만해지면, 중심을 잃는다. 내가 중심을 잡고 살아가는 이유를 간과하게 된다. 중심이 무너지면 그제야 아차! 하겠지만, 그때는 너무 늦어버렸을 수도 있다. **진정한 가성비는, 나 혼자가 아니라, 함께 하는 것을 잊지 않을 때 완성되는 것은 아닐까?**

가성비는, 나 혼자가 아니라, 함께 하는 것을 잊지 않을 때 완성된다.

융통성이 없다는 말을 자주 들어요.
어떻게 하면 융통성을 기를 수 있죠?

나는 융통성이 없다는 말을 참 많이 듣고 살았다.

30대 중반까지 자주 들었던 것으로 기억된다. 그 이후로는 딱히 들어본 기억이 없다. 연륜(?)이 쌓이면서, 상황에 맞게 적절하게 조율하는 방법을 알아서였을까? 좌우에 가림막을 대고 앞만 보고 달리는, 경주마 같았다. '이렇게 해야 한다'라고 들으면, 이렇게만 했다. 조금의 유연성도 발휘하지 않았다. 그래서 답답하리만큼 융통성이 없다는 말을 들었다. 하지만 내 생각은 달랐다. 나는 융통성이 없는 게 아니라, 정해진 원칙을 지키기 위해서 노력하는 거라 믿었다.

예를 들면 이런 거다.

선배한테서 몇 시까지 어디에 모이라는 말을 들었다. 친구들 몇 명이 함께, 모이는 장소로 이동하고 있었다. 이동하는 중에 한두 친구가 출출하니 편의점에서, 라면 하나 먹고 가자고 말을 꺼냈다. 다른 친구도 동의했지만, 나는 동의하지 않았다. 자칫 시간에 맞춰서 도착하지 못할 수도 있다는 생각에서였다. 친구들은 충분히 맞춰서 갈 수 있다며 괜찮다고 했지만, 내 생각은 아니었다. 그래서 나는 혼자 장소로 이동했고, 다른 친구들은 라면을 먹고 왔다. 약속 시간에 맞춰서.

융통성이라는 단어는 그래서, 나에게 스트레스를 유발하는 단어였다.

융통성이라는 단어에 숨겨진 '유연성'의 모습보다, '간교함'의 모습이 더 두드러지게 보였기 때문이다. 자신의 편의에 따라, 합의한 것을 이리 저리 조절하는 것으로 느꼈다. 융통성이라는 명목하에 게임의 규칙을 바 꾸는 느낌이랄까? 왜 그런 사람 가끔 있지 않나? 자신에게 불리하다 싶으 면, 더 좋은 방법인 것처럼 꾸며서 규칙을 바꾸는 사람. 내 마음이 삐뚤어 져서 그렇게 보였는지는 모르겠지만 말이다.

융통성이라는 단어에 노이로제가 있던 건, 이런 이유에서였을 수도 있다. 군대에서 다짐했던 한마디의 문장. "나 자신과 타협하지 말자!" 나는 의 지가 참 약하다. 그래서 계획을 세우거나 결심한 것을 끝까지 지킨 적이 별로 없다. 지키지 못한 것을, 아무렇지 않게 흘려보내지도 못했다. 가벼 운 건 오래지 않아 흘려버리지만, 굳게 다짐한 건 오랫동안 흘려버리지 못했다. 지키기도 못하고 마음으로 앓기만 하는, 정말이지 꼴불견이었다.

군대에서 이런 모습을 고치자는 야심 찬 계획을 세웠다.
수양록(군대에서 쓰는 일기) 첫 페이지는 물론 관물대 안에도 써서 붙 여놓았다. 매일 이 문장을 보면서 다짐하고 또 다짐했다. 그리고 지키기 위해 노력했다. 어쩌면 군대라는 틀 안에 있었기 때문에 잘 지킬 수 있었 다고 생각한다. 사회에서는 융통성을 요구하는 다양한 사람과 환경으로 갈등이 많았다. 그렇게 다시 무너질 수 없다는 마음에, 융통성이라는 단 어를 혐오(?)했는지도 모르겠다.

융통성은 양날의 검과 같다.
잘 사용하면 좋은 도구가 되지만, 잘못 사용하면 위험한 무기가 된다.

하긴 뭔들 안 그렇겠느냐마는. 중요한 건 융통성을 발휘하는 기준이다. 융통성을 발휘할지, 원칙을 지켜야 할지 판단하는 기준이 명확해야 한다. 각자가 이 기준에 따라 판단한다면, 자신은 물론 주변 사람에게도 혼선을 주지 않을 가능성이 크다. 그런 사람이 함께 있고 싶은 사람이다.

내가 생각하는 기준은 이렇다.

"모두에게 이롭냐? 그리고 모두에게 적용할 수 있느냐?" 모두에게 이롭냐는 것을 설명하면 이렇다. 모두를 만족하게 할 수 있는 선택은 없다. 다만 융통성을 발휘함에 따라, 피해를 보는 사람이 발생해서는 안 된다는 말이다. 원칙대로 하면 문제가 없지만, 융통성으로 피해를 본다면 이는 잘못된 판단이다. 그러면 누가 원칙을 지키려 하겠는가?

모두에게 적용할 수 있어야 한다.

누구에게는 적용하면서 누군가에게는 적용이 되지 않는다면 그 또한 문제다. 내가 하면 로맨스지만, 남이 하면 불륜이라고 몰아가면 안 된다는 말이다. 자신의 이익에만 몰두하면 이렇게 된다. 두루 살피지 않고, 내 것만 바라보면 그렇게 된다. 시야가 좁아지고 그에 따라 마음도 좁아진다. 역산하듯 나에게 적용했으면 상대에게도 적용해 봐야 하고, 상대에게 적용했으면 나에게도 적용해 봐야 한다. 그래야 오류가 없다. 그렇게 기준, 그러니까 마음의 중심을 잘 잡아야 한다.

기준은, 언제든지 바뀔 수 있는 것이 아니라, 언제나 바뀌지 말아야 할 마음의 중심이다.

어디까지가
최선인가요?

우리는 많은 문제와 마주하며 살아간다.

그 문제를 스스로 해결하기도 하고 누군가의 도움을 받아 해결하기도 한다. 어떤 문제는 도무지 감당할 수 없다는 생각이 들기도 한다. 내가 어찌할 수 없는 문제가 그렇다. 내가 아무리 발버둥을 쳐도 해결할 수 없는 문제는 내가 해결할 수 없을 뿐만 아니라, 내 마음을 가장 옥죄여 온다. 어찌할 수 없다는 생각이 무기력하게 만들고, 커다란 바위에 짓눌리는 듯한 기분이 든다.

일을 처리하는 과정에서 문제가 발생했다.

우리 쪽에서 발생한 문제이기 때문에, 상대방이 원하는 시정 조치를 따라야 했다. 내가 발생시킨 문제는 아니지만, 부서를 옮긴 상태라 문제를 해결해야 했다. 상대방 담당자와 많은 논의를 통해 방법을 찾아봤다. 그 담당자도 온 지 얼마 되지 않아, 업무 내용에 대해 잘 모른다고 하였다. 우리는 원만한 해결을 위해 할 수 있는 최선을 다했다. 하지만 한계에 부딪혔다.

우리가 가능할 것이라 믿었던 방법이 퇴짜를 맞았다.

그렇게 서너 번의 시도가 무산되자, 허무를 넘어 짜증이 밀려왔다. 상대방 담당자는 자신이 잘 몰라 나를 곤란하게 한 것 같다며, 매우 미안한 마음을 전했다. 그렇게 이런저런 방법을 마련하던 중, 문득 이런 생각이 떠올랐다. '이거 우리가 백날 머리 싸매고 고민해 봐야 해결할 수 없는 문제다. 이 문제는 결정권자 외에는 해결할 수 있는 사람이 없다.' 실무자들의 능력을 떠나, 우리가 해결할 수 있는 영역이 아니라는 결론에 이르렀다.

내가 총대를 메기로 했다.

상대방 결정권자는 직접 통화하기를 꺼리는 눈치였다. 내가 우리 결정권자에게 상황을 잘 설명해서 통화할 수 있게 말해보겠다고 했다. 논의하면서 진행된 내용을 시간 순서대로 정리했다. 상황을 이해하기 쉽게 설명하기 위한 이유도 있지만, 통화할 때 도움이 되기 때문이다. 내 잘못은 아니지만 좋은 내용은 아니어서 보고하기가 좀 망설여졌는데, 생각보다 침착하게 받아들이면서 직접 통화하기로 결론을 지었다.

통화를 마치고 정리된 사항에 관해 이야기를 들었다.

이런저런 얘기가 오간 것부터 해서, 어떻게 해결할지에 대한 방법까지 결정이 지어졌다. 실무자들은 그 결정 내용에 따라 진행하기만 하면 됐다. 신속하게 진행을 마치면서 길고 길었던 줄다리기 끝낼 수 있게 되었다. 물리적 시간이 길었던 건 아니지만, 답답한 마음의 길이가, 긴 시간이라 느끼게 했다. 상대방 실무자와 마무리 통화를 하면서, 서로의 수고에 대해 격려하고 앞으로는 문제가 생기지 않도록 서로 잘해보자며 마무리를 지었다.

프란치스코 성인에 기도가 떠오른다.

"할 수 있는 건 최선을 다하게 해주시고, 할 수 없는 건 체념하는 용기

를 주소서. 그리고 이 둘을 구분하는 지혜를 주소서." 현실을 살아가는데 이보다 더 명확한 기도가 있을까? 세상과 마주하는 많은 문제 중에 할 수 있는 것과 할 수 없는 것을 구분하는 지혜는, 무엇보다 중요하다. 최선을 다할 수 있는 용기와 체념할 수 있는 용기를 선택적으로 발휘할 수 있다면 삶을 활기차게 살아갈 수 있으리라 생각된다. **내가 할 수 없는 것에 미련을 두기보다, 내가 할 수 있는 것에 최선을 다하는 것이, 삶을 살아낼 힘을 준다고 믿는다.**

최선은, 내가 할 수 있는 것과 할 수 없는 것을 구분하고, 할 수 있는 것에 집중하는 것이다.

상대방이 하는 말이 진짜인지 아닌지 구분이 안 돼요. 좋은 방법이 있을까요?

"괜찮아."

이 말로 봐서는 정말 괜찮은지, 안 괜찮은데 괜찮다고 하는지 알 수 없다. 하지만 하는 말투나 표정을 보고 들으면 어림짐작할 수 있다. 여기에 더해 왜 그 말을 했는지의 과정을 알고, 유추할 수 있다면 거의 정확하게 맞출 수 있다. 그 말이 진심인지 아니면 빈말인지. 괜찮다는 말은, 대부분 괜찮지 않지만, 그럭저럭 나쁘지 않거나 그렇게 생각하기로 했다는 의미로 사용한다. 마음을 그대로 표현하기보다, 애써 드러내고 싶지 않은 마음을 덮을 때 사용한다.

글은 특히 그렇다.

'문자'라는 단어로 표현되는, 주로 하는 소통 수단 말이다. 문자나 기타 메신저 등으로 소통을 하는 경우가 많은데, 때로는 글 내용만 봐서는 마음을 정확하게 읽어내기 어려울 때가 있다. 상대방은 농담으로 던진 말인데 진지하게 받아들여, 서로 뻘쭘하게 마주칠 때가 있다. 진중하게 한 말을 가볍게 받아들여 상대방의 감정을 더욱 격하게 만들 때도 있다. 그래서 중요한 메시지를 보낼 때는 몇 번을 읽어보면서, 내 의도를 상대방이 정확하게 알아들을 수 있도록 신경을 써서 보낸다.

문자에 붙이는 기호에 따라, 감정을 달리 표현할 수 있다는 사실을 아는가?

설명에 관한 내용이 정확하게 기억나진 않지만, 문자에 붙이는 기호에 따라 어떤 감정인지 표현할 수 있다는 글을 본 기억이 있다. "네"라는 답변으로 설명했는데, 같은 답변이지만 기호나 단어 하나로 이게 다양한 감정을 표현할 수 있다는 사실이 흥미로웠다. 격하게 공감이 가는 내용도 있었고, 고개를 갸우뚱하게 하는 표현노 있었지만, 거의 인정할 수 있는 설명이었다.

내가 답변을 받을 때도 그렇다.

아무런 기호도 붙이지 않고 "네"라고 하면, 마지못해서 답한다는 느낌이 든다. 혹은 불만이 있다는 투로 보인다. 그래서 나는 항상 뒤에 물결을 붙여 "네~"라고 답을 보낸다. 더 의미를 담고 싶을 때는, 알겠다거나 확인했다는 설명을 덧붙인다. 느낌 아니까.

사람의 마음을 정확하게 읽어낸다는 말 자체가 모순일 순 있다.

상대방이 보내온 문자만 보고 어떤 감정이 실려있는지 정확하게 알기 어렵다는 말이다. 한 번은 지하철에서 이런 사람을 봤다. 불만에 섞인 혼잣말 소리가 들려 고개를 돌렸더니, 오만가지 인상을 쓰며 문자를 보내고 있었다. 다행히(?) 핸드폰 화면을 볼 수 있는 각도라 살짝 봤는데, 그 내용만 봐서는 마냥 좋다는 표현의 말과 기호 그리고 이모티콘으로 도배가 돼 있었다. '헐~ 이럴 수도 있겠구나!' 내가 받은 메시지의 내용과 이모티콘에 담긴 마음이, 진심이 아닐 수도 있다는 생각이 스쳐 갔다. 하긴 나도 그런 적이 있으니 뭐, 할 말은 없지만 말이다.

상대방의 의중(意中)을 파악하는 노력은 매우 중요하다.

상대방이 나에게 전하고자 하는 메시지가 무엇인지 알기 위해 노력해야 한다. 말마디를 온전히 받아들일 필요도 있다. 계속 필터링을 거쳐야 한다면 얼마나 피곤한 일인가. 하지만 가끔 그런 느낌이 들 때가 있지 않나? '어? 뭔가 이상한데?' 상대방이 뭔가를 흘린다는 느낌말이다. 이럴 때, 말마디에 숨겨진 다른 의도를 찾고자 하는 노력이 필요하다는 말이다.

온전히 파악하기는 어려울 수 있으나, 노력한다면 근처까지는 갈 수 있다.

그리고 그렇게 하는 노력은 상대방이 알아차리게 된다. 그 마음만으로도 어느 정도는, 상대방의 마음에 근접했다고 볼 수 있다. 의중을 파악해서 알아내는 것도 중요하지만, 그 마음을 헤아리려는 노력이 더 중요한 가치를 지닌다고 믿는다. 혹시 흘려들은 메시지가 떠오른다면, 의중을 파악하기 위해 그 사람에게 다가가 보는 건 어떨까?

의중(意中)은, 마음에 중심을 상대방에게 둘 때, 온전히 알아차릴 수 있는 메시지이다.

어떤 직책을 맡는 게 너무 두려워요.
리더십이 부족해서 그런 건가요?

유튜브 책 소개 채널을 통해 알게 된 책이 있다.

『질서 너머』라는 책이다. 전 세계 젊은이들 사이에서 멘토로 존경받고 있다고 하는, '조지 피터슨' 교수의 책이다. 부제는 '인생의 다음 단계로 나아가는 12가지 법칙'이다. 내 생각과 결이 비슷한 부분이 많아, 관심 있게 읽었다. 이 책이 어떤 주제를 어떤 방향으로 이끌어가는지는, 저자 소개 마지막 부분에 나온, 세 문장으로 짐작할 수 있다.

「과거의 확신과 지식은 예기치 못한 인생의 비극에서 우리를 구하지 못하며, 경직된다. 질서와 통제의 위험을 넘어설 때 놀라운 지평이 펼쳐진다는 점을 깊이 있게 논한다. 우리 안에 잠재된 창조적 힘과 변화의 가능성에 주목하는 12가지 법칙을 통해 독자들은 인생의 새로운 실마리를 잡을 수 있을 것이다.」

내용에 대해 속단할 순 없지만, 혼돈의 시대에 어떻게 무게 중심을 잡고, 헤쳐나가야 하는지를 제시하는 것으로 보인다. 변화하는 시대에 휩쓸리기보다, 절대적으로 지켜야 하는 가치에 대해 강조하는 부분도 곳곳에 보인다. 그중 하나는 이것이다.

「의미는 책임과 직결된다. 악을 제압하라. 고통을 줄여라. 감당해야 할 부담, 수시로 변덕을 부리는 삶의 불공평과 잔인함에 굴하지 말고, 문제 해결을 소망하면서 매 순간 당신 앞에 나타나는 가능성을 놓치지 마라. 그 밖의 다른 방법을 사용하면 지옥 구덩이는 더 깊어지고 그 안의 열기는 더 뜨거워지면, 문제는 더욱 악화되어 사람들을 비참하게 만든다.」 (법칙 4. '남들이 책임을 방치한 곳에 기회가 숨어 있음을 인식하라' 중에서)

책임을 짊어지고 나아가는 삶이, 의미 있는 삶이라고 해석된다.

사람으로서 마땅히 짊어져야 할 책임을 시작으로, 자신의 처지에 따라 부여되는 혹은 스스로 부여한 책임을 짊어져야 한다. 때로는 책임의 무게를 덜어낼 다른 방법을 찾기 위해 시선을 돌리는데, 이 시선의 대부분은 옳지 않은 방법일 때가 많다. 중요한 건 시선을 돌리고 살필수록, 책임의 무게는 더 무겁게 느껴진다. 가볍게 하는 방법이 눈에 들어오기 때문이다.

꾀를 부리다 큰코다친, 나귀 한 마리가 떠오른다.

소금과 솜을 나르는 나귀 이야기다. 소금을 지고 가던 나귀는 너무 무거운 나머지, 강물에 빠지게 된다. 물에서 빠져나온 나귀는 소금의 무게가 훨씬 가벼워진 것을 느낀다. 소금 일부가 물에 녹았기 때문이다. 다음에는 솜을 지고 가는데 강을 만난다. 소금을 지고 가다 강물에 빠졌던 기억이 난다. 그래서 이번에는 일부러 강물에 빠진다. 하지만 웬걸? 오히려 가볍던 솜은 물을 빨아들여, 몇 배나 무겁게 되었다. 그냥 갔으면 어렵지 않게 갔을 것을, 꾀를 부리다 더 큰 짐을 짊어지게 되었다.

책임이 무겁게 느껴지는 이유가 뭘까?

책임이 즐거운 일은 아니라, 당연히 무게감이 느껴지는 건 사실이다. 해도 되고 안 해도 그만인 것이 아니라, 반드시 해야 한다는 것도 무게를 더한다. 하지만 이보다 더 큰 이유가 있다. 자기 혼자 감당해야 한다는 강박관념 때문이다. 하지만 **책임은, 혼자만 짊어져야 할 무게를 의미하진 않는다. 내가 먼저 앞장서는 마음을 의미한다.** 이런 경험이 한 번쯤 있지 않나? 내가 먼저 앞장서서 나겠을 때, 상황이 변하거나 사람들 때로는 생각지도 못한 사람이 도움을 줬던 일들 말이다.

책임은, 자기 혼자 짊어져야 할 무게가 아니라, 앞장서겠다는 마음을 갖는 마음이다.

저한테만 기회가 잘 안 온다는 생각이 들어요.
무엇을 준비해야 하나요?

'합리적 의심'

깊이 생각하게 하는 표현이다. 사실, 의심이라는 단어를 별로 좋아하진 않는다. 서로 숨기는 무언가가 있다는 것과 서로 견제하면서 바라봐야 할 것 같은 느낌이 별로다. 하지만 합리적인 의심은 조금 느낌이 다르다. 부정적 의미에서의 의심이라기보다, 관행처럼 해왔던 것을 다시 살펴보라는 의미가 있기 때문이다. 새로운 부서로 옮기면서 이런, 합리적인 의심을 해야 하는 상황이 종종 생긴다. 잘못된 것을 계승 발전시킬 필요는 없으니 말이다.

의심이 난무하는 공동체라면 어떨까?

생각만 해도 치가 떨린다. 함께 하는 사람끼리 의심해야 하는 상황은, 최악의 관계이고 최악의 공동체라 볼 수 있다. '의인막용 용인물의 (疑人莫用 用人勿疑)' 명심보감에 나오는 문장이인데, '사람을 의심하거든 쓰지 말고 사람을 쓰거든 의심하지 말라'는 표현이다. 정말 맞는 말이다. 의심하는 사람과 함께 무언가를 하려는 것 자체가 모순이고 무리다. 누구보다, 리더가 명심해야 할 문장이다.

아! 아니다.

좀 더 깊이 들어가면, 리더뿐만 아니라, 관계를 맺으며 살아가는 모든 사람에게 적용되는 말이다. 의심이 가는 사람이라면 아예 마주하지 않는 것이 현명하다. 함께 무언가를 하기로 도모했다면, 믿고 가는 것이 필요하다. '혹시 모르니…'라는 생각으로 자꾸 뒤돌아보고 다른 의미를 찾으려 한다면, 절대 좋은 결과가 나오지 않고 사람도 잃는다. 돌다리도 두들겨보고 건너라는 말도 있듯이, 조심해서 나쁠 거 없지 않냐고 반문할 수도 있다. 하지만, 엄연히 다른 의미다. '의심'과 '확인'은 다르다는 말이다.

어떤 사람이 의심할까?

의심이 많은 사람을 한 사람 한 사람 떠올려본다. 그 사람들을 한곳에 모으면, 그 사람들의 특징이 하나로 모이는 지점이 있다. 속담으로 표현하면 이렇다. '도둑이 제 발 저리다.' **의심하는 사람들은 사람을 대할 때, 진정성을 품고 있지 않다.** 처음에는 매우 친절하고, 있는 거 없는 거 다 줄 것처럼 다가온다. 매우 진정성 있게 보인다. 그런 사람에게, 자신의 마음을 그대로 드러내지 않는 사람이 과연 몇이나 될까?

하지만….

시간이 지나면서 알게 된다. 과장된 그 표현이, 자신의 마음을 내어놓는 것이 아니라, 자신의 마음을 감추려는 것임을 알게 된다. 의심이 많은 자신의 모습을 감추기 위해, 과장된 표현과 친절로 포장하는 것이었다. 누구보다 본인이 자신을 더 잘 알기 때문에, 더 과장된 모습으로 감추고 덮으려 한다. 그 사실을 알고 난 다음 보는 그 사람의 모습에서, 처음에는 속았다는 억울함이 치밀어 오른다. 하지만 시간이 지나면, 안쓰럽다는 마음이 더 커진다. 자의든 타의든, 사람을 의심의 눈으로 바라보면 살아야 한다는 사실이 씁쓸하게 느껴진다.

상대방을 통해서 얻을 수 있는 건, 자신에게 달려 있다.

마음이든 실질적인 그 무엇이든 다르지 않다. 내가 받을 수 있는 크기와 양은, 주는 사람이 가지고 있는 그것으로 결정되는 것이 아니다. 내가 담을 수 있는 그릇의 크기로 결정된다. 그럼 내가 담을 수 있는 그릇의 크기는 어떻게 결정될까? 내가 상대에게 내어주는 마음의 크기와 비례한다. 온전히 내어주는 마음이라면 온전한 크기가 될 것이고, 찔끔 내어주는 마음이라면 찔끔 정도가 된다.

누군가 나에게 주는 것이 적다고 느껴지는가?

그렇다면, 왜 나에게 적게 주는지에 대해 탓하고 원망하면서 에너지를 소비할 필요가 없다. 오른쪽 다리가 간지럽다고 하는데, 왼쪽 다리를 긁는 격이기 때문이다. 내가 마음을 얼마나 열었는지 그리고 내 진정성의 농도가 어떤지 살펴볼 필요가 있다. 그게 핵심이기 때문이다. 절대로 내가 가진 그릇의 크기 이상으로 받을 수 없다. 이건 만고불변의 진리이다.

의심은, 합리적으로 되짚어보는 것은 필요하지만, 비딱한 마음으로 바라보면 문제가 생기는 마음이다.

저는 항상 비중이 적은 업무를 받아요.
능력이 부족해서인가요?

'주연 같은 조연'

역할의 비중은 주연보다 적지만, 주연 이상의 활약을 한 조연에서 붙여주는 수식어다. 영화나 드라마를 보면 이런 배우들이 참 많다. 어떤 영화를 봐도, 3편 중 2편은 출연할 정도로 많이 출연하는 배우도 있다. 하지만 캐릭터에 따라, 그 느낌은 전혀 다르다. 그런 매력과 역량이 있으니, 주연 못지않은 조연으로 자리 잡는 것으로 보인다.

주연과 조연의 차이는, 중요도의 문제가 아니라고 본다.

무게를 두는 방식의 차이라고 볼 수 있다. 주연이 한 작품에 큰 무게를 두는 배우라면, 조연은 다양한 작품에 조금씩 무게를 두는 배우다. 그 무게를 다 합치면 거의 비슷한 무게가 되지 않을까 싶다. 주연이 깊이가 있다면, 조연은 넓이가 있다고 해야 할까? 이 두 가지를 두루 갖춘 배우는, 조연의 역할은 물론, 주연의 역할을 하기도 한다.

업무를 할 때도 주연과 조연이 있다.

대행 업무는 특히 그렇다. 마케팅이나 홍보 등의 대행을 맡게 되면, 업무를 의뢰하고 함께 진행하는 담당자가 있다. 담당자도 회사에서 역할을 맡은 거라, 성공적으로 마무리해야 하는 처지가 된다. 문제가 커지면 옷을 벗어야 하는 상황까지 가기 때문이다. 그래서 자신의 역량과 노력을 다하는 담당자가 대부분이다.

하지만….

거의 신경을 쓰지 않는 담당자도 있다. 디자인 시안을 보내거나 제안을 해도, 세세하게 들여다보지 않는다. 같이 협의해서 좋은 결과물을 만들어내기 위한 노력을 해야 하는데, 그냥 맡긴다. 좋게 말하면 조건 없는 믿음을 보여주는 거라 좋기는 한데, 그래도 최소한 결정해 줘야 할 부분은 있다. 그마저도 하지 않으려는 담당자가 있다.

어찌어찌해서 준비를 마치고 실행하는 날.

예상했던 것보다 잘 진행될 때가 있다. 여러 협력업체와 장소 대여하는 곳에서 협조가 원활하게 이루어지면 그렇다. 주최 회사의 책임자로 오신 분이 그 회사 담당자에게 잘 준비했다며 칭찬을 아끼지 않는 모습을 본다. 담당자는, 나의 노고도 함께 말해주면 좋을 텐데, 그러지 않는다. 마치 자신이 전부 다 한 것처럼, 그렇게 멋쩍은 척을 하면서, 칭찬을 고스란히 받는다. 그러면 불쑥 앞으로 나가, "제가 다 준비했습니다!" 하고 말하고 싶었다. 진심.

내 욕심에 그렇게 행동했던 시절이 있었다.

대놓고 그렇게 말은 하지 않았지만, 내 행동이 그랬다. 정작 나는 느끼지 못했지만 말이다. 한 선임이 그런 나에게 이렇게 말했다. "우리는 주연이 되려고 하면 안 돼. 주연은 거래처 담당자가 되어야 해. 우리는 조연으로 남아야 빛이 나는 법이야!" 뒤통수를 얻어맞은 기분이었다. '아니, 내가 얼마나 열심히 했는데, 무슨 소리야!' 시간이 지나고 그 의미를 깨달왔다. 거래처 담당자가 나를 찾지 않기 시작하면서부터.

업무를 대행하는 처지에서는, 주연이 될 수 없다.

엄밀히 말하면, 주연이 되려는 욕심을 부려서는 안 된다. 업무를 의뢰한 담당자를 주연으로 만들어줘야 한다. 그래야 지속적인 관계를 유지할 수 있다. 내가 주연으로 돋보이려는 순간, 관계는 갈라지게 된다. 잠깐은 빛날 수 있지만, 그 이후 빛은 점점 희미해지다 결국 사라지게 된다.

주연과 조연을 나눠서 생각하는 건, 큰 의미가 없다.

역할을 차이가 있는 것이지, 중요도의 차이가 아니기 때문이다. 그렇게 생각하면, 내가 저질렀던 실수를 할 수 있다. 사람은 존중받고 싶은 욕구가 높은 동물이라, 당연히 그런 욕심이 나는 건 사실이다. 하지만, 내 역할이 무엇인지 명확하게 살펴봐야 한다. 그리고 내가 어디에 서 있어야할지, 그리고 무슨 역할을 해야 할지 살펴야 한다. 그래야 나 자신으로, 온전히 서 있을 수 있다.

역할은 자신의 위치와 해야 할 것을 말하는 것이지, 중요도의 차이로 분류하는 것이 아니다.

내가 맡은 업무 이외에도 알아서 하라는데,
꼭 그럴 필요가 있나요?

"나의 죽음을 헛되이 하지 마라!"

전태일 열사가 아무리 호소해도 바뀌지 않는 노동환경을 고발하고자, 자신의 몸에 불을 지르고 울부짖은 몇 마디가 있다. "근로기준법을 준수하라!", "우리는 기계가 아니다!", "일요일은 쉬게 하라!" 그리고 마지막으로 외친 한 마디가, 자신의 이 죽음을 헛되이 하지 말아 달라는 당부였다. 자신이 목숨까지 바쳐가면서 외치는 이 몇 마디가, 꼭 현실로 이루어지게 해달라는 애원이기도 했다.

어머니가 병원으로 달려왔다.

전태일 열사는 코와 입만 빼고, 온몸에 붕대가 감겨있었다. 하지만 목소리만큼은 또렷했다. 죽기 전, 자신의 어머니한테 굳게 약속을 받아냈다고 한다. 노동자들의 투쟁에 앞장서 달라는 당부였다. 죽는 순간까지 그분은 노동자들 걱정뿐이었다. 자신이 목숨 걸고 만든 기회의 불씨를 어떻게든 살리고 싶다는, 간절한 마음이 느껴졌다. 어머니는 10여 년 전에 돌아가셨는데, 묘비명에 이렇게 적혀있다. '노동자의 어머니'. 어머니는 끝까지 아들과의 약속을 지키셨다.

한 프로그램을 통해, 자세히 알게 된 내용이었다.

라디오에서, 애니메이션 영화 「태일이」에 관한 얘기를 들었다. 전태일 열사의 모습을 그린 영화인데, 전태일 열사에 대해 가장 잘 표현한 작품이라고 평했다. 이유는 전태일 열사가 메모했던 글을 바탕으로 해석하고, 그의 생각을 최대한 반영했기 때문이라고 했다. 그래서 제작을 위한 준비 기간도 꽤 길었다고 했다. 막연하게 알고 있던 열사의 이야기에 관해 관심을 두게 되었다. 그러던 차에 이 프로그램을 보게 되었다.

역사적으로 보면, 자신의 목숨을 희생한 분들이 많다.

나라를 지키기 위해, 신앙을 지키기 위해, 사람답게 살 권리를 찾기 위해 많은 분이 과감한 결단을 내렸고 행동으로 옮기셨다. 책을 통해서 혹은 영화를 통해서 그분들의 이야기를 접하게 되면 먹먹하기도 하고, 대단한 용기에 고개가 숙여지기도 한다. 가만히 보면 그분들도 그냥 평범하게 살아간 한 시민일 뿐이었다. 하지만 어떤 계기가 그분들의 마음에 불을 지폈고, 그 불이 곧 자기의 희생으로 마무리되었다. 고맙기도 하고 안타깝기도 하고 미안하기도 하다.

"과거를 기억 못 하는 이들은 과거를 반복하기 마련이다."

원문은 이렇다. "Those who cannot remember the past are condemned to repeat it." 스페인 출신의 철학자이자 작가인, '조지 산타야나' 교수님이 한 말씀이다. 이 한마디는, 역사를 기억해야 하는 명확한 이유를 제시한다. 목숨까지 바치면서 후손들에게 물려주고자 한 정신을 잊지 않아야, 그분들의 죽음을 헛되이 하지 않는 것이 된다. 말도 안 되는 잘못된 역사를 지나치면, 그에 따른 책임은 고스란히 우리에게 돌아오게 된다. 또 누군가의 희생을 강요하게 되는 것이다.

그분들이 희생했는가?

아니면, 희생하게 했는가? 처음에는 당연히 전자가 맞는다고 생각했다. 하지만 가만히 보고 있으니, 아니었다. 후자였다. 희생을 한 것이 아니라, 희생하게 했다. 그들의 외침을 듣고 결정을 할 수 있는 사람들이 조금이나마 관심을 기울였다면, 그런 희생을 막을 수 있었다. 나만 아니면 된다는 생각으로 한 발짝 뒤로 물러서지 않고, 함께 한 발짝을 내밀었다면 또 혹시 모를 일이다.

나는, 희생하고 있는가? 희생하게 하고 있는가?

내가 해야 할 역할에 한 발을 빼고 있거나 내가 책임져야 할 부분을 외면한다면, 우리는 누군가에게 희생하게 하는 거라 말할 수 있다. 내가 아니면 누군가는 그 역할과 책임을 짊어져야 하기 때문이다. 희생이 꼭 죽음이라는 극단적인 상황만을 말하는 건 아니다. 일어나지 않아도 될, 모든 피해라고 말할 수 있다. 최소한 자신의 역할과 책임만 감당한다면, 누군가의 안타까운 희생은 막을 수 있다고 생각한다. 내 인생에 부끄럽지 않으려면, 최소한 희생을 하게 만드는 사람이 되진 않아야 하지 않을까?

희생은 자신이 해야 할 역할과 책임을 다하지 않았을 때, 누군가에게 짊어지게 하는 짐이다.

거래처와 협상을 해야 하는데 무슨 생각을 하는지 알 수 없을 때, 좋은 방법이 없을까요?

도박은, 내가 들고 있는 패와 상대방이 들고 있는 패의 우위에 따라 승부가 결정된다.

하지만 내가 들고 있는 패가 상대방보다 낮아도 이기는 경우가 있다.

영화 「타짜」 거의 마지막 장면에 이런 상황이 있었는데, 주인공이 이런 대사를 한다.

"한 끗이 구 땡을 이길 때도 있는 겁니다!"

한 끗이 가장 낮은 패이고 구 땡은 매우 높은 패다.

가장 낮은 패가 높은 패를 이길 수 있었던 것은, 주인공이 가지고 있던 확신 때문이었다.

협상할 때, 내가 들고 있는 패와 상대방이 들고 있는 패를 가지고 신경전을 벌인다.

대부분 먼저 생각하는 것은, 상대방이 무슨 패를 가지고 있는가이다.

상대방의 패를 알아야, 내가 어떤 패를 낼지 결정할 수 있기 때문이다.

상대방이 어떤 패를 가졌는지 알기 위해, 정보를 수집하거나 잔머리를 굴리게 된다.

중요한 것은, 상대방이 어떤 패를 가졌는지가 아니라, 내가 가지고 있는 패에 대한 확신이다.

가지고 있는 패에 대한 확신이 있으면, 상대방이 어떤 패를 가지고 있어도 이길 확률이 높다.

내가 가지고 있는 패는, 내가 가지고 있는 '역량'이다.

역량은 내가 직접 가지고 있는 능력뿐만 아니라, 나를 도와줄 수 있는 사람까지 포함한다.

내가 능력을 갖추고 나를 도와줄 수 있는 사람의 폭이 넓다면, 확실한 패라고 말할 수 있다.

그것에 대한 확신이 있다면, 어떤 협상에서도 이길 확률이 높다.

이기지 못하더라도, 손해를 보지는 않는다.

협상에서 지는 이유는, 자신이 가지고 있는 패에 대해 확신이 없기 때문이다.

확신이 없는 패를 가지고는, 끌려다닐 수밖에 없다.

이기고도 손해를 보는 상황이 발생한다.

상대방의 패를 알기 위해 잔머리 쓰는 노력은, 한두 번은 통할 수 있다.

상황과 운에 따라 좋은 결과가 나올 수도 있다.

하지만 이것이야말로, 도박이다.

내가 결정하기보다, 상대의 패에 따라 결과가 갈리기 때문이다.

가장 확실한 패는, 역량을 키우는 것이다.

역량을 키우는 것이 가장 좋은 패를 가지기 위한 최고의 방법이다.

승부는, 상대방이 들고 있는 패가 아니라, 내 패에 대한 확신으로 결정된다.

2장

마음 다스림

매일 루틴을 지키고 싶은데, 못하는 날이 있어 속상해요. 꾸준하게 할 방법이 있을까요?

『완벽한 하루』를 출간할 때, 책 제목을 출판사에서 제안해 줬다.

많은 사람이 완벽한 하루를 꿈꾸지만, 그렇지 못한 현실에 대한 반어법이다. 내가 생각한 다른 제목이 있었지만, 제목을 듣는 순간, 한 치의 망설임 없이 동의했다. 출간을 앞두고, 강연을 준비하면서, 『완벽한 하루』를 어떻게 풀어갈지 고민했다. '완벽'이라는 단어는, 나에게도, 좀 부담스러운 단어였기 때문이다. 사람 중에, '이 단어를 붙여도 좋을 사람이 있을까?'라는 질문에, 선뜻 답을 할 수 없었다. 그래서 사전에 나온 정의가 아닌, 경험과 생각을 바탕으로 한, 나만의 정의를 만들기로 했다.

사전에서는 '완벽'을, '흠이 없는 상태'로 정의한다.

나는 이렇게 정의했다. **'모든 것이 흠이 없는 상태가 아닌, 한 가지라도 마음에 드는 것이 있는 상태' 한 가지라도 마음에 드는 것이 있다면, 완벽하다고 표현하는 것이다.** 식당을 갔는데, 여러 반찬이 나왔다고 하자. 모든 반찬이 아니라, 한 가지라도 맛있는 반찬이 있다면 그것이 완벽한 것이 되는 것이다. "완벽한 식사였어!"

한 가지라도 내 마음에 드는 순간이 있다는 것은, 좋은 마음을 갖게 한다.

하지만, 우리는 좋지 않은 마음으로, 좋은 순간의 마음을 누르는 것에 익숙해져 있다. 단적인 예가 이런 표현이다. "다 좋은데…." 열에 아홉은 좋은데, 하나가 좋지 않기 때문에 마음에 들지 않는다고 한다. 좋은 아홉은 잊히고, 안 좋은, 하나가 두드러지는 것이다. 자신도 모르게, 나쁜 것에 더 민감하게 반응한다는 얘기다.

성공한 사람들의 인터뷰를 모아놓은, 『타이탄의 도구들』이라는 책이 있다.

"세계 최고들이 매일 실천하는 것들" 서문 제목만 봐도, 성공한 사람이 꾸준히 하는 생각과 행동을 기록했다는 것을 알 수 있다. 성공했다고 인정할만한 사람들을 떠올리면, 대단한 무언가를 할 것으로 생각한다. 어떠한 일이 있더라도, 하루도 빠짐없이 할 것으로 생각한다. 일반적인 사람들은 넘볼 수 없는 영역의 사람으로 생각하는 것이다. "그 사람들은 특별하니까 그렇게 된 거지!"

저자는, 최고 중에서 최고로 평가받는 사람도 별거 없다고 하면서 이렇게 이야기한다.

'성과를 내는 날을 그렇지 못한 날보다 많이 만들 것' 이 한 가지 규칙만 명심하면 된다는 것이다. 매일 계획한 대로 성과를 내는 것이 아니라, 그렇지 않은 날보다 많이 만들면 되는 것이다. 이 문장을 읽는 순간, 마음에 얹혀있던 상념들이 한 번에 내려가는 느낌이 들었다. 하루도 빠짐없이 그래야 하는 것은 아니기 때문이다.

『완벽한 하루』의 정의와 다르지 않다는 것을 알았다.

계획한 대로 하지 못했거나, 원하는 결과가 나오지 않더라도 잊지 않아야 한다. 잘못된 하나에 빠져 허우적대면, 할 수 있는 다른 것마저 하지 못하게 된다. 한번 빠진 마음은, 할 수 있는 다른 마음으로 잘 옮겨지지 않기 때문이다. 하루에 여러 가지 계획을 세우고 실천하겠다고 다짐하지만, 다 지키기는 쉽지 않다. 아침에 일어나고자 하는 시간에 일어나지 못하면, 그때부터 다른 계획도 하기 싫어진다. 첫 단추가 잘못 끼워졌기 때문에, 포기하게 되는 것이다. **잘못 끼워진 첫 단추는 그대로 두고, 다음 단추부터 잘 끼기 위해 마음을 다잡아야 한다. 잘못 끼워진 단추는 나중에 다시 고쳐서 끼우면 되기 때문이다.**

하루에 저지르는 실수와 잘못도 마찬가지이다.

실수와 잘못에 집착해, 다른 것을 하지 못하게 마음을 묶으면 안 된다. 그것은 그것대로 인정하는 것이, 빨리 잊는 방법이다. '성과를 내는 날을 그렇지 못한 날보다 많이 만들 것'이라는 말을 이렇게 인용해 본다. '잘한 날을 잘못하는 날보다 많이 만들 것' 그러면 조금은 마음이 편해짐을 느끼게 된다. **하루에 한 가지라도 원하는 대로 이루어졌다면, 그것을 '완벽'으로 정의해 보는 건 어떨까?** 그렇게 정의하는 것만으로도, 지금보다 만족감이 올라갈 수 있다. 감정도 연습해야 한다. 그냥 저절로 되는 것은 없다. 계속 그렇게 생각해야 그렇게 되는 것이다. 나만의 완벽한 하루는, 내가 정할 수 있다.

성공은, 잘한 시간이 잘못한 시간보다 많은 것이다.

딱히 이유는 없는데, 불안한 마음이 떠나질 않아요. 좋은 방법이 없을까요?

인생을 비유하는 것은 여러 가지가 있는데, 대표적인 것이 마라톤과 항해(航海)이다.

오랜 시간을 두고, 꾸준히 나아가는 모습 때문이라 그런 것 같다. 항해(航海)에 비유할 때 이렇게 표현한다. 가고자 하는 목적지의 방향을 향해 이동한다. 잔잔한 바다 위에서 시원한 바람을 맞을 때는, 이곳이 천국이라는 생각이 든다. 하지만 바다가 항상 그런 것은 아니다. 거센 바람이 불고 집어삼킬 듯한 파도가 일기도 한다.

먼바다에서 바람과 함께 큰 물결이 다가온다.

항해하기에 무리가 있다고 판단되면, 안전한 곳에, 닻을 내린다. 닻이 흙바닥에 박히거나 단단한 돌 틈 사이에 끼었다면 안심이 된다. 배를 안전하게 고정해 줄 수 있기 때문이다. 하지만 갈고리가 잘 걸리지 않은 느낌이 들면 불안한 마음이 든다. 닻이 배를 안전하게 고정해 주지 못하기 때문이다.

인생에 파고가 있을 때, 닻을 단단히 잡아주어, 마음에 위안을 주는 것이 무엇일까?

그것이 무엇이냐에 따라 마음이 편안할 수도, 불안할 수도 있다. 닻이 안정적인 곳에 닿지 않으면, 작은 바람이나 흔들림에도 초조한 마음이 떠나지 않는다. 어떠한 바람과 물결에도 흔들리지 않고 단단하게 고정해 줄 수 있는 곳을 찾아야 한다. 훌륭한 항해사는 그곳을 잘 알고 있다. 시행착오를 거쳤겠지만, 그곳을 찾는다. 닻이 단단히 고정되어 있다면, 근심이 적어질 것이다.

내가 매일 닻을 내리는 시간이 있다.

새벽 시간이다. 아침에 일어나서, 집에 마련된 제대 앞에 초를 켜고 꿇어앉는다. 감사한 일을 떠올리고, 주님께 깊은 감사를 드린다. 잘못한 일에 대해 떠올리고, 다시는 그러지 않도록 다짐을 한다. 늦게 일어나서 시간이 없을 때는, 출근하는 동안 그렇게 한다.

잘못하는 행동이 고쳐지지 않고 반복되면, 회의(懷疑)가 생기기도 한다.

바라는 것이 원하는 대로 되지 않을 때는, 원망스러운 마음이 들기도 한다. 하지만 그렇다고 멈추지 않는다. 닻을 내리는 행동을 멈추지 않는다. 상황이 더 나빠지지 않도록 잡아주신다는 것을, 느끼기 때문이다. **내가 원하는 것이 아니라, 필요한 것을 주신다는 것을 느끼기 때문이다.**

고등학생 시절에는 닻을 내리는 시간이 등산이었다.

머리가 복잡하거나 생각을 정리할 필요를 느낄 때, 등산을 그 시간으로 활용한 것이다. 아침에 집을 나서서 정상에 올라갔다 내려오면, 어두웠을 때 집에 도착한 것으로 기억된다. 올라갈 때는, 땅만 보면서 빠른 속도로 올랐다. 거의 쉬지 않고 올라갔다. 산을 오르다 보면, 숨이 턱 밑까지 차오르고 숨쉬기가 힘든 순간이 온다. 그 순간을 조금만 버티면 다시 숨쉬기가 편안해진다. 오래 달리기할 때, 처음 얼마간은 숨이 차지만, 시간이 지나면 숨 쉬는 흐름이 부드러워지는 것과 비슷한 느낌이다.

거침없이 오르면서, 정리해야 할 생각들을 떠올린다.

그렇게 떠올린 생각들은 정상에 도착하는 순간 정리가 된다. 누군가의 조언을 들은 것도 아니고, 책을 찾아본 것도 아니다. 내 안에서 끊임없이 되묻고 되물은 질문들이 답을 스스로 찾아내는 것이다. 찾아낸 답은, 산에서 내려가면서, 차분하게 다시 한번 정리했다.

마음이 단단하게 고정될 수 있도록, 닻을 내리는 고독의 시간이 필요하다.

지치고 힘들수록 마음을 더 단단하게 고정할 수 있는 시간이 필요하다. 그 시간을 즐기지 못한다면, 자기 생각을 들여다볼 시간이 없게 된다. 진짜 내 생각을 알 수가 없다.

무언가 결정했을 때, 찜찜한 마음이 들 때가 있다.

내가 원해서 결정했지만, 뭔가 마음에 차지 않는 것이다. 그것이 바로, 자신이 진정으로 원하는 것이 무엇인지 모를 때 느껴지는 감정이다. 내가 나를 알아야 비로소 다른 사람과도 함께 할 수 있다. **홀로서야 하는 진정한 이유는, 다른 사람과 함께 하기 위함이다. 건강하게 함께 하기 위해서는, 홀로 서는 연습을 해야 한다.**

홀로서기는, 마음의 닻을 내리는 시간이다.

죽지 못해 산다는 말이 남 일 같지 않은데
왜 그런 거죠?

할머니 의사로 알려진, 故 한원주 선생님의 이야기를 들은 적이 있다.

여러 방송과 언론에서 다루기도 했는데, 나는 이웃 블로그에서 보게 되었다. 시간이 좀 지나서 정확한 내용이 기억나지는 않았지만, 캡처된 화면의 내용을 보면서, 故 이태석 신부님의 모습이 떠올랐다. 당신을 필요로 하는 사람들 곁에서, 돌아가시기 전까지, 함께 했기 때문이다. 좀 더편하고 자신의 이익을 위해 살 수 있는 삶을 등지고, 굳이 어려운 길을 걸으셨다.

그 길을 '사명'이라고 표현하셨다.

우리가 보기엔, 가시밭길 같기도 하고 자갈밭 같기도 한 길이었지만 말이다. 당신이 당연히 책임지고 해야 할 역할이라 생각하신 것이다. 중요한 것은, 그 역할을 억지로 힘겹게 하신 것이 아니라, 좋은 마음으로 하셨다는 것이다. 선생님의 얼굴이 그것을 증명하고 있다. 부드럽고 편안해 보이는 인상을 통해, 어떻게 이 길을 걸어오셨는지 짐작할 수 있었다.

'희망'이라는 단어가 떠오른다.

타인을 위해 자신을 희생하시는 분들의 이야기를 들으면, 그렇다. 희망이라는 단어에서 나오는 에너지는, 등에 진 삶의 짐이 힘겨워, 주저앉아 있다가도 다시 일어서게 만드는 힘이 있다. 누군가에게 희망이라는 단어를 떠올리게 하는 사람이 있다면, 그 사람 또한, 사명을 완수하고 있는 사람이라는 생각이 든다.

모든 사람은, 이 세상에 온 이유가 있다고 한다.

그것을 두 글자로 표현하면 '사명'이 된다. 그 이유를 찾고 역할을 잘하면, 이 세상을 떠날 때, 참 잘 살았다고 생각할 것 같다. 자신의 사명을 오래 지나지 않아 찾는 사람도 있을 것이고, 거의 세상을 떠날 때쯤 찾는 사람도 있을 것이다. 사명을 찾을 때, 반드시 염두에 둬야 할 것이 있다는 것을 얼마 전에 깨달았다. 거저 받았다는 것이다.

이 세상에 태어난 것 자체가 거저 받은 것이다.

노력이 하나도 안 들어갔기 때문이다. 가만히 돌이켜보면, 대부분, 죽을뻔한 고비를 넘긴 적이 한 번쯤은 있을 것이다. 나도 그랬다. 어린 시절부터 돌이켜보면, 2~3번 그런 고비가 있던 기억이 난다. 다시 태어났다고 해도 과언이 아닐 정도로, 위험했던 상황이 있었다. 그렇게 거저 다시 주어진 삶이라는 것을 알았을 때, 내가 무엇을 해야 할지 그리고 어떻게 해야 할지 조금은 선명해졌다.

'나는 이 세상에 어떤 사명을 가지고 파견되었나?'

그냥 태어난 것이 아니라, 이 세상에, 완수해야 할 사명을 가지고 태어난 것이다. 삶을 통해 그 이유를 발견하고 실행하면서 사명을 완수하는 것이다. 직업을 통해서, 가정을 통해서, 그 외에 다양한 역할을 통해서 그 사명을 완수하는 것이다. 사명의 일정 부분을 완수했을 때, '보람'이라는 느낌의 선물을 받는다. 보람은 또 다른 보람을 낳기 위한 원동력이 된다.

그 느낌을 지속하고 싶은 욕구가 생기는 것이다.

인생에 슬럼프가 올 때도 있다.

머리와 마음이 울렁거리고 혼란스러울 때가 있다. 역에서 내렸는데, 어디로 가야 할지 모르겠고, 왜 여기에 왔는지 잊은 느낌이다. 방향을 잃었다는 것은 목적과 이유를 잃은 것과 같다.

사명에 대한 혼돈 때문이다.

삶이 허무하고 무료하게 느껴진다. 가고 있는 방향이 맞는지에 대한 의심은, 목적과 이유까지 희미하게 만든다. 또렷이 보였던 목적이 희미하게 보이면, 확신의 무게 중심이 느슨해진다.

누군가 뚝 건드리면, 흔들리고 넘어질 것같이 불안하다.

혼란스러운 마음이 든다는 것은, 살아내고 있다는 증거다.

잘못된 것이 아니라, 자리를 잡아가는 과정이다. '몸살'에 걸리면 온몸이 바들바들 떨리고 작은 충격에도 온몸에 통증이 전해진다. 아픈 상태인데, 그것을 몸살이라고 부른다. 몸이 살아난다는 의미다. 지금 마음의 몸살을 겪고 있다면, 그것은 마음이 살아나는 과정이다. 제자리를 찾아가는 과정이라는 말이다.

사명은, 내가 이 세상에 온 이유이다.

왜 저는 항상
제자리인 것 같죠?

바람이 매섭게 부는 바닷가 도로에 서서, 바다를 보고 있었다.

왼쪽 멀리서, 작은 점들이 조금씩 다가왔다.

가까운 거리는 아니지만, 오래지 않아, 무엇인지 알 수 있었다.

갈매기였다.

일정한 간격과 모양을 유지하고 다가오는 갈매기들이 참 대견스러웠다.

다른 방향에서 갈매기 한 마리가 날아왔다.

내 머리 위를 지나 오른쪽으로 가다가 멈췄다.

'왜 멈췄지?'

갈매기의 머리가 향한 방향을 바라봤다.

그 방향에서 바람이 불고 있었다.

갈매기가 가는 힘과 바람의 힘이 같은 것이었다.

갈매기는 멈춰있던 것이 아니었다.

갈매기는 앞으로 가고 있지만, 바람으로 나아가지 못하고 있었다.

열심히 노력하고 있는데, 나아지지 않는 것 같은 느낌이 들 때가 있다.

지금 하는 노력이 쓸모없이 느껴지고, 하지 않아도 될 것에 힘을 쏟는
느낌마저 든다.

하지만 갈매기를 보면 알 수 있다.

멈춰있는 것 같지만, 바람의 저항으로 멈춘 것처럼 보일 뿐이라는 것을.

내가 하는 노력이 쓸모없는 것이 아니라, 잠시 멈춘 것처럼 느껴진 것 뿐이라는 것을.

꾸준히 하다 보면, 바람이 멈추거나 내가 가는 방향으로 불 수도 있다.

그 효과를 보려면, 계속 날아야 한다. 계속 날고 있어야 한다.

날개를 펴고 있어야 한다.

바닥에 내려와 앉으면, 바람이 도와줘도 그 도움을 받을 수 없다.

제자리는, 멈춰있는 것이 아니다.

난 그대로인데 사람들이
왜 자꾸 변했다고 하는 거죠?

에스키모인들이 늑대를 잡는 법에 관한 이야기를 본 기억이 난다.

피 묻은 칼을 얼음으로 얼려서 세워둔다.

늑대들은 피 냄새를 맡고 칼을 핥는다.

계속 핥다 보면 칼날이 드러난다.

혀는 이미 둔감해진 상태이기 때문에 멈추지 않는다.

자신의 혀에서 나는 피인데도 불구하고, 피 냄새는, 늑대를 더 자극한다.

강렬하게 핥던 늑대는 결국 쓰러지고 만다.

처음에 맡은 피 냄새는 자신의 것이 아니었다.

하지만 나중에, 더욱 강렬하게 핥게 된 것은, 자신의 피 냄새였다.

시작은 외부의 영향이었지만, 죽게 된 결정적인 원인은 자신의 욕망이
었다.

욕망으로 인해 보지 못한 현실과 무감각해진 자신의 판단이었다.

바라보지 못하는 것이 아니라, 가려진 것이다.

들리지 않는 것이 아니라, 막힌 것이다.

처음에는 외부의 영향으로 가려지고 막히게 될 수도 있다.

하지만 내 안에 잘못된 욕망이 자리 잡고 있으면, 내가 더 가리고 내가
더 막게 된다.

주변에서 변했다는 이야기를 들을 때가 있다.

부정적인 의미에서 변했다는 말을 들으면 기분이 좋지 않다.

하지만 이때, 자신을 냉정하게 돌아볼 기회가 될 수도 있다.

늑대가 얼음을 핥다가 자신의 혀가 칼에 닿고 있는 지점일 수도 있는 것이다.

그때, 잠시만 멈추고 내가 핥고 있는 것이 얼음인지 칼인지 살펴봐야 한다.

그렇지 않으면, 내 피 냄새에 빠져 칼을 핥게 될지도 모른다.

그렇게 영혼은 점점 죽어가게 된다.

욕망은, 귀를 막고 눈을 가리는 마음이다.

정말 꼴 보기 싫은 사람이 있는데 참아야 하나요?

학창 시절, 극기 훈련이나 수학여행을 갔을 때의 추억이 떠오른다.

재미있는 일이 참 많이 일어났었는데, 출발할 때부터 일이 벌어지기 시작했다. 언제나 늦게 오는 친구가 있어서, 출발을 정시에 한 적이 없었다. 휴게소에 도착해서 문이 열리면, 영화에 나오는 좀비들처럼, 각자의 목적지를 향해 달려갔다. 우리가 머무른 그 시간만큼은, 휴게소가 학교 매점이 되었다. 휴게소에 들렀을 때, 학생들이 단체로 몰려있는 모습을 보면, 그때의 추억이 떠오른다. 실내에서 시끄럽게 떠들고 뛰어다니는 모습에 인상 쓰지 않고 웃으면서 바라볼 수 있는 이유는, 시간은 다르지만 같은 추억을 공감하기 때문이다.

목적지에 도착해서 짐을 풀고, 정해진 일정대로 하루를 보낸다.

일과를 마치고 저녁을 먹으면, 그때부터 새로운 하루가 시작된다. 다른 시간은 정해진 대로 잘 따르지만, 취침 시간만큼은 소리 없는 반항을 하게 된다. 불이 꺼지면, 각자가 준비한 비장의 무기(?)를 꺼내기 시작한다. 마실 것, 놀 것 그리고 기타 등등. 삼삼오오 모여 풀어놓는 것을 보면서 숨죽인 탄성을 질렀다. 우리만의 축제를 한참 즐기다 보면, 무거운 눈꺼풀을 이기지 못하고 한 명씩 잠에 빠져들기 시작한다. 그때부터 또 다른 활동이 시작된다. 잠든 친구들의 얼굴에 예쁜 그림을 그려 넣는 시간이다. 맞춤형 그림이 하나둘 그려지면, 그때부터는 잠들기 어렵게 된다. 희생양이 되고 싶지 않기 때문이다. 한참을 버티다 깜빡 잠이 들어버린다. '아차!'하고 정신을 차려 보면, 어느새 희생양이 되었다는 것을 알게 된다.

잠에서 깨어난 친구들은 눈을 뜨자마자, 앞에 있는 친구의 얼굴을 보고 웃음을 터트린다.

그 소리에 잠에서 깨어난 친구들은, 서로의 얼굴을 보고 방을 뒹굴면서 웃어댔다. 자기 얼굴도 망가져 있으면서. 뭔가 이상한 분위기를 감지하고 거울을 본다. 그때 자신의 얼굴도 다르지 않다는 것을 알게 된다. 그냥 웃어넘기는 친구도 있지만, 신경질을 내면서 세면대로 향하는 친구도 있었다.

타인의 얼굴에 그려진 낙서는 금방 알아차릴 수 있다.

하지만 자신의 얼굴에 그려진 낙서는 거울을 봐야 알게 된다. 타인의 얼굴에 그려진 낙서를 보면서 나오는 웃음을 참을 순 없겠지만, 그 순간, 자신의 얼굴도 확인할 필요가 있다.

내 눈에 비친 타인의 모습을, 거울로 여기는 것이다. 출근길 버스에서 내릴 때, 앞사람의 뒷머리가 눌린 모습을 보면서 웃을 것이 아니라, 자신의 뒷머리를 점검해야 하는 것과 같다.

보이지 않는 것이 아니라, 보려고 하지 않기 때문에, 보지 못하는 것이 많다.

자신의 모습을 보기 위해 노력해야 한다. 나만 모르는 모습을, 타인은 보고 있을 수 있기 때문이다. 내가 보이지 않는다고 타인도 보지 못하는 것이 아니다. 오히려 더 잘 볼 수 있다. 그런 상황이 때론, 비참한 모습으로 이어지기도 한다. 타인의 모습보다, 자신을 더 살피는 노력이 필요하다.

거울은, 나를 올바로 바라보게 하는 또 다른 시선이다.

조언을 해주는 선배가 있는데, 귀에 들어오지 않아요. 뭐가 문젠가요?

스포츠를 배울 때, 처음이 가장 중요하다는 말을 많이 하는 이유는 자세 때문이다.

스포츠에서 성과를 내기 위해서, 자세는 빼놓을 수 없는 기본 중의 기본이다. 프로스포츠 선수가 성적이 잘 나오지 않을 때, 가장 먼저 자세를 살핀다. 필요하다면 사비를 내고라도, 자세를 바로잡기 위해 외국으로 떠나기도 한다.

예전에 누군가한테 들은 이야기가 있다.

우리나라에서 잘 나가는 프로 골프 선수가, 외국에 레슨을 받으러 갔다고 한다. 세계적인 선수로 가기 위한, 하나의 과정이었다. 세계적으로 유명한 코치가, 어떤 기술을 가르쳐줄지 매우 기대하면서 떠났다고 한다. 하지만 이 선수에게 기술을 가르쳐주는 것이 아니라, 그립 잡는 법을 알려줬다고 한다. 골프를 처음 배울 때 가장 먼저 배우는, 기초를 알려준 것이다. 선수는 매우 당황했고, 비싼 비용을 들이면서 뭐 하는 것인지 생각했다고 한다. 웬만한 선수면 짐을 싸서 다시 돌아왔을 것 같은데, 이 선수는 계속 있었다고 한다. 레슨을 얼마나 받았는지 알 수는 없지만, 세계적으로 유명한 선수가 되었다. 이 선수는 자신이 성장할 수 있던 가장 중요한 요인으로, 외국 코치에게 배운, 그립 잡는 법을 꼽았다고 한다. 우습게 여기고 대충 하거나 거부하고 떠나왔을 수도 있지만, 받아들인 것이 적중한 것이다.

초등학생과 중학생 아이들에게 운동을 가르친 적이 있었다.
축구와 농구 그리고 학교 체육 등을 가르쳤다. 그때도 가장 중요하게
가르치고 오랜 시간 연습했던 것이, 자세를 바로잡는 것이었다. 자세를
잡는 연습은, 반복적인 동작의 지루함과 고정된 자세로 버텨야 하는 힘
든 시간이다. 잘 참고 견딘 아이들은 처음에는 성과가 나지 않지만, 시간
이 지나면서 두각을 나타낸다. 참지 못하고 대충 하면서 기술 연습만 했
던 아이들은, 성과가 바로 나타난다. 하지만 시간이 지나면서 더 성장하
는 것이 아니라, 어느 수준에서 정체된다.

이해하지 못했지만, 묵묵히 따랐던 프로 골프 선수는 세계적인 선수로
거듭났다.
자세와 기초체력이 힘들고 지루하지만, 잘 따랐던 아이들은 좋은 성과
를 냈다. 제대로 배우기 위해서는, 이해가 되지 않더라도 일단 따르는 것
이 필요하다. 이해되지 않는 것은 어쩌면 당연하다. 해보지 않았기 때문
이다. 전문가가 아니어서 모를 수 있다. 가보지 않은 길은 알 수 없다. **배
우겠다고 결심했다면, 기술을 이해하려는 머리보다 따르겠다는 마음이
우선이다.**

상담을 요청하는 후배들과 얘기할 때도, 이런 생각이 든다.
고민을 이야기한다는 것은 조언을 구하고, 어떻게 헤쳐나가야 할지 방
법을 찾기 위함이다. 그러면 일단 들어야 한다. 이해 여부를 떠나, 일단
듣고 궁금한 내용은 질문을 통해 풀어나가면 된다. 하지만 이렇게 얘기

하면 이래서 안 되고, 저렇게 얘기하면 저래서 안 된다고 반박한다. 듣고 생각해 보는 것이 아니라, 단정 짓는 것이다. '그럼 왜 고민 상담을 하는 거지?'라는 생각이 든다.

눈이 있어도 보지 못하는 것은, 닫혀있기 때문이다.

보려는 마음이 없으면, 눈을 뜨고 있어도 머리와 가슴으로 이어지지 못한다. 귀가 있어도 들을 수 없는 것은 닫혀있기 때문이다. 어려움에 대한 해답이 보이지 않거나 들리지 않으면, 모든 것을 막아버리고 싶은 마음이 든다. 그러면 답을 찾기 어렵다. 복잡하고 불안한 마음을 차분하게 가라앉히고, 보기 위해 눈을 부릅뜨고 듣기 위해 귀를 열어야 답을 찾을 수 있다.

조언은, 믿고 따르지 않으면, 아무 소용이 없는 도움이다.

일이 너무 힘든데, 옆에 있는 동기는
뭐가 그리 좋은지 해맑아요. 제가 적응을 못 하는 건가요?

상반된 두 가지 비교 중에 마음에 와닿는 비교법은, 같은 조건 다른 해석이다.

조건은 같지만, 그것을 바라보는 시선과 받아들이는 느낌에 따라, 180도 달라진다.

가장 흔한 예로, 물컵에 물이 반 정도 차 있는 것을 말할 때이다.

누군가는 반밖에 없다고 하고, 누군가는 반이나 남았다고 한다. 물컵에 담긴 물의 양은 같지만, 그것을 해석하는 사람의 마음에 담긴 양은 다르다.

아프리카에 신발을 팔기 위해, 시장조사 차원에서, 직원 두 명이 출장을 갔다.

한 명은 아프리카에 신발을 신고 돌아다니는 사람이 거의 없어서, 시장성이 없다고 보고 한다. 한 명은 아프리카에 신발을 신고 돌아다니는 사람이 거의 없어서, 시장성이 크다고 보고 한다. 전자의 직원은 현재의 모습으로 판단을 했고, 후자의 직원은 미래의 가능성을 보고 판단했다. 누가 옳았고 성공했는지는 알 수 없지만, 바라보는 시선의 차이는 분명히 알 수 있다.

천국과 지옥의 차이에 대해 들은 이야기가 있다.

누군가가 지어냈겠지만, 이야기를 듣고 참 많이 공감했다. 천국과 지옥의 식탁 이야기다. 두 식탁에는, 사람의 팔보다 기다란 숟가락이 있다. 밥을 뜨기 힘든 것은 물론, 입으로 가져가는 것은 엄두도 나지 않는다. 하지만 두 식탁의 분위기는 전혀 다르다. 천국의 식탁에서는, 서로 웃으면서 맛있게 식사한다. 지옥의 식탁에서는, 원망의 소리가 끊이지 않으면서, 한 입도 입에 가져가지 못한다.

무엇 때문일까?

천국의 식탁에서는 서로의 입에 음식을 넣어준다. 자신의 입으로 가져가기 어렵다는 것을 알고, 앞에 있는 사람의 입으로 내민다. 지옥의 식탁에서는 자신의 입에만 음식을 넣으려고 안간힘을 쓴다. 음식을 먹지 못하는 것은 당연하고, 그런 상황으로 화를 낸다. 이들이 이러는 이유는, 불신하기 때문이다. '내가 저 사람의 입에 넣어줬는데, 저 사람은 안 주면 어쩌지?'라는 생각이 가득하다. 상대가 주지 않으면 자신도 주지 않겠다고 하니, 서로 먹여주지 않는다.

'때문에'와 '덕분에'라는 표현도 그렇다.

어떤 표현을 하느냐에 따라 상대방과 내 마음이 달라진다. 의도대로 되지 않았을 때, '때문에'라는 표현은 마음에 '원망'의 씨앗을 뿌리게 된다. '덕분에'라는 표현은 마음에 '희망'의 씨앗을 뿌리게 된다. 그것을 거두어들이는 사람은 타인이 아닌, 바로 자신이다. 내가 거둬들일 열매라면, 어떤 씨앗을 뿌리는 것이 좋을지 어렵지 않게 판단할 수 있다.

천국은, '덕분에'라는 희망의 씨앗을 뿌릴 때, 맞이하는 세상이다.

"도대체 넌 기준이 뭐야?"라는 말을 종종 듣는데, 왜 그런 거죠?

말끝마다 '명분(名分)'을 내세우는 사람은, 자신의 욕심을 포장하려는 의도가 크다.

그럴듯하고, 누구나 고개를 끄덕이게 할 수 있는 공통된 이유로, 이보다 좋은 것은 없다. 어떤 이유라도, 명분이라는 말로 정리할 수 있고, 더 이상의 반박을 막을 수 있다. 자신이 하는 어떠한 일도, 명분이라는 수식어를 붙이면, 정의로운 일이 된다고 생각한다.

명분을 어떻게 이용하는지, 잘 보여주는 영화가 있다.

부산을 배경으로 한, '범죄와의 전쟁'이라는 영화다. 해고 위기에 처한 비리 세관원 최익현(최민식)이라는 사람이 있다. 순찰 중에 히로뽕을 발견한다. 일본으로 밀수출하기 위해 젊은 보스 최형배(하정우)와 손을 잡는다. 부산 최대 조직의 보스 최형배와 로비에 재주가 있는 최익현은 그야말로 환상의 콤비였다. '장님과 앉은뱅이'라는 동화에 나오는 주인공처럼, 서로의 장점을 살리고 단점을 보완하면서 도움을 주고받는다. 히로뽕을 계기로 만난 두 사람은, 부산 전체를 접수하기로 야망을 키운다.

부산 전체를 접수하는데 거쳐야 할 관문이 있었다.

부산 제2의 조직을 이끄는 김판호(조진웅)의 조직을 접수하는 것이다. 부산 최대 조직 보스로서 내심, 제2의 조직이 거슬렸을 것이다. 하지만 그동안, 쳐들어가려고 해도 명분이 없었다. 그 마음을 엿볼 수 있는 장면이 나온다. 최형배가 쳐들어가자고 부추기자, 거절하는 것이 아니라, 건달 세계에서는 명분이 중요하다며 한탄하듯 이렇게 말한다. "명분이 없습니다. 명분이." 그래서 최익현이 명분을 만든다. 같은 성(姓)에서 알 수 있듯, 이들은 먼 친척 사이다. 최익현이 촌수로, 높은 할아버지뻘이었다. 최익현과 그 사위가, 김판호의 업장에 들어가, 억지를 부려서 맞고 나온다. '자신의 대부가 맞았다!' 이것이 명분이 되었다. 그렇게 조직을 접수하게 된다.

억지를 부리고 싶지만 어떻게 해야 할지 모를 때, 명분은 좋은 이유가 된다.

과욕이 아니라, 당연히 해야 할 것으로 만들어준다. 심지어, 사명으로까지 확대해석하기도 한다. 당사자는, 명분으로 포장했다는 것을 다른 사람들이 모를 것으로 생각한다. 억지를 부리고 있다는 것을 모두가 알고 있지만, 내색하지 않는 것뿐인데 말이다. 좋지 않은 의도를 명분으로 포장하는 것은 어렵지 않게 눈치챌 수 있다. 눈 가리고 아웅 하는 것을 모를 리가 없다.

명분이란 이런 것이다.
명분이라는 단어를 사용하지 않더라도, 말하는 이유와 행동이 같아야 한다. 어떤 상황에서도 그 기준이 같아야 명분이라 할 수 있다. 자신에게는 관대하면서, 타인에게만 철저한 기준을 댄다면 그것은 명분이라 할 수 없다.

나에게 들이댄 잣대와 타인에게 들이댄 잣대가 같다면, 그것은 명분이 될 수 있다.

하지만 사람인지라, 그 기준을 명확하게 판단하기는 어렵다. 그래서 주변 사람들의 의견을 들어야 한다. 귀에 거슬리고 마음을 후벼 파더라도 들어야 한다. 듣고 생각하고 돌아봐야 한다. 기준을 맞추기 위해 노력하는 과정이, 명분을 완성하는 과정이다.

명분은, 나와 그가, 명확하고 분명하게 동의하는 말과 행동이다.

정말 좋은 기회가 있었는데 놓쳤어요.
이 마음을 어떻게 달래야 할까요?

꿈속에서 일어난 일이, 실제처럼 느껴진 적이 있다.

강력한 느낌을 받았고 그 기억이 아직 남아 있는 장면이 있다. 군대에 다시 가는 꿈이었다. 2번 정도 꿨는데, 그 느낌이 너무 생생해서, 꿈속에서 몸부림을 쳤다. 잠에서 깨어났는데도, 그 느낌이 쉽게 가시지 않았다. 몸이 무겁고 군데군데 근육통이 느껴졌는데, 아마 실제로 몸을 심하게 썼기 때문이라 생각된다. 한 번은 너무 슬픈 꿈을 꾼 적이 있다. 내용이 잘 기억나진 않지만, 잠을 깨고 나서도 눈물이 멈추지 않았다. 머릿속에서는 '왜 이러지?'라는 생각이 맴돌고 있었지만, 눈에서 흐르는 눈물은 멈추지 않았다.

몸부림치거나 슬픈 느낌이 아닌, 또 다른 느낌의 꿈을 생생하게 꾼 적이 있다.

메시지를 주는 내용이었는데, 꿈속에서 그 메시지에 대한 의미까지 깨닫게 되었다. 한 개의 소포 상자를 우연히 발견했다. 묵직했다. 열어보니, 금괴가 들어 있었다. 순간 놀랍기도 했지만, 흥분됐다. 내 것이 아니지만, 내 것처럼 느껴졌다. 소포에는 누구의 것인지 알 수 있는, 송장이 있었다. 송장에 적혀있던 사람은 내가 아는 사람이었다. 받아야 할 사람에게 돌려주는 게 당연하지만, 왠지 아깝다는 생각이 들었다. 한참을 망설이다, 하나만 빼기로 마음먹었다. 어림잡아도 개수가 꽤 되기 때문에, 티가 안

날 것 같았기 때문이다. 그 사람의 집은 단독주택이었는데, 집 문 앞에서 금괴 하나를 뺐다. 그리고 집안으로 소포를 집어 던졌다. 집에 돌아와 서랍에 금괴를 집어넣고, 생각했다. '괜찮을까? 문제는 없을까? 이래도 되는 걸까?' 등등 가시지 않는 찝찝함을 씻기 위한 명분을 찾기 시작했다.

이런저런 생각 끝에, '아차!'하는 생각이 들었다.

CCTV가 떠올랐다. 주변에 본 사람은 없지만, CCTV를 생각하지 못했다. 그 생각이 들자, 온몸에 힘이 쭉 빠졌다. 시간의 문제지, 들통날 것이 자명하다는 것을 알았기에, 어떻게 수습해야 할지 고민하기 시작했다. 잘못을 솔직히 인정하고 용서를 구하는 것이 맞지만, 아는 사람이라 더 어려웠다. 상대방이 느낄 배신감과 허탈함을 생각하니, 차마 용기가 나지 않았다.

고민에 대한 결론을 내리지 못하고 깨어났지만, 어떤 메시지를 주는 느낌을 받았다.

앞으로 어떤 일이 일어날진 모르겠지만, 이와 비슷한 유혹의 순간이 오더라도, 절대 욕심부리지 말라는 메시지 말이다. 언젠가는, 그리고 어떻게든 드러난 다는 것을 그렇게 알려주신 것이라는 생각이 들었다. 이 메시지를 여러 번 곱씹으면서, 잠에서 깨어났다.

내 앞에 펼쳐진 아스팔트 도로가 독이 될 수 있다.
과속하다 사고가 날 수 있기 때문이다.
내 앞에 펼쳐진 비포장도로가 약이 될 수 있다.
과속하지 못하고, 조심스레 이동해야 하기 때문이다.

약 같지만, 독인 경우를 더 조심해야 한다. 늪처럼 한번 잘못 빠지면, 헤어 나오기 어렵기 때문이다. 아스팔트 도로가 약인지 독인지, 비포장도로가 독인지 약인지 잘 구별할 수 있어야 한다.

메시지는, 약인지 독인지 구별할 수 있는 단서이다.

자주 밥을 사주는 후배가 있는데, 이 친구는 보답이 없어요. 계속 밥을 사줘야 하나요?

규칙적인 식사가 체중조절에 도움이 된다는 것은, 많이 알려진 사실이다.

이는 몸의 '항상성' 때문이다. 항상성은, 몸이 일정한 상태를 유지하려는 성질을 말한다. 다양한 환경의 변화에 대응해서, 생명에 필요한 상태를 유지한다. 불규칙한 식사를 하게 되면, 몸에서 이를 감지하고 칼로리 소비를 최소화한다. 언제 칼로리가 들어올지 모르니 꽉 붙들고 있다. 돈이 불규칙하게 들어오면, 최소한의 소비만 하면서, 통장에 일정한 금액을 유지하려는 것과 같다. 언제 들어올지 모른다는, 불확실성을 대비한다. 반면 규칙적인 식사를 하면, 칼로리가 제때 들어온다는 것을 알고, 칼로리를 마음껏(?) 소비한다.

불확실성에 대비하는 것은, 생리적인 현상 말고도 많이 있다.

보험이 대표적인 예라고 할 수 있다. '보장(保障)'을 통해, 예상되거나 예상할 수 없는 다양한 위험에 대비한다. 어쩌면 사람이 하는 모든 행위가, 안정을 유지하려는 것일 수 있다. 경제활동을 하는 것은 경제적 안정을 유지하려는 것이고, 운동하는 것은 신체적 안정을 위해서다. 이외에도 다양한 활동을 하는데, 모든 것이, 안정을 유지하기 위해서다. 이런 다양한 안정의 종착지는 심리적 안정 즉, 마음의 평화다.

'보장'받을 수 있다면, 어떤 행위도 거리낌 없이 할 수 있다.

받을 수 있다는 보장이 있다면, 책이나 볼펜 등, 내 것을 빌려줄 수 있다. 한두 번 원활하게 받지 못하는 상황이 발생하면, 그다음부터는 빌려주기가 꺼려진다. 보장받을 수 없기 때문이다. 주고받는다는 표현도 그렇다. 받을 수 있다는 마음이 있으니, 줄 수 있다. 내가 배를 주면, 상대는 사과를 주겠거니 하면서 내밀게 된다. 받을 생각이 전혀 없이 줄 수도 있다. 하지만 그것도 한두 번이지, 반복되면 주기가 꺼려진다. 사람 관계는, 일방통행으로는 유지되기 어렵다. 그래서 받은 만큼은 아니더라도, 받았다면, 무엇으로라도 되돌려주겠다는 마음을 잊어서는 안 된다.

주고받는 것에 대한, 놀라운 사실이 있다.

내가 'A'에게 줬다고, 반드시 'A'에게 돌려받는 것이 아니라는 사실이다. 'B'나 'C'에게 돌려받기도 한다. 가만히 생각해 보면, 생각해 본 적이 없을 뿐, 한 번쯤 이런 경험이 있다. 이런 예를 들 수 있다. 점심시간에 밥을 먹으러 갔는데, 건너 테이블에서 밥을 먹고 있는 회사 후배들을 발견한다. 밥을 먹고 나가는 후배들에게, 밥값을 계산해 줄 테니 그냥 나가라고 말한다. 웬 떡이냐는 표정으로 고마움을 표시하고, 말을 바꿀까 봐 그랬는지, 쏜살같이 식당을 빠져나간다. 그리고 얼마 지나지 않아, 점심시간에 밥을 먹고 나가려는데, 회사 선배들이 옆 테이블에 앉는다. 먼저 가보겠다고 인사하고 일어서는데, 주문을 받는 종업원에게 말한다. "여기 밥값도 같이 계산할 거니, 따로 받지 마세요." 그러면서 씩 웃어 보인다. 얼마 전 후배들이 그랬던 것처럼, 웬 떡이냐는 마음으로, 고맙다는 인사를 하고 식당을 빠져나온다.

내가 하는 대로 받는다는 생각이 든다.

내가 누군가를 미워하면 누군가에게 미움을 받고, 누군가를 판단하면 다른 누군가에게 판단을 받는다. 누군가에게 선행을 베풀면, 생각지도 못한 사람에게 도움을 받는다. 뚜렷하게 보장된 것은 아니지만, 보이지 않는, 보장 시스템이 있다는 생각이 든다. 그래서 자비로운 사람이 되라고 하는 것 같다. 그래야 자비를 얻을 수 있기 때문이다. 이 사람에게 자비를 베풀면, 저 사람에게 자비를 얻을 수 있다. 꼭 내가 베푼 사람에게 받는 것은 아니다. 선행이든 악행이든, 내가 한 만큼 돌려받는다는 것을 잊지 말아야 하는 이유다.

보장은, 콩 심은 데 콩 나고 팥 심은 데 팥 나는 순리다.

아무도 정리하는데, 신경 쓰지 않아요.
제가 다 하고 있는데 계속 두고만 봐야 할까요?

자신이 희생하고 있다고 생각하는 사람은, 마음에 보상 심리가 담겨 있다.

어떻게든 보상받으려는 마음이 크기 때문에, 모든 행동에 정당성(正當性)을 부여한다. 정당하지 않은 행동에도, 정당성을 부여한다. 아무도 인정하지 않지만, 자신은 당연히 그렇게 해도 된다고 생각하고 행동한다. 그것은, 자칫 죄로 물들여지기도 한다. 반면, 자신이 혜택을 받고 있다고 생각하는 사람은, 마음에 감사함이 담겨 있다. 어떻게든 보답하려는 마음이 크다. 힘들고 어려운 상황도, 참작해서, 좋은 점을 찾으며 이겨내기 위해 노력한다.

보상 심리가 부정적으로 사용되는 경우는, 다양한 형태로 벌어졌고 벌어지고 있다.

전쟁이 끝나고 전역한 군인 중에, 공공장소에서 행패를 부렸던 사람들이 있었다는 얘기를 들었다. 전쟁에서 고생했던 시간을 보상받을 방법이 없다는 생각해서인지, 버스나 식당 등 장소를 가리지 않고 행패를 부렸다고 한다. 괜히 애꿎은 사람들만 당했다. 가장의 폭력도 그렇다. 밖에서 받은 스트레스를 집으로 가져와, 아내나 아이들에게 쏟아낸다. 자신만 희생하고 있다는 생각이, 분노를 참지 못하게 한다고 한다. 거래처에서 받은 스트레스를 부하직원에서 쏟을 때도 있다. 일 처리를 잘못해서 문제가 발생한 경우라면, 따끔하게 혼을 낼 수 있다. 하지만 교정의 의미가 아니라 자신의 감정을 풀기 위한 것은, 어떤 이유라도 옳지 못하다. 나도 한때, 그랬던 적이 떠올라 부끄러운 마음이 든다.

보상 심리를 발산하는 대상을 보면, 약자다.

자신보다 약한 사람에게 쏟아붓는다. 어쩌면 그들이 쏟아부은 상처와 스트레스도, 누군가에게 받은 것을, 보상받기 위한 행동일 수 있다. 그렇게 자신보다 강한 사람에게 받은 것을 자신보다 약한 사람에게 전달한다. 어깨를 마주 대고 일렬로 서서 구슬을 전달하는 게임처럼, 전달받고 전달한다. 이런 악순환을 끊을 수 있는 단 하나의 방법은, 내가 끊겠다는 마음이다. 내가 받은 구슬을 옆 사람에게 전달하지 않고 아래로 흘려버린다. 그러면 더는, 악순환의 구슬은 이어지지 않는다.

어떻게 내 선에서 끊을 수 있냐고 반문할 수 있다.

내가 받은 것을 떠올려보면, 가능해진다. 나에게 해를 끼친 친구의 멱살을 잡고 분노의 말을 쏟아붓는다. 하지만 그 친구 입에서, 내가 그동안 잘못했던 일들이 흘러나온다. 그러면 멱살을 잡은 손에 힘이 빠지면서 스르르 내려간다. 어쩌면 이미 충분한 보상이나 혜택을 받았고, 받고 있을 수 있다. 인정하고 싶지 않았거나 보이지 않았던 것뿐이다. 사실 나도 그랬다. 보상 심리에 가득 차 있었다. 내가 받은 것보다 내가 한 것이 더 많다고 생각했다. 그래서 어떻게든 보상을 받으려 했다. 물론 폭력이나 해코지 이런 건 아니다. 하지만 눈에 씌워져 있던 비늘이 벗겨지면서 깨닫게 되었다. 얼마나 교만한 마음을 가지고 있었는지를. 감히 내가 뭐라고.

받지 않은 것에 집중하면, 보상 심리가 발동한다.

보상 심리는 그리 좋은 친구가 아니라, 어두운 곳으로 끌고 간다. 점점 깊숙한 어둠으로 이끈다. 너무 깊숙이 들어가면, 빠져나오고 싶은 의지를 발휘해도 나오기 어렵게 된다. 출구에서 너무 멀어져 찾기 어렵기 때문이다. **받은 것에 집중하면, 절로 고개가 숙어진다. 받은 게 너무 많기 때문이다. 받아야 할 것과 받은 것 중 어떤 것에 집중하는 삶이 더 행복할까? 나는 행복해지기로 선택했다.**

보상은, 받은 것보다 받지 못한 것에 집중할 때 생기는 어두운 마음이다.

새로운 부서로 발령을 받았는데,
아는 게 아무것도 없어 두려워요. 극복하는 방법이 있을까요?

막연함은 밀어내려 하면 '두려움'이 되고 품으면 '용기'가 된다.

막연하다는 것은, 낯설거나 상식의 범주 안에 들어오지 않을 때 느껴지는 마음이다. 뚜렷하게 보이지 않고 잡히지 않는 거다. 사전에서 말하는 정의를 봐도 그렇다. '갈피를 잡을 수 없게 아득하다.' (출처: 표준국어대사전) 막연함을 처음 마주하면, 당황스럽다. 생각지도 못한 상황이나 모습 때문이다. 당황스러움의 안개가 서서히 걷히면, 우리는 어떻게 해야 할지 결정해야 한다. 밀어내거나 품어야 한다.

이른 아침, '영종대교'를 건널 때가 떠오른다.

영종도로 들어가려면, 이 다리를 건너야 한다. 매우 긴 다리로, 날씨가 좋을 때는 가슴 시원한 풍경을 볼 수 있지만, 안개가 잘 끼기로 유명하기도 하다. 그날도 짙은 안개가 깔린 날이었다. 안개 낀 도로를 운전해보지 않은 건 아니지만, 이날의 안개를 상상을 초월했다. '한 치 앞도 볼 수 없다.'라는 말 그대로였다. 구름 속에 있는 듯한 착각마저 들었다.

2015년, '영종대교 106중 추돌 사고' 소식을 들었을 때, 사실 이해가 되지 않았다.

안개가 꼈으니 비상등을 켜고 천천히 운전했으면, 그 정도까지는 아니었을 거로 생각했다. 하지만 그제야 이해가 되기 시작했다. 운전하면서,

무섭다는 느낌이 들고 온몸의 신경이 바싹 곤두서긴 처음이었다. 상체를 핸들에 붙이다시피 해서, 앞을 유심히 보려고 최대한 노력하며 천천히 앞으로 나갔다. 앞을 유심히 봐야 하는 것도 신경 쓰였지만, 혹시 뒤에서 누가 들이받진 않을까 걱정도 됐다.

다리를 건너는 그 시간이, 그렇게 긴장될 수 없었다.

얼마의 시간이 지났는지 알 수 없지만, 다리를 거의 건넜을 때 조금씩 시야가 확보되기 시작했다. 안개가 흩날리듯 걷히면서, 평소에 보던 모습의 도로를 보는데, 속이 다 시원했다. 잠깐이지만 긴장을 하고 집중해서인지, 다리에 쥐가 날 정도로 경직돼 있었고, 피로감이 확 밀려왔다.

도로의 짙은 안개처럼, 막연함을 마주해야 하는 상황이 발생한다.

어떻게 해야 할지 선택해야 한다. 가지 않거나, 뚫고 지나가는 것을 선택할 수 있다. 안개가 걷힐 때까지 기다렸다가 가는 것도, 방법이 될 수 있다. 가지 않는 것은, 막연함을 밀어낸 것으로 볼 수 있다. 막연함과 거리를 두면, 마음에 두려움이 자리 잡게 된다. 막연함을 받아들이고 보이지 않는 두려움을 밀어내면, 그 자리에 용기가 자리 잡게 된다.

어린 시절, 쓰디쓴 약을 마주할 때를 떠올려 본다.

마주 보는 시간이 길어지면 길어질수록 약을 먹기가 두려워진다. 쓰다는 느낌을 생각으로 되뇌면서 마음을 괴롭힌다. 하지만 눈 딱 감고 입에 털어 넣은 다음, 물 한잔 꿀꺽 삼킨다. 잠깐의 쓴맛이 나지만, 그것도 잠시 금방 사라진다.

막연함은 거리를 두고 바라보면서 걱정하기 때문에, 두려움이 된다.

막연함을 용기로 변화시키기 위해서는 품겠다는 마음을 먹어야 한다. 그 안으로 뛰어들어가는 거다. 모든 막연함을, 두려움이 아닌 용기로 품는 건 사실 어렵다. 두려움을 느끼는 건 당연하다. 중요한 건, 두려움은 피할수록 그리고 거리를 둘수록 더 강해진다. 그래서 필요하다면 삼켜야 한다. 눈 한번 질끈 감고, 꿀꺽 삼켜보는 거다. 생각보다 쓰지 않은 약이 될 수 있다. 두려움을 만드는 건, 어쩌면 내 상상일 수 있다.

막연함은, 밀어내면 두려움이 되지만, 품으면 용기가 되는 마음이다.

보면 볼수록 불편한 상사가 있어요.
편해지는 방법이 없을까요?

오래전에 함께 근무했던 직원이 퇴사하기 전에, 한 말이 있다. **"리더는 어려운 사람일 수는 있지만, 불편한 사람이 되어서는 안 된다고 생각합니다."** 나를 향해서 한 말은 아니다. 나보다 위에 계시던 분을 향해, 하소연하듯 했던 말이다. 자신의 있는 그대로의 생각인지 어디선 본 내용인지 알 수는 없지만, 매우 의미 있게 다가왔다. 어려움과 불편함의 차이를, 깊게 생각하는 계기가 되었다.

'어렵다'라는 느낌은, 무게로 따지면 가볍지 않다는 말로 해석된다.

어떤 말이나 행동을 할 때, 가볍게 여기지 않고, 신중하게 하게 된다. 한 번 더 생각한다. 지금 하는 말이 사실인지 확인해 보고, 근거가 있는 자료인지 살펴보게 된다. 그래야 질문받았을 때, 당황하지 않을 수 있다. 어려움을 느끼게 하는 리더는, 고목과 같다. 마주하면 숙연해진다. 있는 그대로 말해야 할 것 같고, 마음을 그대로 열어 보여야 할 것 같다. 거짓을 말하거나 속일 수 없다. 다 알고 있는 듯한 느낌을 풍기기 때문이다. 어려운 리더는, 구성원을 성장시키는 데 중요한 역할을 한다.

'불편하다'라는 느낌은, 체기와 같은 느낌으로 해석된다.

답답하고 마음이 어수선하다. 안절부절못하게 된다. 사실이나 근거가 있는 말을 하기보다, 상대방이 들었을 때 좋아할 만한 말을 하게 된다. 자기 생각과 다르더라도 그 사람이 좋아할 것 같은 말을 하게 된다. 생각이 다른 것을 바꾸는 것은 그렇다고 쳐도, 옳지 않은 것에 동의해야 하기도 한다. 그럴수록 마음은 더욱더 체기를 느끼면서 혼란스러워진다. 가장 좋지 않은 것은, 항상 불안함을 품고 있어야 한다는 사실이다. 일어나지도 않을 일을 먼저 우려하면서, 다시 불안한 마음을 부여잡고 불편함을 느낀다. 불편한 리더는, 구성원의 정신을 갉아먹는다.

어떤 공동체라도, '어려운 리더'와 '불편한 리더'가 있다.

위에 설명한 것처럼 극단적인 예가 아니더라도, 함께하는 리더를 떠올려보면, 어려운 리더나 불편한 리더로 갈리게 된다. 좋은 느낌을 주는 리더라고 한다면, 전자의 편에 세우게 된다. 어렵더라도 함께 하고 싶은 리더다.

불편한 리더가 있는 공동체는 어떻게 해야 할까?

함께 하고 싶지 않다고 공동체를 떠나야 할까? 어디를 가도 이런 사람 하나쯤은 있을 텐데 말이다. **불편한 리더와 함께해야 하는 상황이라면, 우려를 예측하지 않아야 한다.** 지금까지의 사례로 봤을 때, 어떠어떠한 일이 일어날 것 같다는 생각이 들겠지만, 그렇다고 걱정을 미리 당겨올 필요는 없다. 상황이 생기면 그때 생각하고 대응해도 늦지 않다. 미리 걱정한다고 상황이 벌어지지 않는 것도 아니고, 상황이 벌어졌을 때 즉각적으로 대처할 수 있는 것도 아니다. 상황이 벌어지는 포인트가 다르기 때문이다.

'걱정해서 걱정이 없어지면 걱정이 없겠네'라는 말이 있다.

걱정을 먼저 해서 도움이 될 건 하나도 없다는 말이다. 걱정한다고 걱정이 사라지는 것도 아니다. **내 마음의 평화를 깨는 건, 불편한 누군가가 아니다. 자신 스스로다. 아직 일어나지도 않은 일을 걱정으로 당겨 끌어안고 있으니, 마음이 편할 리 없다.** 단박에 마음을 그렇게 먹을 순 없지만, 막연한 걱정과 두려움으로 움츠릴 필요 없다. 자신이 해야 할 일 그리고 할 수 있는 일에 집중하는 것이, 정신건강에 훨씬 좋다.

걱정은, 당겨오면 당겨올수록 산란해지는 마음이다.

신경 쓰고 싶지 않은 사람이 있는데 그럴수록 더 신경 쓰여요. 신경 쓰지 않는 방법이 있을까요?

어떤 청년이 어수선한 마음을 가다듬기 위해 절에 들어갔다.

혼자 벽을 마주하고 앉아 어수선한 마음을 정리하려고 하는데, 오히려 머리와 마음이 더 어수선해졌다. 떠올리지 않으려고 발버둥을 쳤지만, 그럴수록 잡념은 더 떠올랐다. 심지어 잊고 지내던 오랜 일들까지 떠올랐다. 도저히 안 되겠다는 생각에, 스님을 찾아가 하소연을 하였다. 스님은 이 청년을 그윽이 바라보면서 이렇게 말씀하셨다. "떠오르는 잡념을 지우려 노력하지 말고 그냥 떠올리거라, 떠오르는 대로 그냥 떠올리거라. 모두 떠올리면, 그때는 더는 떠오르지 않을 것이다."

청년은 스님의 말씀이 아리송했지만, 뾰족한 다른 방법이 없어, 하라는 대로 하였다.

그렇게 한참을 보냈다. 때로는 식음도 전폐하면서 떠오르는 생각을 그냥 떠올렸다. 어느 순간 잡념이 떠오르지 않기 시작했다. 떠올릴 수 있는 잡념을 다 떠올려, 더는 떠올릴 잡념이 없게 되었다. 그때부터 청년은 무아지경에 빠져, 자신이 원하는 수행에 깊이 들어갔다. 잡념을 없애는 방법은, 떠오르지 않기 위해 누르는 것이 아니라, 드러내서 날려버려야 한다는 것을 알려주는 이야기다.

누군가를 바라볼 때 잡념이 생긴다면, 이 방법을 사용해도 좋을 듯하다.

잡념이 생긴다는 건, 편하지 않다는 말이다. 어딘가 불편하거나 어색하게 보인다. 나의 성향과 맞지 않거나 내가 싫어하는 모습이나 행동 그리고 말을 하기 때문이다. 그러면 대부분 감추거나 누른다. 내색하지 않거나 참는다. 내색하지 않고 참을 수 있는 한계에 다다르면, 나도 모르게 그 마음이 삐져나오게 된다. 그 결과는 사람이나 상황에 따라 다르겠지만, 좋게 마무리되진 않는다.

불편한 사람과 마주하기 싫은 이유는, 내 마음을 감추고 누르기 때문이다.

어떠한 방법으로라도 날려버리거나 풀어야 하는데, 누르고 꽁꽁 묶어둔다. 그래야 할 것 같고, 그래야 한다고 배웠기 때문이다. 생각대로 그리고 기분 내키는 대로 말하고 행동하면서 살 순 없지만, 너무 누르고 묶어두는 것도 좋지 않다. 그럴수록 내 마음이 더 불편해진다. 한두 번은 참고 넘기는 게 속 편하다고 생각하지만, 시간이 지날수록 쌓이고 쌓이면 불편해진다. 일주일에 한 번씩 하는 재활용만큼, 불편하고 치우기 싫어진다. 양이 많기 때문이다.

마음의 불편함을 쌓아두지 않고 버리는 방법은 두 가지가 있다.
불편한 사람과 마주하고 함께 버리는 방법이 있고, 내 마음에서 자체적으로 정화하는 방법도 있다. 마음 터놓고 이야기할 수 있는 사람이라면 전자의 방법이 좋고, 그렇지 않다면 후자의 방법이 좋다. 전자의 방법은 사실 그리 어렵지 않다. 서로 오해하고 있는 경우가 많기 때문이다. 서로 상극이 아닌 이상 잘 풀리고, 오히려 더 가까운 관계로 발전하기도 한다.

문제는 후자의 방법이다.

상대의 모습은 변하지 않는데, 내 마음을 다스려야 하기 때문이다. 그래서 최근에 사람들이 많이 선택하는 방법이 명상이다. 명상을 통해 어수선한 마음을 다스리려 노력한다. 문제는 명상할 때는 마음이 다스려졌다가도 그 사람과 마주하면 다시 마음이 흐트러진다. 한쪽에 쌓아두었던 쓰레기 더미가 우르르하고 쏟아지는 느낌이다. 한 방에 무너진다. 문제는 여기에 있다. 버리지 않고 한쪽에 몰아넣었다는 사실이다. 버렸다면 한 방에 무너질 일은 없다.

쌓아두는 것과 버리는 것의 차이는 무엇일까?

외면하는 것과 직시하는 것은 다르다. 외면한다는 것은 쌓아둔다는 말이다. 당장에 보기 싫어 보이지 않는 곳에 쌓아둔다. 직시하는 것은 버린다는 말이다. 집안 어딘가에 두지 않고, 바로 들고 나가 밖에다 버린다.

직시해야 버릴 수 있다.

직시한다는 건 나에게 질문하는 것이다. 왜 불편한지를 끊임없이 묻다 보면 그 시작점이 발견된다. 사실 거의 모든 시작점은 매우 작다. 볼펜으로 찍은 점 하나가 시작점일 때가 많다. 그 점은 내가 충분히 지울 수 있다. 그렇게 지워야 버리는 거라 말할 수 있다. 한 번에 되진 않는다. 이것도 연습이 필요하다. 계속하다 보면 나만의 방법이 생기게 된다. 진짜 청소하는 방법을 알게 된다.

청소는, 보이지 않는 곳에 숨기거나 감추는 게 아니라, 치우고 버리는 행동이다.

주변 동료들은 개이득 같은 상황이 많이 있는데,
저한테는 왜 이런 상황이 안 오는 거죠?

'제로섬게임(zero-sum game)'이란 말이 있다.

한쪽이 이득을 보면 다른 한쪽은 손실을 보게 되는데, 이를 합치면 제로(zero)가 되는 게임을 말한다. '이득'과 '손실'이라는 상대적 개념이, 한쪽과 다른 한쪽을 이분법으로 가른다. 이때 누군가는 '100'이 되고 누군가는 '0'이 된다. 이 개념을 한 개인에게 적용한다면, 이렇게 생각할 수 있다.

이득을 볼 때가 있으면, 손실을 볼 때도 있다.

인생을 통틀어 생각하면, 이득과 손실의 합은 제로다. 이득을 봤다고 마냥 좋아할 필요가 없고, 손실을 봐도 마냥 기분 나빠할 필요가 없다. 노심초사하면서 살 이유가 없는 것이다. 받았으면 곧 줄 것이고, 줬으면 곧 받을 테니 말이다. '새옹지마(塞翁之馬)'라는 사자성어가 이 부분을 잘 설명해 준다. 하지만 생각대로 그렇게 쉬운 부분이 아니다.

생각하는 대로 살 수 있으면 참 좋겠지만, 그렇지 않다.

잘 안되는 것 중 하나가, 이득과 손실을 받아들이는 마음이다. 이득이 생기면 그 환경은 금방 익숙해지고, 고마운 마음은 쉽게 잊힌다. 반대로, 손실이 발생하면 이득이 생겼을 때보다 더 강력한 느낌을 받는다. 환경에 적응이 잘되지 않고, 불편과 불만이 크고 오래간다. 화장실 들어갈 때와 나올 때가 달라도 너무 다르다.

어금니가 심하게 아팠던 적이 있다.

너무 아파서 이와 이가 닿기만 해도 머리 전체에 통증이 느껴질 정도였다. 밥은 먹어야 하는데 음식을 씹을 수조차 없었다. 앞니로 음식을 삼킬 수 있을 정도의 크기로 씹어서 삼켰다. 맛을 느끼지 못하는 것은 물론, 소화도 잘 안 됐다. 잘 씹지 않고 넘겼으니 당연했다. 아픈 이 하나 때문에 모든 것이 엉망이 된 느낌이었다.

치과에서 엑스레이를 찍었는데, 어금니를 빼서 치료하자고 제안했다.

그냥 치료하면 통증이 심하고 기간도 오래 걸린다는 게 이유였다. 몇 년 전 사랑니 4개를 뺐던 기억이 떠올랐다. 4개 중 한 개가 잘 뽑히지 않았었다. 하도 안 빠져 몇 번을 쉬었다 다시 하고를 반복했다. 1시간가량 실랑이를 버렸던 것으로 기억난다. "이래서 잘 안 빠졌구나?" 선생님이 빠진 이를 한쪽에 내려놓으면서 말했다. 고개를 돌렸는데, 이런 이는 처음 봤다. 뿌리가 여러 개 있는데, 사방팔방으로 뻗어 있었다. 뿌리가 깊으니 잘 빠지지 않았던 거다. 그래서 발치에 대한 두려움이 있다.

조금 더 생각해 보고 오겠다고 말하고 치과를 나왔다.

바로 전날 느꼈던 통증이었다면 바로 뽑자고 했을 텐데, 통증이 조금 줄어든 상태라 생각할 여유가 있었다. 발치가 두렵기도 했고 연말이라 술자리도 많이 잡혀있어, 일단 시간을 끌기로 했다. 통증은 잡아야 해서 진통제를 먹었다. 효과가 있길래 아플 때 한 알씩 먹었다. 며칠을 먹었는데, 통증이 감쪽같이 사라졌다. 그렇게 조금씩 통증에 대한 기억도 함께 사라졌다.

저녁 자리에서 삼겹살을 먹고 있었다.

한참을 즐겁게 식사하고 있는데, 고기 한쪽에 숨어 있던 작고 동그란 뼈가 씹혔다. 윗니와 아랫니가 동시에 잘 맞게 씹히지 않고, 비켜서 씹혔다. 발목을 겹질리는 듯한 느낌이 입안에서 벌어졌다. 비껴간 윗니가 아랫니 옆에 있는 혀끝을 눌렀다. '아! 아, 뭐야!' 혀끝에서 통증이 느껴지면서 나쁜 기분도 함께 일었다. 좋았던 기분이 작은 뼈 하나에 완전히 틀어졌다. 기분 나쁜 느낌은 오래 지속됐다. 통증이 가라앉을 때까지 가라앉지 않았다. 통증이 가라앉고 다시 고기를 집는데, 뼈를 씹었던 부분이, 며칠 전까지 통증으로 매우 괴로워했던 이였다는 걸 알았다. 제대로 씹을 수만 있어도 감사하겠다는 마음이, 며칠 새 그렇게 변해있었다.

힘들고 괴로운 지점이 있을 때, '이것만 없어지면….'하고 생각한다.
그것만 없어지면 뭐든 할 수 있고 뭐든 견딜 수 있다고 생각한다. 하지만 그것이 없어지면 다짐했던 생각도 함께 사라진다. 이득과 손실을 느끼는 순간적인 무게감은 어쩔 수 없는 영역이라 생각된다. 하지만 시간을 두고 생각해 볼 문제가 있다. 정말 나에게 이득은 무엇이고 손실은 무엇인지. 손실을 보지 않겠다는 마음을 가지라는 말이 아니라, 정말 나에게 도움이 되는 것이 무엇인지 살펴볼 필요가 있다는 말이다. '앞에서는 이득 보고 뒤에서 손해 보는 장사'라는 말처럼, 될 수 있기 때문이다.

이득은, 얻고자 하는 욕심만 앞세우면, 손실로 변하게 되는 현실이다.

사람들하고 부딪히는 게 싫어서 좋게좋게 넘어가려고 하는데, 마음이 힘드네요. 왜 그런 거죠?

'힘없는 정의는 무능이고, 정의 없는 힘은 폭력이다.'

힘없는 정의가 무능하다는 말은, 신념이 있어도 실행하지 못하면 소용이 없다는 말이다. 옳은 일이라고 생각해도 추진할 힘이 없다면, 변화시킬 수 없다. 잘못된 일이라고 생각해도 막아설 힘이 없다면, 주저앉을 수밖에 없다. 힘이 없으면 분을 삭이며 받아들이거나 할 수 있는 게 없는 자신을 원망하는 것 말고, 다른 방법이 없다. 냉정하지만 그게 현실이다.

자신의 강점을 살려 힘을 기르는 노력을 꾸준히 해야 한다.

여름이 되면 해수욕할 생각에 몸을 만드는 사람이 있다. 몇 달 전부터 운동을 시작하고 식단 관리에 들어간다. 자신의 몸을 보여주고 싶은 마음 때문이다. 이처럼, 자신이 원하는 순간에 필요한 역량을 발휘하기 위해서는 부단히 노력해야 한다. 근력운동을 하지 않으면서 근력이 생기지 않는다고 말하면 곤란하다.

정의 없는 힘이 폭력이라는 말은, 너무 자주 목격한다.

아무것도 모르는 아이를 폭행하는 부모, 애인을 폭행하거나 심지어 가족들에게 해를 끼치는 사람, 자신보다 약한 사람을 말과 행동으로 폭행하는 사람, 한 명의 아이를 집단으로 폭행하거나 따돌리는 아이들 등등. 나이와 힘으로 폭행하고 다수가 소수를 궁지로 몰아간다. 이유는? 없다.

동쪽에서 빰 맞고 서쪽에서 화풀이하는 게 대부분이다.

약자에게 강하고 강자에게 약하다.

이런 부류의 사람들의 공통점이다. 비열할 정도로 극과 극으로 변한다. 이들에게 정의는 힘이다. 힘이 곧 정의다. 이유가 무엇이고 옳고 그름이 무엇인지 전혀 고려의 대상이 아니다. 어쩌면 이들도 피해자일 수 있다. 누군가에게 받은 상처를 되돌려주지 못하니, 또 다른 누군가를 찾은 것일 수도 있다. 하지만 그렇다고 정당화될 순 없다. 영화의 대사처럼, 비겁한 변명일 뿐이다.

한편으론 이런 생각도 든다.

말이 쉽지, 평범한 사람이 힘과 정의를 운운하는 건, 현실적이지 않다. '을'로 살아가는 현실에서는 잘못하지 않았어도 잘못했다고 해야 한다. 그래야 잘 마무리했다고 말한다. 뭘 사과해야 할지 모르겠는데 일단 사과부터 해야 한다. 어떤 상황에서도, 칼자루는 상대가 쥐고 있기 때문이다. 그렇다고 무조건 "네, 네."하고, 이유도 모르면서 "잘못했습니다."라며 살아야 할까? 아니다. 그건 아니다. 왜 그런지에 대한 이유는 드라마 대사에서 볼 수 있다.

「낭만닥터 김사부2」에서 이런 장면이 나온다.

한 아이가 병원에 입원한다. 이 아이의 아빠는 가정폭력을 일삼는 사람이었고, 외국인 아내는 이 남자에게 맞으면서 살고 있었다. 여의사가 화장실에 갔다 우는 소리가 들려, 문을 열었다. 외국인 아내가 쭈그려 앉아 있었다. 눈 주변에는 멍 자국이 선명했고 입술은 터져 피가 나고 있었다.

여의사는 분노하며 남자에게 가서 따져 묻는다. 옥신각신하던 찰나, 외국인 아내는 분노를 참지 못하고 커터 칼로 남편을 상해하려 달려든다. 하지만 칼이 닿은 곳은 여의사의 목이었다.

응급처치로 상처는 잘 치료되었다.

하지만 다른 문제가 기다리고 있었다. 병원장으로부터, 폭력 남편에게 사과하고 조용히 마무리하라는 지시가 떨어진다. 처음에는 왜 그래야 하냐고 따졌지만, 자신이 사과해야 마음이 불편하지 않고 상황이 마무리될 것 같다는 생각이 들었다. 그래서 사과하러 가는데, 김사부가 가로막고 이렇게 말한다.

"차라리 불편하고 말아 그럼! 불편하다고 무릎 꿇고 문제 생길까 봐 숙여주고 치사해서 모른 척해 주고 더러워서 겨주고. 야! 이런저런 핑계로 그 모든 게 쉬워지고 당연해지면 너는 결국 어떤 취급을 당해도 되는 싼, 그런 싸구려 인생 살게 되는 거야. 알아들어?"

좋은 게 좋은 게 아닐 수도 있다.

좋게 해결한다고 말은 하지만, 치사하고 더럽다는 생각으로 자포자기한 것일 수도 있다. 빨리 끝내고 싶은 마음에 핑계를 댄 것일 수도 있다는 말이다. 매번 그럴 수는 없지만, 정말 아니라는 생각이 들 때, 무엇이 옳은 것인지, 지혜를 구하고 담대하게 나아갈 수 있는 용기를 청해야겠다.

관계는, 쉽고 당연하게 만들면 그 대가를 고스란히 앉게 되는 연결고리다.

말을 너무 막하는 상사 때문에 힘들어요.
그래도 버텨야 하나요?

우리는 살인(殺人)이 난무하는 시대에 살고 있다.

목숨을 앗아가는 것도 문제지만, 마음을 앗아가는 것이 더 문제다. 극단적인 선택을 하도록 몰아간다. 종국에는 스스로 목숨을 끊는 것으로, 힘겨운 무게를 내려놓게 만든다. 의도적으로 그랬는지 본의 아니게 그랬는지 알 수는 없지만, 나에게 아무렇지 않은 일이 누군가에게는 큰일이라는 것은 알 수 있다. 나에게는 종이 한 장의 무게에 불과할지 몰라도, 누군가는 수십에서 수백 개의 벽돌을 이고 있는 느낌일 수 있다는 말이다.

오래된 이야기지만, 새우튀김으로 한 생명이 안타까운 죽음을 맞이하기도 했다.

시사 프로그램에서 이 내용을 듣는데, 뭐라 말이 나오지 않았다. 너무 황당했다. 3개 중에서 2개는 먹고 1개를 가지고 항의를 했다는데, 새우튀김 한 개가 사람의 목숨을 바꿀 만큼 중요한 것인지는 모르겠다. 항의했던 사람도 목숨을 잃을 거라고는 생각하지 못했을 것이라 본다. 하지만 새우튀김 하나를 가지고 항의하는 과정에서, 도가 너무 지나쳤다. 어디서 뺨을 맞았는지는 모르겠지만, 그 분풀이를 했다는 생각 말고는 들지 않는다.

극단적인 상황까지 아니더라도, 일상에서 이런 일은 비일비재하다.

함께 하는 사람은 물론 처음 보는 사람에게도 거침없다. 자신보다 약하다는 계산이 서면 더 거침없어진다. 운전할 때도 이런 상황을 가끔 본다. 누군가 끼어들거나 뭔가 마음에 안 든 상황이 발생하면, 옆으로 붙는다. 그리고 안을 들여다본다. 만만하다 싶으면 창문을 내리고 뭐라 뭐라 한다. 심하면 보복 운전도 불사한다. 모든 행동의 책임은 자신이 져야 한다는 사실을 망각한다. 정신을 차렸을 땐, 후회해도, 이미 건너지 못할 강을 건넌 상태가 된다.

화를 참지 못하는 사람을 일컬어, '분노 조절 장애'가 있다고 말한다.

의학적 용어로는 '간헐적 폭발성 장애'라고 한다. 이 용어를 풀어보면, 어쩌다 폭발하는데 스스로 제어하지 못하는 것으로 해석할 수 있다. '어쩌다'의 간격이 짧아지는 게 문제이긴 하지만. 복불복 게임 중에 '통 아저씨 게임'이 있다. 구멍에 막대를 밀어 넣었는데 튀어 오르면 걸리는 게임이다. 분노 조절 장애를 일으키는 사람을 보면, 그때 튀어 오르는 머리 같다. 제어할 수 없는 분노를 쏟아내는데, 때로는 어찔하기도 하다.

분노 조절 장애든 일시적으로 분노가 폭발하는 사람이든, 그 사람을 바꿀 수는 없다.

어느 날 갑자기 어떤 계시를 받으면 모를까, 불가능하다고 봐야 한다. 내가 할 수 있는 건, 그걸 어떻게 받아들이냐이다. 다양한 방법을 시도해 봤지만, 순간 치고 올라오는 뜨거운 기운을 삼키는 건 쉽지 않다. 억누르는데도 한계가 있고 그냥 넘기기에는 억울한 마음에 아무것도 손에 잡히지 않는다.

『완벽한 하루』에도 언급했지만, 토끼가 호랑이 놀이한다고 생각해야 한다.

토끼가 숲속을 걸어가는데, 다른 동물들이 평소와 다르게 자신에게 인사한다. 처음에는 어색했지만, 자신에서 보이지 않는 힘이 생긴 것으로 착각한다. 그렇게 당연하게 받아들인다. 다른 동물들은 토끼가 아닌, 뒤에 따라오는 호랑이를 보고 인사하는데 말이다. 자신이 호랑이라도 된 듯 착각한다. 그렇게 으스대다, 결국 뒤따라오던 호랑이한테 잡아먹힌다.

호랑이처럼 으르렁대는 사람을 토끼라고 생각해 본다.

그렇게 생각하고 바라보면, 뜨거운 것이 올라오는 건 잠시, 안쓰럽게 보인다. **상대적 지위나 배경 등을 자기 것으로 착각하고 있는 게 보인다.** 지금 휘두르고 있는 칼이 허상이라는 것을, 당사자만 모르고 있다는 것처럼 보인다. 그러면 다르게 보인다. 측은한 마음이 든다. 쉽지는 않지만, 마음을 다잡고 보기 위해 노력하면 보인다. 이것도 연습이 필요하다.

상대의 독설은, 나의 표면을 죽일 수 있어도, 내면은 죽이지 못한다.

내면을 죽이는 건 자신뿐이다. 내가 포기하고 무너지고 쓰러지면 죽는 거다. 짓누르는 무게를 이겨내려 버티지 말고 피해야 한다. 막연하게 피하면 마음에서 앙금이 잘 사라지지 않는다. 나만의 슬기로운 대처법을 찾아야 한다. 토끼가 호랑이라 착각하는 모습을 보는 것처럼, 안타깝게 바라보는 것도 그중 하나의 대안이 될 수 있다.

독설은, 표면은 죽일 수 있어도, 내면은 죽일 수 없는 말이다.

제 마음대로 되지 않는 게 너무 많아 속상해요.
뭘 어떻게 해야 하죠?

내가 모든 사람을 좋아하지 않듯, 나른 사람들도 다 나를 좋아할 순 없다. 이 생각을 명확하게 이해하고 받아들이면, 사람 관계로 상처받을 일은 적지 않을까 생각해 본다. 어쩌면, '좋고 싫고의 문제'가 아니라 '맞고 안 맞고'의 문제로 바라보는 게 더 적절하다. 사람과 사람의 관계는 좋고 싫고의 관계가 아닌, 맞고 안 맞고의 관계라는 말이다.

내가 누군가를 좋아하게 되는 과정을 생각해 본다.

몇 마디 섞어봤는데, 내 취향이나 생각의 방향과 비슷하면 호감이 생긴다. 호감을 느끼게 되면, 어떤 말을 하든 어떤 행동을 하든 좋게 바라보게 된다. 여기에 더해, 같은 지역에 살았다거나 같은 학교에 다녔다는 등 교집합의 개수가 늘어나면 더는 말할 필요가 없게 된다. "나랑 너무 잘 맞아!"라며 관계의 끈을 단단히 조인다. 다른 나라는 어떤지 모르겠지만, 우리나라 사람은 유독 심하다는 생각이 든다. '대한민국은 인맥'이라는 말이 그냥 나온 말은 아닌 듯하다. 혹여, 아니다 싶은 말이나 행동을 하면, 실수라고 여기고, 관대하게 넘어간다.

내가 누군가를 싫어하게 되는 과정도 생각해 보면 이렇다.

보자마자 왠지 거리를 두고 싶은 마음이 생긴다. 구체적으로 설명하기 어려운, 느낌적인 느낌이 온다. 별거 아닌 말과 행동에 의미를 부여하면서, 나랑 맞지않는 부분을 찾기 위해 노력한다. 의도적으로 덫을 놓친 않지만, 딱 거슬리는 말이나 행동을 발견한다. 내 감이 맞았다는 생각이 들면, 그 이후부터는 어떤 말이나 행동도 좋게 보이지 않는다. 그러면서 이렇게 말한다. "안 맞아! 안 맞아! 나랑 안 맞아도, 참 안 맞아!"

처음의 느낌이 중요하긴 하지만, 전부 그런 건 아니다.

좋은 느낌을 받았다가 시간이 지나면서 안 좋게 변하는 사람이 있다. 처음과는 다른 모습이 종종 눈에 띄고 귀에 걸린다. 원래 나랑 맞은 사람이 아니라, 처음이라 맞추려는 사람이었다는 것을 깨닫게 된다. 첫인상이 매우 중요하다는 말이 있기는 하지만, 본연의 모습이 아닌 의도적인 모습을 보이게 된다면, 나중에 더 좋지 않은 모습으로 남게 된다는 것을 기억해야 한다.

처음에는 안 좋은 느낌이 들었는데, 지낼수록 좋게 변하는 사람도 있다. '어? 어?'하면서 자신이 처음 가졌던 느낌이 다르다는 것을 서서히 인정할 수밖에 없게 된다. 처음부터 나랑 맞지 않는 사람이 아니라, 내가 삐뚤게 바라봤기 때문에 나랑 맞지 않아 보였다는 것을 알게 된다. 표현하는 방식이 다를 뿐, 생각의 방향은 같다는 걸 알게 깨닫게 된다. 본연의 모습을 일괄되게 보이게 되면, 결국 알 사람은 다 알게 된다.

모든 사람이 나에게 맞추기를 바라는 것은 무리다.

오히려 내가 맞추는 노력을 더 많이 해야 한다. 맞춘다는 것이 나랑 비슷한 모양의 사람만 찾아다니는 것을 의미하는 건 아니다. 나랑 다른 모양을 가지고 있는 사람을 바라볼 때, 다를 수 있음을 인정하는 것이 필요하다. 내 모습에 맞추라고 강요하는 게 아니라, "그럴 수도 있구나!"라고 생각하는 노력이다.

중요한 건, 그것을 받아들이는 상대의 마음은 내가 어찌할 수 없다는 사실이다.

그것을 어찌하려고 하는 순간, 관계는 틀어지게 된다. **내가 모든 사람을 좋아하지 않고 다른 사람도 모두 나를 좋아하지 않은 것처럼, 모든 사람과 맞을 수 없다. 내가 할 수 있는 노력은 과정이지 결과가 아니다.** 상대방이 받아들였는지 받아들이지 않았는지 결과에 연연하지 말고, 내가 할 수 있는 노력을 다했는지 그것만 생각하면 된다. 그러면 아쉬울 순 있어도, 아프진 않을 거다.

결과는, 내가 어찌할 수 없는 것인데, 어찌하고 싶어 상처받고 아파하는 것이다.

시간이 약이라는 말도 있는데,
저는 왜 약이 안 되는 거죠?

"자전거를 탈 줄 모르는 사람에게 무슨 일이 있어도 자전거를 가지고 다녀야 한다는 것은 큰 고생입니다. 그러나 자전거 타는 법을 배우면 더 이상 고생이 아닙니다." (출처: 생활성서 2021년 7월 15일 묵상 글 중에서)

마음공부를 하는 사람이 많아지고 있다.

머리에 채우는 공부가 전부인 줄 알면서 살았는데, 어느 날 돌아보니 마음이 텅 비어있음을 느꼈기 때문이라 예상된다. 출간되는 책을 보면 그 시대의 관심사나 트렌드를 알 수 있는데, 마음 치유나 위로에 관련된 책이 많아졌다. 책을 읽는 사람이 줄었다고는 하지만, 묵직한 해답을 얻기 위해서는 책만 한 것이 없다. 그래서 출판사는 사람들이 읽고 싶은 책을 출간하기 위해 노력한다.

마음공부는 마음을 다스리는 방법에 관한 공부다.

마음은 그냥 느끼는 대로 받아들여야 하는 줄 알았다. 서운하면 서운한 대로 아프면 아픈 대로 속상하면 속상한 대로 느끼고 견뎌내야 하는 줄 알았다. 아니면 생각나지 않게 다른 무언가에 집중해서 외면해야 할, 거북스러운 쓰레기 정도로 취급했다. 하지만 고개를 돌린다고 쓰레기가 치워지지 않는다. 쓰레기는 쓰레기통에 버려야 없어진다.

마음공부는 내 마음에 던져진 쓰레기를 치우는 방법이다.

일반적으로 하는, 쓰레기 처리 방법을 떠올리면 어렵지 않게 마음 쓰레기를 버리는 방법도 찾을 수 있다. 쓰레기는 종류에 따라 처리하는 방법이 다르고 버리는 곳이 다르다. 분리수거를 해야 한다. 분리수거를 수월하게 하는 방법은 두 가지다. '바로 하는 것'과 '미뤄두지 않는 것'이다. 요즘은 분리수거 요일이 정해지지 않은 곳이 많다고 하는데, 우리는 아직 지정된 요일에 해야 해서 그 기준으로 생각해 봤다.

분리수거는 바로 해야 한다.

쓰레기의 대부분은 음식이 담겼던 용기나 컵이다. 배달 음식이 늘어난 요즘은 아마 더 많아졌으리라 생각된다. 아무리 음식을 깨끗이 덜어내서 먹었다고 해도, 국물 등이 용기에 남아있게 된다. 이때 바로 물로 헹궈놔야 한다. 귀찮다고 그냥 놔두면 벌레가 끼거나 닦아내기 위해 더 많은 시간과 노력을 들여야 한다. 설거지할 때도 그렇지 않은가? 바로 하면 1분이면 닦일 것을 그대로 뒀다가 굳어져, 10분 이상의 시간과 노력을 들였던 기억.

분리수거는 미루면 안 된다.

분리수거하는 날, 양이 많지도 않고 귀찮기도 해서 건너뛴 적이 있었다. 다음 분리수거 하는 날, 양이 어마 무시했다. 퇴근해서 현관문을 열었는데, 쓰레기가 한가득하였다. 분리수거 상자도 모자라, 커다란 비닐 몇 개를 더 사용했다. 수레로 끌고 가는데 덜컹거릴 때마다 플라스틱 용기가 하나씩 떨어졌다. 중간에 멈춰서 몸을 굽혀 줍는 것도 일이었다. '지난주에 그냥 할걸!' 후회해도 이미 지난 일. 가랑비에 옷 젖듯, 적지만 쌓이면 감당하기 어려울 수 있다.

바로 해야 그리고 미루지 않아야, 시간과 노력을 줄일 수 있다.

감정의 골도 그렇다. 시간이 해결해 주는 것도 있지만, 호미로 막을 것을 가래로 막을 수도 있다. 어떤 판단이 옳은지는 상황에 따라 다르겠지만, 쓰레기를 마음에 담고 생활하는 건 너무 어렵다. 분리수거를 하듯, 나에게 던져진 쓰레기를 잘 분리하고 버리는 방법을 찾고 연습해야 한다.

안식은, 마음에 던져진 쓰레기를 버릴 때 얻을 수 있는 마음이다.

뭘 해도 힘든 일만 생기는데
제 인생도 희망이 있는 건가요?

"당신의 인생이 왜 힘들지 않아야 한다고 생각하십니까?"

박신양 배우가 '스타 특강'이라는 프로그램에서 한 말이다.

자신이 러시아에서 유학했을 때, 처음 러시아 말을 배워, 담당 교수한테 힘들다고 말했단다. 담당 교수는 대답 대신, 러시아 시집 한 권을 주더란다. 시집을 읽는데 그 안에 이 말이 있었다고 한다. 충격을 받았다고 한다. 지금까지 들어본 적이 없던 말이었기 때문이다. 그러면서 이렇게 말을 이어간다.

우리의 인생은 행복하고 힘들지 않아야 한다는 생각이 언제부턴가 있었다.

힘들면 우리 인생이 아닌가? 가만히 생각해 보면 힘들 때와 힘들지 않을 때의 비율이 50:50이라는 생각이 든다. 조금 더 생각해 보면 즐거울 때보다 힘들 때가 더 많은 것 같다. 나의 힘든 시간을 사랑하지 않으면 나의 인생을 사랑하지 않는다는 뜻이 된다. 그러면서 이렇게 마무리한다.

"당신의 가장 힘든 시간까지 사랑하는 법을 배우세요."

오래전에 봤던 영상인데, 다시 생각나서 보게 되었다.

강연 영상 보기

처음 영상을 봤을 때 나도 살짝 움찔했었다. 지금도 편하게 사는 건 아니지만, 그때는 벼랑 끝이라는 생각이 들 정도로 힘든 시기였기 때문이다. 집이 없어 아이들을 데리고 본가와 처가를 오가며 살기도 했고, 오래 다니던 직장에서 쫓겨나기도 했다. 한창 커가는 아이 셋을 등에 업고 받은 백수라는 타이틀은, 그 어떤 힘겨움보다 무거웠다. 내가 할 수 있는 감당에서 그치지 않기 때문이다. 나만 참고 나만 힘들면 되는 게 아니기 때문이다.

한 청년이 쓴, 짧은 글을 본 기억이 난다.

'신은 감당할 수 있을 만큼의 시련을 주신다고 하는데, 날 너무 과대평가한 거 같다.' 문장만 놓고 보면 웃음이 나올법한데, 그 이면에서 느껴지는, 버텨내고 있는 삶의 무게를 생각하면 가슴이 저린다. 아픈 사람이 아픈 사람을 가장 잘 알아본다고 했던가? 그런 느낌이었다. 등산할 때 숨이 턱 밑까지 차오르는 건 어떻게든 버틸 수 있다. 조금 지나면, 숨이 안정적인 상태가 될 거라는 걸 알기 때문이다.

힘겨움이 더 힘겹게 느껴지는 건 그 끝을 알 수 없기 때문이다.

언제 끝날지 알 수 있다면 지금의 무게를 어떻게든 버텨낼 힘이 생길 텐데 삶은 그렇지 않다. 힘겨움의 끝은 알 수 없지만, 이거 하나는 확실하다는 생각이 든다. 앞서 청년이 쓴 문장처럼, 자신을 과대평가하는 것 같다면, 신의 기대가 크다는 말이 아닐까? 우리가 기대하는 사람은 곧, 사랑하는 사람이다. 많이 사랑할수록 기대도 크고 실망도 크다. "어떻게 나한테 그럴 수 있어?"라면서 말이다.

인생은 육교나 지하도 같다.

처음 오르막을 올랐으면 내리막을 만날 테고, 처음 내리막을 내렸으면 곧 오르막을 만날 테다. 그렇게 오르막과 내리막의 반복이 인생이다. 오래 살진 않았지만, 지금까지의 삶이 그랬다. 그러면서 조금씩 오르막을 오르는 방법을 알게 되고 내리막일 때 조심하게 된다. 오르막이든 내리막이든 다 내 인생이니 비켜 가길 바라기보다, 담대하게 마주할 수 있는 용기를 청하는 게 어떨까? 내가 손을 놓지 않는 이상, 내 손을 놓친 않으실 테니 말이다.

희망은, 내가 손을 놓기 전까지 내 손을 꼭 붙들어주신다는 확신이다.

하루하루가 새로운 선물이라는데, 느낌이 안 나요.
어떻게 해야 선물처럼 받을 수 있죠?

'마음의 소리'

하루에도 수십 번 아니 수백 번도 더 들리는 소리가 있다. 바로 마음의 소리다. 듣는 순간 확신이 들 때가 있는가 하면, 긴가민가할 때도 있다. 한 스님의 말을 빌리자면, 사람의 마음에 있는 '검은 개'와 '하얀 개' 때문이다. 어떤 선택을 하려고 할 때, 두 개의 싸움이 시작된다. 검은 개는 '부정' 편이고 하얀 개는 '긍정' 편이다. 그 싸움에서 이기는 쪽으로 선택하게 되는데, 비율의 차이는 있지만, 항상 한 편만 이기는 건 아니다.

누가 이길까?

스님이 동자에게 물었다. 동자는 고개를 갸우뚱거릴 뿐 답을 내놓지 못했다. 스님이 인자한 미소를 지으며 말씀하셨다. "내가 먹이를 많이 준 놈이 이긴다." 아주 간단한 논리다. 먹이를 많이 준 놈이 힘이 좋을 것이고 힘이 좋으면 이길 가능성이 크니 말이다. 생각해 보면 어렵게 여기는 문제의 답은 의외로 간단한 경우가 많다. 달을 가리키는 데 달은 안 보고 손가락을 보니, 어렵게 느껴질 수밖에.

나는 누구에게 더 많은 먹이를 줄까?

항상 같지는 않다. 때로는 검은 개한테 많이 줄 때가 있고 때로는 하얀 개한테 많이 줄 때가 있다. 내가 처한 상황과 여러 가지 환경들에 따라 달라진다. 기분 좋은 일이 있으면 당연, 하얀 개를 배불리 먹이게 된다. 모든 것을 너그럽게 바라볼 수 있다. 끼어드는 차를 이해가 되고 칭얼대는 아이의 울음소리도 그다지 나쁘지 않게 들린다. 누군가 시비를 걸면, 안 좋은 일이 있어서 그런 거라며, 웃어넘기기까지 할 수 있다.

반대의 상황이라면 어떨까?

언짢은 일이 있거나 기분 나쁜 일이 있다면 당연, 검은 개를 배불리 먹이게 된다. 모든 것이 불만이 된다. 나에게 친절하게 다가오는 사람의 미소도 가증스럽게 느껴진다. 도움을 주려는 사람도 성가시다. 모든 것이 귀찮고 누구의 어떤 말도 좋게 들리지 않는다. 그런 상태가 오랜 시간 계속되면, 더 좋지 않은 상황으로 몰리기도 한다. 우발적인 사건의 배경을 보면, 욱하는 심정이 대부분이라는 것에서, 어렵지 않게 짐작할 수 있다.

항상 평정심을 유지할 순 없다.

성경에서 하느님도 분노하실 때가 있는데, 사람이 어찌 가능할 수 있겠는가! 확률을 높이기 위한 노력을 할 수 있을 뿐이다. 가장 효과가 좋은 노력은, 검은 개에게 먹이를 주는 행동을 중단하는 일이다. 하얀 개에게 먹이를 주는 행동은 그렇지 않은데, 검은 개에게 먹이 주는 행동은 금방 습관이 된다. 자신도 모르게 스며든다. 그래서 검은 개에게 먹이를 주고 있다는 생각이 들면, 바로 멈추는 노력을 해야 한다.

검은 개에게 먹이를 주지 않는 방법은 이것이다.

'이렇게 해서 나에게 도움이 되는 게 무엇일까?' 한 10초만 생각해 본다. 내가 지금 화를 내서 내가 지금 짜증을 부려서 내가 지금 싸움을 해서, 나에게 도움이 되는 게 무엇일까 생각해 본다. 누구보다 자신이 더 잘 안다. 아무런 도움이 되지 않는다는 것을. **내가 원하는 것이 기분을 풀기 위함인가 아니면 좋은 결과를 얻기 위함인가를 생각하면 어떻게 해야 할 지 알게 된다.**

뭐라도 도움이 된다면 그래도 된다.

마음에 쌓아두면 나를 짓누르기 때문이다. 다만 이른 시일 안에 정리할 필요가 있다. 시간이 지날수록 완만하게 해결될 가능성이 떨어지기 때문 이다. 특히 가정 안에서 벌어지는 일은 더욱 그렇다. 그날은 넘기지 않아 야 한다. 프란치스코 교황님도 말씀하셨다. "해를 넘기기 전에 화해하십 시오. 매일 그렇게 하십시오." 명심해야 할 말씀이다.

마음의 좋은 소리를 듣기 위해선 무엇을 해야 할까?

매일 나를 살펴야 한다. 내가 했던 잘한 일과 잘못한 일을 살펴야 한다. 잘한 일은 더욱 그렇게 하도록 다짐하고 잘못한 일을 다시 그러지 않기 를 다짐해야 한다. 되돌아보고 점검하는 시간을 가지면, 미처 생각지 못 한 일도 생각의 수면 위로 올라온다. 내가 들어야 할 마음의 소리는 무엇 인지 가만히 생각할 필요가 있다.

마음의 소리는, 진리를 깨닫기 위해 집중하고 들어야 할 말씀의 울림이다.

남들 다 그렇게 하길래 따라 했는데, 마음이 찝찝해요. 뭐가 잘못된 거죠?

"그래! 결심했어!"

역사적인 예능 프로그램인 「일요일 일요일 밤에」에 'TV 인생극장'이라는 코너가 있었다. 90년대에 인기를 끌었던 코너인데, 여기서 나온 말이다. 많은 인기를 끌었던 코너였고, 이 말은 어떤 선택을 해야 하는 상황에서, 남녀노소 할 것 없이 사용한 유행어였다. 단막극 형식으로 진행된 프로그램이었는데, 결정적 선택의 순간에 주인공은 망설이다 주먹을 불끈 쥐며 이렇게 외친다. "그래! 결심했어!" 한 줄기로 흘러오던 이야기가, 이 말과 동시에 두 갈래로 갈라져 다른 곳으로 흘러가게 된다.

상황은 다르지만, 맥락은 비슷했다.

'도의적인 마음'과 '실질적인 마음'의 싸움이다. 사람이라면 누구나 겪을 수 있다. 지금도 그리고 앞으로도 겪게 될 상황이라는 것은, 누구도 부정하지 못한다. 예를 들면 이런 상황이다. 한 회사에서 근무하고 있는 상사의 비리 사실을 알게 된 사람이 있다. 이 사람은, 이 사실을 알릴 것인지 아니면 그냥 묻고 갈 것인지를 고민한다. 사실을 알린다면 잘못된 것을 바로잡게 되는 것이고, 그냥 묻는다면 상사에게 일정의 보상을 받을 수 있게 된다.

'인과응보'

가장 이상(理想)적인 모습이다. 그렇다고 믿고 있지만, 현실에서는 그러지 않은 모습도 자주 보게 된다. 그래서 혼란스러울 때도 있다. 남들은 지켜야 할 것을 지키지 않아도 오히려 잘 사는데, 잘 지키면서 열심히 사는 자신만 손해 보는 느낌. 삶에서 가장 허무한 순간이 아닐까 싶다. "삐뚤어질 테야!" 어떤 개그 프로그램에서 들었던 멘트인데, 이 말처럼 그러고 싶어진다. 그렇게 복수하고 싶어진다. 하지만….

누가 손해일까?

내가 삐뚤어지면, 나를 삐뚤어지게 만든 사람이나 상황이 좋은 방향으로 돌아설까? 아니다. 예상하는 것처럼, 그에 대한 책임은 본인이 고스란히 져야 한다. 두 배 세 배 힘듦과 고통이 자신을 짓누르게 되고 그에 따른 후회로 몸서리치는 상황을 만들 수도 있다. 힘이 있는 사람들은 한 번의 실수도 그럭저럭 넘어갈 수 있지만, 힘이 없는 사람은 한 번의 작은 실수가 평생을 옥죄어 온다. 우리는 「레미제라블」에서 '장발장'을 통해 이미 배웠다.

믿음은 절대 배신하지 않는다.

그 시간과 때를 알 수 없을 뿐이다. 자신의 소신을 믿어야 하고, 잘못된 방법으로 끝없이 올라갈 것 같은 사람은 결국 떨어지게 된다는 것을 믿어야 한다. 높이 올라갈수록 떨어질 때의 고통도 더 크다. 높이 올라가는 것에 속상해할 것이 아니라, 떨어지는 고통이 더 크다는 것을 오히려 안쓰럽게 바라봐야 한다. 마음이 쉽게 따라오지 않겠지만, 그러면 좋은 방향으로 흘러가진 않더라도, 최소 후회는 하지 않는다.

자신에게 먼저 물어야 한다.

어른도 마찬가지지만, 아이들은 어떤 잘못된 행동을 했을 때 이렇게 말한다. "**이도 그랬어요!" 자기 친구도 그랬으니, 자신도 그래도 되는 거 아니냐는 말이다. 자신의 잘못을 바라보는 게 아니라, 타인의 잘못으로 자신의 잘못을 정당화하려 한다. 이 생각이 옳다고 말할 수는 없다. 그 사람이 죽는다고 따라 죽을 것도 아니기 때문이다. **타인의 잘못 뒤에 숨지 말아야 한다. 저 사람도 그랬는데 자신도 그래도 되는 거 아니냐며 퉁 치려고 하면 안 된다. 자신의 인생에 얼마나 창피한 일인가?**

인과응보는, 소신을 믿고 지킴으로, 인생에 창피하지 않을 용기를 내야 하는 이유이다.

시간을 효율적으로 사용해야 하듯,
사람 만나는 것도 그래야 한다고 생각해요. 안 그런가요?

합기도에 빠졌던 시절이 있었다.

중학교에 들어가고 얼마 안 돼서였다. 친구가 다닌다는 도장에 놀러 갔다 시작하게 됐다. 고등학생 때까지 했는데, 그때는 1~2반 정도 아이들을 가르치면서 무상으로 운동을 했다. 이름이 박혀있는 검은 띠에, '교사'라는 호칭도 새겨져 있었다. 4단 승단 심사를 앞두고는, 비용이 너무 비싸 포기했다. 대학입시를 치를 때는 경찰이 되고 싶은 마음에, 격기 학과로 유명한, 용인에 있는 학교에 시험도 봤다. 합기도 학과. 합격했지만, 다른 학교를 선택했다.

실기시험을 보는 날의 풍경(?)이, 아직도 눈에 선하다.

27년 전이지만 사진의 한 장면처럼 또렷하게 기억에 남아있는 건, 그만큼 인상적이었다는 말이다. 격기 학과에 응시한 다양한 종목 사람들이 운동장에 모였다. 그 모습은 마치, 어릴 때 자주 봤던 무협 만화책의 한 장면 같았다. 무술대회를 하면 다양한 무술인들이 한자리에 도열하고 있던 모습. 딱 그 모습이었다. 유도복을 입은 모습만으로 눈을 피하게 되는 사람, 복싱 글러브를 목도리처럼 목에 걸친 사람, 천에 싸인 죽도인지 목검인지를 어깨에 올려놓은 사람 등등. 나는 자연스레, 겸손한 모습으로 그 자리에 서 있었다.

합기도 하면 떠오르는 건, 호신술이다.

다양한 상황을 설정해서 그에 맞는 호신술을 익힌다. 지금도 어떤 부위를 잡히면 어떻게 해야 하는지 몸이 기억하고 있는 기술들이 몇 가지 있다. 써먹은 적은 없지만. 그때 관장님이 하셨던 말을 기억한다. "한 가지 기술이 몸에 완전히 배려면, 1만 번 정도는 연습해야 한다." 1백 번도 1천 번도 아닌, 1만 번. 몸에 밴다는 기준은, 자신도 모르게 동작이 나오는 것을 말한다. 누군가 어떤 부위에 손을 대면 생각하고 동작이 나오는 게 아니라, 몸의 기억으로 실행하는 정도를 말한다.

반복을 통해 몸이 기억하게 한다.

스포츠 선수들도 그렇다. 각 종목에 맞는 동작과 훈련을 끊임없이 반복해서 그 자리에 선다. 몸으로 성적을 내는 것이 스포츠지만, 해설자의 설명을 들으면 정신력에 대한 언급을 많이 한다. "멘탈을 잡아야 한다. 멘탈이 흔들려서는 안 된다." 어쩌면 멘탈을 잡는 가장 좋은 방법은, 몸이 완전히 기억하게 하는 것이 아닌가 싶다. 몸의 기억이 머리의 기억을 넘어설 때, 온전하게 기량을 발휘할 수 있다는 생각이 든다.

몸의 기억은 스포츠만 해당할까?

지하철에서 노약자를 보면 스프링 튕기듯 바로 일어서는 사람, 유모차를 들고 계단을 오르려는 엄마를 도와주는 사람 등, 순식간에 필요한 손을 내밀어 주는 사람도 그렇지 않을까? 사람들의 용기 있는 행동도 그렇다. 지하철 철로에 떨어진 사람을 구하기 위해 생각할 틈 없이 뛰어드는 사람, 쓰러져 있는 사람을 보고 바로 달려가 살피거나 119에 전화하는 사람 등. 생각하고 계산할 시간조차 없는 상황에서 몸이 먼저 반응하는 사람이 있다.

평소 연습을 해왔던 사람들이다.

자리에서 일어서는 연습이나 무거운 것을 드는 연습이 아니다. 철로에 뛰어들거나 119에 전화하는 연습이 아니다. 마음 연습이다. 무엇이 옳은 행동인지 마음으로 되새기고 기억하는 연습이다. 도움이 필요한 사람에게 손을 내밀 때, 내가 얻을 수 있는 것이 무엇인지 계산하지 않는 연습이다. 사람의 생명을 소중하게 생각하고 선한 영향력의 중요성을 마음으로 되뇌는 연습이다. 마음 연습을 해온 사람은 몸이 먼저 반응한다. 그렇게 한 행동의 반복은 마음을 더 단단하게 만든다. 마음과 몸이 선순환을 이루게 된다.

마음 연습은, 어린이가 되는 연습이다.

어린이의 마음으로 되돌아가는 연습이다. 계산기를 내려놓는 연습이다. 하지만 쉽지 않다. 정말 어렵다. 그러지 말아야지 하면서도 순간적인 생각이나 행동은 그렇게 되지 않는다. 그리고 후회하고 아쉬워한다. 그래서 다시 되돌리기도 한다. 넘어졌지만 그대로 주저앉는 게 아니라, 다시 털고 일어나는 연습을 한다. 그렇게 마음 연습을 한다. 처음에 잘하면 좋겠지만, 그게 바로 되지 않는다면, 되짚어보고 다시 하면 된다. 넘어질 것을 두려워하는 게 아니라, 시도조차 하지 않는 것을 두려워해야 마음 연습이 가능하다고 믿는다.

마음 연습은, 마음에 들고 있는 계산기를 내려놓는 연습이다.

인생 문장 하나 마음에 품고 싶은데,
어떻게 고르는 게 좋을까요?

우리나라에서 가장 으뜸인 법은, 헌법이다.

헌법은 국민의 자유와 권리를 보장해, 진정한 민주주의를 실현하기 위한 목적으로 만들어졌다고 한다. 한강이 강원도 태백에 있는 검룡소에서 시작되는 것처럼, 모든 법의 시작은 헌법에서 뻗어 나오게 된다. 헌법과 뜻이 다른 법은 만들 수 없다. 뜻이 다른 법이 있다면, 헌법재판소에서 심사한다. 헌법을 위반했다는 판단이 서면, 그 법은 효력을 잃게 된다. 모든 법의 원칙이고 기준인 셈이다. 하지만 역사에서는 그렇지 않은 모습이 있었다는 것을 알고 있다.

"대한민국의 주권은 국민에게 있고 모든 권력은 국민으로부터 나온다."

헌법 1조 2항이다. 영화 「변호인」을 통해 많은 사람에게 알려졌다. 재판장에서 벌어지는 장면은 명장면 중의 명장면으로 꼽힌다. 여러 번 봤지만, 볼 때마다 온몸에 소름이 돋는 건 어쩔 수 없다. 가끔은 마음이 울컥할 때도 있다. 내가 만약 저 시대에 그리고 저 상황에 부딪혔으면 어땠을까 하는 마음과 저렇게 계란으로 바위를 치는 분들이 계셨기에, 지금 내가 온전하게 살아가고 있다는 생각이 그렇게 만든다.

헌법에 명시된 저 한 문장을 기억했다면 어땠을까?

무고한 많은 목숨이 허무하게 그리고 안타깝게 사라지지는 않았을 것이다. 자신의 야망을 실현하고 정당화하기 위해, 그렇게 많은 사람의 목숨을 이용했다. 직접 피해를 본 사람은 당연히 피해자다. 그와 다른 모습의 피해자도 있다. 무슨 일인지도 모르고 했다가, 자신이 얼마나 큰 잘못을 저질렀는지 깨달은 사람이다. 너무 안타까운 상황이다. 약자들이 직간접적으로 피해자가 되는 상황은 정말 안타까운 마음이 든다. 그 마음을 이렇게 설명할 수 있다.

지금은 아니지만, 예전에 한창 이런 꿈을 꾼 적이 있다.

누군가가 나를 쫓아왔다. 잡히면 안 되는 상황이었다. 나는 도망가기 위해 열심히 뛰고 있는데, 한 발짝도 앞으로 나가지 못했다. 간격은 점점 좁혀지는데, 나는 제자리에서 벗어나지 못하고 있었다. 미친 듯이 달려도 그 자리에 있었다. 최후의 발악으로 나는 소리를 질렀다. 그렇게 벌떡 일어났다. 꿈속에서 열심히 달렸다는 흔적은, 땀으로 젖어있던 머리와 얼굴로 알 수 있었다. 그 답답하고 안타까운 마음은 경험해본 사람은 안다.

마음에는 발원지가 있다.

모든 법의 발원지가 헌법이고 한강의 발원지가 검룡소이듯, 사람의 말과 행동을 일으키는, 마음에도 발원지가 있다. 보통은 한 문장으로 표현된다. 좌우명이 될 수도 있고, 마음에 와닿은 문장일 수도 있다. 없다고 말하는 사람도 가만히 생각해 보면, 드러내지 않아서 그렇지 분명 있다. 예전에 어떤 사람은 마음에 품고 사는 한 문장을 이렇게 표현했다. "까불지 말자!" 모두가 웃었지만, 가만히 생각해 보면, 매우 의미 있는 표현이다. 겸손한 마음을 갖자는 의미와 자만하지 말자는 의미가 함축적으로 담긴, 강력한 한마디였다.

내 마음에도 발원지가 되는 문장이 있다.

"부당함에 침묵하지 않을 용기를 청하며, 악을 선으로 바꾸시는 기적을 믿습니다."이다. 카톡 프로필에 적어놓은 문장이다. 부당함에 침묵하면, 그래도 되는 것으로 생각한다. 그래도 되는 사람으로 생각하고 그래도 되는 공동체로 생각한다. 하지만 그러면 안 된다는 것을 알려줄 필요가 있다는 것을 알았다. 상대방이 악의로 그랬든 모르고 그랬든, 알려줘야 인지하고 조심하게 된다. 그 용기를 청한다.

악한 사람을 내가 바꿀 수 없으니, 그 악이 선으로 변화될 수 있도록 기도한다.

사람은 바뀌지 않는다고 하지만, 내 생각은 좀 다르다. 사람이 사람을 바꿀 수 없지, 스스로가 변화되지 못하는 것은 아니다. 만약 그렇다면, 새로운 모습으로 변화되기 위해 열심히 노력하는 사람들의 수고는 무엇이란 말인가? 내가 할 수 없다고 안 되는 건 아니다. 내가 할 수 없는 건 내 영역이 아니니, 간절히 바라는 것이 최선이 될 수 있다. 간절한 마음이 하늘에 닿을 수 있기를 바란다.

발원지는, 내 말과 행동을 일으키는 시작으로, 마음을 움직이는 한 문장이다.

사방이 꽉 막힌 것 같아 답답해요.
돌파할 방법이 있을까요?

'벽이 있어야 문을 만들 수 있다.'

어디선가 본 문구인데, 읽자마자 감탄사가 절로 나왔다. 일상에서 지나칠 수 있는 흔한 모습을 통찰하는 힘이, 묵직하게 밀려왔다. 막혀있는 곳을 이동할 수 있게 만든 통로인 문. 이 문은 아이러니하게도, 막혀있기 때문에 만들 수 있다. 막혀있지 않으면 문을 만들 필요도 없겠지만, 만들 수도 없다. 원래 막혀있던 커다란 벽이라면, 문을 만들어 이동하는 통로를 만들 수 있다. 새로운 길로 연결하는 시작을 열 수 있다.

문을 열어야 길이 연결된다.

지금 있는 곳과 가야 할 곳이 연결된다. 지금 있는 곳에서 다른 곳으로 가기 위해서는, 닫혀있는 문을 열고 발을 내디뎌야 이동할 수 있다. 문은 내가 스스로 열 수도 있고 누군가의 도움으로 열릴 수도 있다. 문을 열고 다음으로 넘어가는 순간, 우리는 기대를 한다. 지금 딛고 있는 자리보다 더 나은 자리이길 바라는 기대를 하며 문을 연다. 하지만 모두 원하는 대로 되진 않는다. 때로는 문을 열었는데 낭떠러지가 바로 앞에 있기도 하다. 암담하지만 다음으로 이동하기 위해서는 어떻게든 통과해야 한다. 넘어가든 돌아가든 아니면 내려갔다 다시 올라오든.

인생은 문을 열고 이동하는 과정이다.

삶에서 몇 개의 문을 열고 이동해야 할지는 아무도 모른다. 사람에 따라 그리고 상황에 따라, 한곳에 오래 머무르기도 하고 빠르게 이동하기도 한다. 지금의 자리에 만족한다면 오래 머무르길 바랄 것이고 그렇지 않다면 빠르게 이동하기를 바랄 것이다. 어느 정도는 내 의지대로 할 수 있겠지만, 온전히 의지대로 하긴 어렵다. 혼자 사는 세상이 아니기 때문이다.

지금 서 있는 곳이 막막하게 느껴지는가?

빠르게 문을 열고 다음 곳으로 이동하고 싶은가? 하지만 문이 보이지 않는가? 아니면 멀리 있어 한참은 있어야 닿을 것 같은가? 문은 있기나 한 건지 의심스러운가? 불안한가? 이런 마음이 드는 이유는, 문만 찾기 때문이다. 나도 그랬다. 힘들고 어려운 순간은 빨리 벗어나고 싶다는 생각으로 가득해, 빠져나갈 문만을 찾기 위해 두리번거렸다. 하지만 이제 알았다. 문만 찾았기 때문에 볼 수 없었다는 사실을. 왜 문이 있는지 잊고 있었다.

벽이 있어야 문을 만들 수 있다.

지금 서 있는 곳이 막막하게 느껴진다면, 문을 찾거나 만들려고 하기 전에, 벽을 먼저 바라봐야 한다. 어떤 벽인지 알아야 어디에 문이 있을지 짐작할 수 있다. 문이 없으면 어떤 문을 만들어야 할지 가늠할 수 있다. 답을 찾는 가장 좋은 방법은, 문제를 잘 살펴보는 것이라 하지 않았나? **벽은 두려움의 대상이 아니라, 잘 살펴봐야 할 대상이다. 겁먹지 말고 벽을 잘 살펴볼 수 있는 용기와 지혜를 청해야 한다. 그래야 열린다.**

벽은, 더는 갈 수 없는 막막함이 아닌, 새로운 길을 열 기회이다.

보기만 해도 짜증이 나는 사람이 있어요.
피할 방법이 없을까요?

정말 미운 사람이 있는가?

누구나 이 질문을 받으면 떠오르는 사람이 한둘은 있다고 본다. 어쩌면 미운 사람과 사랑하는 사람이 동일 인물일 수도 있다. 냉탕과 온탕을 오가듯, 극과 극으로 치닫는 사람이다. 일명 웬수. 할머니들이 자주 사용하시는 표현이다. 미움과 사랑 중 한쪽을 택해야 한다면, 이렇게 말하는 분들 대부분은, 사랑이지 않나 싶다. 사랑하기 때문에 미움의 감정도 더 커지니 말이다. 안 했으면 하는 걸 굳이 그렇게 열심히 하니, 그럴 만도 하다. 물론 나도 예외는 아니다.

화를 내는 사람에게서 슬픔을 본 적이 있는가?

나는 있다. 그 기분이 참 묘했다. 막 화를 내는데 그 모습이 슬퍼 보였다. 전에는 싫고 짜증이 났지만, 어떤 순간에는 짜증이 아닌, 슬픔을 발견했다. 짜증을 느꼈을 때는 그 사람이 미웠다. 왜 그러는지 이해도 되지 않았고, 그러는 모습 자체가 싫었다. 하지만 슬픔을 발견한 순간, 마음이 짠해 왔다. 그렇게밖에 할 수 없는 이유를 발견했다고 할까? 왜 그럴 수밖에 없는지 그리고 왜 그러는지 조금은 이해가 되었다. 그렇다고 화내는 행동을 인정하는 건 아니다. 그럴 수도 있는 것과 그래도 되는 것은 다르기 때문이다.

어떻게 미움의 마음이, 이해의 마음으로 돌아섰을까?

겉만 보지 않았기 때문이다. 겉으로 보이는 행동만 보고 판단하지 않고, 그러는 이유를 생각해봤다. 왜 저럴까를 몇 번 생각해 보니, 그 사람이 어떤 마음일지 짐작할 수 있었다. 짐작되니 그럴 수도 있겠다는 생각이 들었고, 그 생각은 이해의 영역으로 들어왔다. 이해되는 순간, 그 어떤 말도 아프지 않았다. 전에는 가슴을 후벼팠던 말인데 아프지 않았다. 그 말은 내 마음의 어떤 부분도 상처를 내지 못했다.

미운 마음을 이해했더니, 내가 다치지 않았다.

나를 보호하기 위해 그런 건 아니었지만, 결과적으로 그렇게 되었다. 이해하려고 노력했을 뿐인데, 내가 보호를 받게 되었다. 타인을 위해서가 아니라 자신을 위해서 용서해야 한다는 말을 실감했다. '아! 이래서 그렇구나?' 그냥 하는 말이 아니었다. 그냥 그래야 할 것 같으니, 미워하지 말고 원수를 사랑하라는 말이 있는 게 아니었다.

미워하는 사람을 일부러 용서하기 위해 애쓸 필요는 없다.

그 사람을 이해해 보려는 노력, 그 사람의 겉이 아닌 속을 살펴보는 시도만 해보는 거다. 그래도 이해가 안 되면, 그건 어쩔 수 없는 노릇이다. 내가 할 수 있는 영역을 이미 벗어났다고 볼 수 있다. 하지만 더러는 이해가 되는 사람도 있다. 사람이 아니더라도 그 상황이 이해될 수도 있다. **이해하는 건 타인을 위해서가 아니다. 나를 위해서다. 내 마음을 보호하는 방법이다.**

이해는, 내 마음을 보호하기 위해 타인의 겉이 아닌 속을 헤아리려는 노력이다.

조절을 잘못하는 성격인데 마음을 먹어도 잘 안돼요.
방법이 있을까요?

　나는 참 잘 챙겨온다.

　치킨이나 먹태 등 하나씩 집어먹을 수 있는 음식이면, 포장해서 가지고
온다. 지인들은 이런 나를 잘 알아서, 내가 말하지 않아도 알아서 챙겨준
다. 고급스러운 포장 상자를 보면, 무언가 담으면 좋겠다는 생각에 들고
온다. 쇼핑백이나 그 밖에 나에게 영감(?)을 주는 물건은 죄다 들고 집으
로 가져온다. 어딘가에 처박혀 있던 물건을 우연히 발견하면, 그걸 가지
고 왔던 추억을 떠올리기도 한다. 아마 집구석 어딘가에, 가져왔는지도
모르는, 정체불명에 물건이 먼지를 맞으며 그렇게 있을지도 모른다.

　나는 잘 버리지 못한다.

　혹시 어디에 쓰일 것 같은 느낌이 강하게 들기 때문이다. 택배 상자 중
에 크기가 아담한 상자를 보면, 그냥 버리지 못한다. 막상 필요할 때 구하
기 어려운 크기라 그런다. 그만한 상자가 없어서 한참을 찾았던 기억이
떠오르면, 상자에 붙은 테이프를 잘 때서 한쪽에 고이 보관해둔다. 책을
주문하면 포장돼 오는 포장지도 그렇다. 대체로 주황색 겉면에 쿠션감이
있는 포장지도, 어딘가에 쓰일 거라는 확신을 일으킨다. 여지없이 한쪽
구석에 차곡차곡 쌓아둔다. 예상처럼 시의적절하게 사용된 때도 있지만,
생각보다 많지 않다. 사용하는 횟수보다 쌓이는 개수가 더 많다.

한번은 그동안 쌓아두었던 쇼핑백과 비닐봉지를 세 뭉텅이나 버렸다.

너무 쌓아두었더니 차지하는 부피가 너무 넓어졌기 때문이다. 이동하는 통로를 가릴 만큼. 그래서 과감하게(?) 버렸다. 이런 크기는 없다는 생각이 들게 한 쇼핑백은, 잘 사용할 것 같았지만, 한 번도 쓰지 않았다. 그렇게 쌓아만 두었다가 버려지는 쇼핑백이 꽤 됐다. 쇼핑백을 버리면서 이런 생각이 들었다. '그동안 쌓아두었던 건 쇼핑백이 아니라, 욕심이지 않을까?' 쇼핑백 말고도 버려야 할 것들이 하나둘 떠올랐다.

어딘가에 필요할 것이라는 생각이, 욕심이라고 생각하지 않았다.

절약 아니면 활용이라 생각했다. 그렇게 나 자신을 기특(?)해하며 하나둘씩 가져왔고 쌓아왔다. 하지만 그 양이 과하면 욕심이 될 수도 있다는 생각이 들었다. 필요 이상으로 취하면 말이다. 과식도 그렇다. 필요한 만큼 정당히 먹으면 배도 부르고 기분도 좋다. 하지만 더 먹고 싶은 마음에 하나둘 더 먹게 되면, 심한 포만감에 속이 부대끼고 힘들어진다. 기분도 별로다. 이렇게 말하는 나에게 "왜요?"라며, 두 눈을 초롱초롱하게 뜨고, 이해가 안 간다는 표정을 짓는 우리 아이들도 있지만 말이다.

과유불급(過猶不及)

잘 알고 많이 들었던 말이지만, 정말 지키기 어려운 말이다. 모자라거나 넘치는 것 말고, 적당한 정도가 가장 지키기 어려운 상태라 생각된다. 적정선에서 한둘만 넘어가도 '과(過)'가 되기 때문이다. 포만감을 느끼기 전에 숟가락을 놓으면, 얼마 지나지 않아 포만감을 느끼게 된다. 음식이 들어간다고 바로 포만감을 느끼는 건 아니기 때문이다. 먹는 도중에 포만감을 느끼면 이미 과한 상태가 된다. 경험상 그렇다.

적당한 상태는 조금 모자란 상태로 인식해야 한다.

아직 배가 부르진 않지만, 어느 정도 찼다는 생각이 들면 숟가락을 내려놓아야 한다. 그러면 적당한 상태를 유지할 수 있다. 그게 잘 안돼서 문제긴 하지만 말이다. 중용을 연습해야 한다. 먹는 것부터 시작해서, 적당한 상태까지 취하는 연습을 해야 한다.

감정도 연습해야 하듯, 중용도 연습해야 익힐 수 있다.

조금 모자란 듯한 상태에서 멈추는 것이, 처음에는 허전한 느낌이 든다. 하지만 금방 그 상태가 중용의 상태였다는 것을 느끼게 된다. 이런 경험이 쌓이면 어렵지 않게 멈추게 된다. 멈췄을 때 밀려오는 만족감과 행복감을 알기 때문이다.

중용(中庸)은, 조금 모자란다는 마음이 들 때 멈춰야, 닿을 수 있는 상태이다.

평소에 하던 대로 했는데, 상대방이 기분 나빠해요. 누가 문제인가요?

군대에서 대대 유격 조교를 했었다.

큰 부대가 아니다 보니, 1인 2~3역은 기본적으로 해야 했다. 유격훈련은 매년 받아야 하는데, 붙박이로 편성된 조교 숫자가 부족했다. 그래서 각 중대에서 1명씩 차출해서 조교 훈련을 시켰다. 훈련에서 통과하면 조교의 자격이 부여됐고, 대대가 유격훈련을 할 때 조교로 역할을 했다. 우리 중대에서는 내가 지원을 했고, 2주간 훈련을 받았다. 따뜻한 봄날도 아니고 시원한 가을도 아닌, 찬 바람이 매섭게 불던 한겨울에 받았다. 훈련 마지막 날, 마지막 훈련인 레펠 훈련을 마치고 모두가 모여 군가를 부르는데, 눈발이 흩날렸다. 아직도 그 장면이 기억에 선명하다. 추워서가 아니라 감격스러운 마음에 소름이 돋았다.

유격훈련은 산악지역에서 진행된다.

줄을 잡고 절벽을 오르기도 하고 뛰어내리기도 한다. 사람이 가장 공포를 느낀다는 11m 높이에서 줄 하나에 의지해서 수직으로 낙하하기도 한다. 외줄 타기는, 줄 하나에 몸을 기대서 반대편으로 건너가야 하는 훈련으로 가장 힘들다고 말한다. 심지어 내가 훈련받은 곳은 81m 거리로, 동양 최대 외줄 타기 훈련장이라는 말을 들었다. 이렇듯 대부분이 줄을 많이 이용한다. 그래서 다양한 매듭법도 배웠다. 지금은 거의 기억나는 게 없지만, 아직 정확하게 기억나는 매듭법이 있다. 8자 매듭이다.

8자 매듭은 이름 그대로, 매듭 모양이 8자로 보인다.

매듭을 만드는 방법도 매우 간단하다. 두 줄을 교차해서 한 번 묶은 다음, 다시 반대로 묶으면 된다. 그렇게 묶은 끈은 아무리 당겨도 풀어지지 않는다. 아마 줄이 끊어지지 않는 이상 풀릴 일은 거의 없을 거라 생각된다. 그래서 줄을 연결할 때, 항상 이 8자 매듭으로 한다. 캠핑하는 사람들도 8자 매듭을 가장 유용하게 사용하지 않을까 싶다.

8자 매듭의 특징은 두 가지다.

가장 단단하게 엮을 수 있다. 그리고 쉽게 풀 수 있다. 어쩌면 상반된 특징이라 할 수 있는데, 그 두 가지를 모두 가지고 있다. 그래서 효과와 효율을 모두 겸비했다고 볼 수 있다. 빠르고 단단하게 엮어서 역할 수행을 하고, 빠르게 풀어 다음 역할로 넘어갈 수 있다. 세상에 있는 많은 기기나 물건도 보면, 상반된 두 가지 특징을 함께 가지고 있는 제품들이 인기가 많다. 튼튼하면 무겁다는 단점이 있고 가벼우면 약하다는 단점이 있기 마련인데, 튼튼하면서 가벼운 제품은 단연 최고로 인정한다.

8자 매듭 같은 관계를, 사람 사이에서도 발견할 수 있다.

어렵지 않게 관계를 만들 수 있다. 그 관계는 절대 빠지지 않을 만큼 단단한 매듭으로 발전한다. 도저히 떼려야 뗄 수 없는 관계라는 것을 주변 사람들도 인정한다. 하지만 언제 그랬냐는듯, 한순간에 관계가 풀려 버린다. 그 이유야 각양각색이겠지만, 결국 마음의 방향이 틀어졌기 때문이다. 상대에게 기대하는 마음과 내가 바라는 마음의 방향이 어긋난 거다. 기대하는 마음과 바라는 마음이 너무 커버린 것도 문제의 원인이 될 수 있다.

이 모든 문제의 시작은 대화의 부재에서 온다.

가까운 사이니 다 알고 있다고 생각한다. 상대방의 마음을 그 사람보다 자기가 더 잘 안다고 말하는 황당한 사람도 있다. 자기 생각이 맞는다고 단정 지으니, 더는 상대방의 말을 듣기 위해 노력하지 않는다. 그러면 상대도 더는 자기 생각을 말하지 않는다. 마음의 문을 닫는다. 들으려 하지 않으니 굳이 말할 필요를 느끼지 못한다. 깊은 대화가 이루어지지 않게 되고, 서로를 신뢰하는 마음의 깊이도 점점 얕아지게 된다. 그러다 결정적인 하나의 계기로 한순간에, 단단하게 보였던 매듭이 풀린다.

사람의 관계는 매우 단단했다가도 한 번에 풀릴 수 있다.

그 원인을 자신이 제공하지 않았는지 살펴볼 필요가 있다. 앞서 말한 깊은 대화로 연결되지 못하게 막고 있지는 않은지 생각해 봐야 한다. '칠 죄종'에서 모든 죄의 근원은 '교만'이라고 했다. **사람의 관계를 끊는 가장 기본적이고 결정적인 원인도 교만에서 비롯된다.** 교만한 마음으로 사람의 관계를 한순간에 끊어버리는 어리석은 행동은 하지 않아야 한다.

관계는, 단단하게 엮인 것 같아도, 교만한 마음으로 한순간에 끊어버리게 되는 것이다.

정당한 이유가 있으면
어느 정도 넘어갈 수 있는 거 아닌가요?

"김대건 신부님은 당위성으로 사신 분입니다."

가톨릭 찬양사도단 '이노주사'가 찬양 공연을 한 날이었다.

'서울시 교우협의회 신앙대회'에 초대를 받았는데, 근 2년 만이라 감격스럽기까지 했다. 내가 직접 무대에 오른 건 아니지만 말이다. 마스크를 쓴 채로 했지만, 아이들이 율동하는 모습 하나하나, 목소리 하나하나가 감동이었다. 공연을 마치고 대기실에서 아이들을 격려하고 잠시 있다가 밖으로 나왔다. 행사장에서는 신부님의 특강이 진행되고 있었다. 거의 끝나갈 무렵으로 보였는데, 이 말씀이 내 귀에 꽂혔다. "김대건 신부님은 당위성으로 사신 분입니다."

"당위성"이라는 단어가 오랫동안 내 머릿속과 마음을 맴돌았다.

마땅히 그래야 하는 것, 마땅히 그렇게 살아야 한다는 마음으로 짧은 생을 마감하신 김대건 신부님의 모습도 대단하다는 생각이었지만, 그보다 이 단어가 나에게 주는 의미가 무엇일지에 대해 더 무겁게 생각했다. 마땅히 그래야 하는 것을 그렇게 생각하고 행동해왔는지 돌아봤다. 마땅히 그래왔다고 자신하기 어려웠다. 당위성 뒤에 숨어있는, 한 단어 때문이었다.

"정당성"이다.

사리에 맞아 옳고 정의로운 성질이라는 의미를 가진 정당성. 이 단어가, 동전의 양면처럼 당위성 뒤에 딱 달라붙어 있었다. 왜 정당성이 당위성을 자신 있게 내세우는 데 걸림돌이 될까? 정당성도 사전적 의미처럼, 사리에 맞고 정의로운 의미가 있는데도 말이다. 정당성을 지극히 주관적으로 해석하고 적용했기 때문이다. 좋게 말해서 정당성이지, 자기합리화일 가능성이 크다는 말이다.

정당성의 잣대를 내밀었던 일을 떠올리면 그렇다.

당위성보다 정당성을 앞장세웠던 일을 떠올려보면, 마땅히 그래야 하지만, 내 상황에 비추어 재해석했다. 내가 그럴 수밖에 없는 정당성, 아니 자기합리화를 통해 미화했던 생각과 행동이 있었다. 약속은 당연히 지켜야 하는 당위성을 지니지만, 못 지킬 수밖에 없는 이유를 내밀어, 정당성이라는 포장지로 덮는다. 그렇게 그럴 수밖에 없는 이유라며, 자신에게 정당성을 부여한다. 나에게는 정당성이지만, 다른 누군가가 볼 때는 비겁한 변명밖에 되지 않는다.

당위성과 정당성을 양면을 보여준 드라마를 본 기억이 난다.

비슷한 소제의 영화나 드라마도 여럿 있다. 경찰이 자신의 아버지를 죽인 범인을 복수하는 과정이다. 당위성으로 접근한다면, 범인을 잡아서 법대로 처리해야 한다. 하지만 분노에 휩싸여 그 범인을 직접 죽이려 한다. 자신의 행동에 정당성을 부여한 것이다. 사실 누구나 이런 입장이라면 후자의 방법을 선택할 가능성이 크다. 하지만 드라마 대사에도 나오지만, 그렇게 하면 괴물밖에는 되지 않는다.

당위성을 지켜야 하는 것에 정당성을 부여하면 안 된다.

당위성을 지켜야 하는 것에 정당성을 부여하려는 생각 자체가 문제라는 말이다. 타협해서는 안 되는 일과 타협을 하려는 것과 같다. 뉴스에 나오는 사건 사고를 보면 알 수 있다. 타협해서는 안 되는 일과 타협하면 돌아오는 건 후회밖에 없다. 돌아올 수 없는 선을 넘기 전에, 아니라는 생각이 들면 되돌아와야 한다. **당위성을 지켜야 하는 것과 정당성을 부여해도 되는 것을 잘 구별하는 것. 이것이야말로 지금 시대에 필요한 지혜다.**

당위성은, 마땅히 그래야 하는 것으로, 절대 정당성을 부여해서는 안 되는 것이다.

꿈은 반대라는 말도 있고,
내 생각이 반영된 거라는 말도 있는데 뭐가 맞나요?

꿈에 대한 다양한 의견이 있다.

꿈은 평소에 머릿속에 가득 차 있는 생각이 드러나는 것이라는 말이 있다. 계획하고 있거나 고민하는 생각이 꿈에서까지 나타난다는 말이다. 일상에서 머릿속을 구석구석 헤매고 다닌 생각이, 거머리처럼 떨어지지 않고, 꿈에서까지 나타난다는 말이다. 나는 이 말에 신뢰가 간다. 의식적으로 생각하는 것이 무의식 속에서도 드러나는 것은, 어쩌면 너무도 당연한 일이 아닐까? 뭐 눈에는 뭐만 보인다는 말도 있듯이, 뇌세포들이 주의를 기울이는 생각으로 집중된다. 시냇물이 모여 강물이 되듯, 의식적 생각과 무의식적 생각이 모여, 커다란 한 편의 그림이 그려진다는 생각이 든다. 큰 그림이 머릿속에 딱하고 꽂히면, 이렇게 외친다. "유레카!"

나쁜 꿈을 꾸면, 반대라는 말이 있다.

두려움과 공포를 안겨주는 무서운 꿈이나 시험에서 떨어지는 등 자신이 원하지 않는 방향으로 흘러가는 꿈은, 현실과 반대라고 말한다. 일종의 역설이랄까? 아침에 정화조 차량을 보면 좋은 일이 있을 거라는 말이 생겨난 것과 비슷한 이유라고 볼 수 있다. 아침에 냄새나는 정화조 차량을 보면 기분이 좋겠는가? 그래서 누군가 역설적으로(나쁜 기분을 업 시키기 위해) 좋은 일이 있을 거라는, 긍정의 주문을 외운 것이 아닌가 추측해 본다. 실제로 좋은 일이 생길 때도 있고 말이다. 좋은 일이 있을 거라는 주문을 외웠으니 그럴 가능성이 크지 않을까? 이런 일이 몇 번 반복되면서, 자신도 모르게 '정말 그러네?'라며, 아침에 정화조와 좋은 일의 상관관계를 유의미하게 받아들인다. 이 말이 퍼지고 퍼지고 따라 해본 사람들이 많아지면서, 정설처럼 받아들이게 되었다는 것이, 근거 없는 내 생각이다.

어쨌든 꿈은, 일상과 전혀 연관이 없진 않다.

평소에 풀리지 않던 고민이 꿈에서 방법을 찾을 때도 있다. 한 번은 꿈에서 좋은 아이디어가 떠올랐다. 너무 좋은 아이디어라는 생각에 꿈인지 실제인지 모를 상태에서 흐뭇하게 미소를 지었던 기억까지 난다. 하지만…. 아이디어는 생각에서 완전히 사라진 상태였다. 너무 허무했다. 종일 무슨 아이디어였는지 떠올려보려고 애를 썼지만 아무런 소용이 없었다. 누군가에게 값비싼 선물을 받았는데, 어디에다 두었는지 잊어서 찾지 못하는 기분이었다. 그래서 그날 저녁부터, 침대 옆에 메모지와 연필을 두고 자게 되었다. 좋은 아이디어가 떠오르면 바로 적기 위해서다. 그래서 얻은 소득이 있을까? 있다. 아직 실행하진 않고 있지만, 계획된 순서에 따라 진행할 예정이다.

꿈을 어떻게 받아들이냐에 따라, 내 생각을 결정지을 수 있다.

행복하기로 했다는 말을 참 좋아하는데, 그렇게 할 수 있다. 퇴비를 길거리에 뿌리면 오물 투척이 되고, 논이나 밭에 뿌리면 거름이 되는 것과 같다. 내 생각을 어디에 뿌리느냐에 따라 결과는 이렇게 극과 극으로 갈리게 된다. 그래서 좋은 생각과 말을 하라고 하나 보다. **벌어진 일 혹은 상황은 바꿀 수 없다. 바꿀 수 있는 건 오직 자기 생각과 의지다.** 퇴비를 길거리에 뿌릴지 논이나 밭에 뿌릴지 내가 결정할 수 있다는 말이다. 그것만도 감사하지 않은가?

이해되지 않는 꿈이나 상황을 마주하면 당황스럽다.

어찌할 바를 몰라 혼란스러울 때도 있다. 매번 현명한 선택을 할 수는 없다. 결과는 누구도 알 수 없기 때문이다. 내가 선택한 길이 꽃길이 될 수도 있지만, 진흙탕 길이 될 수도 있다. 내가 선택하는 문이 열리기 전에는 알 수 없기 때문이다. 하지만 어떤 길을 선택하는지는 중요하지 않다. 꽃길을 선택하느냐 진흙탕 길을 선택하느냐가 중요한 것이 아니다. 중요한 건, 그 길을 어떻게 걷느냐이다. 꽃길이어도 인상 쓰면서 땅만 쳐다보고 가면, 꽃이 무슨 의미일까? 진흙탕을 하나의 놀이터로 생각하고 즐기면, 진흙은 나를 더럽히는 것이 아닌, 장난감이 된다. '머드 축제'도 있지 않은가?

나에게 일어나는 상황은, 이유가 있다.

그 이유를 받아들이고 해석하면서 풀어가는 게 인생이 아닐까 생각해 본다. 밥상에 차려진 모든 반찬이 다 내 입맛에 맞을 순 없다. 내 앞에 펼쳐진 모든 상황도 그렇다. 다 내 입맛에 맞지 않는다. 어쨌든 다 먹어야 한다면, 다른 반찬과 섞어서 먹는 방법이 있다. 비빔밥은 뭘 넣어도 다 맛있지 않은가? 또 다른 방법은 그 반찬이 차려진 이유를 생각해 보는 거다. 영양의 균형을 맞추기 위해 나왔을 수도 있고, 제철 음식일 수도 있다. 어떻게 바라보고 어떤 생각의 흐름으로 보내느냐에 따라 내 눈에 들어오는 모든 것을 달리 볼 수 있다. 그래서 나는 이 문장을 좋아한다.

"It's up to you!" "너에게 달렸어!"

꿈은, 내 생각과 의지에 따라 길몽(吉夢)이 될 수도 악몽(惡夢)이 될 수도 있다.

3장

자기계발

이런저런 일로 정신없는데, 친구가 자꾸 만나자고 해요. 어떻게 하죠?

우리는 '시간이 없어서….'라는 말을 자주 한다. 시간이 없어서 운동하지 못하고, 시간이 없어서 책을 읽지 못한다고 말한다. 시간이 없어서 친구를 만나지 못하고, 시간이 없어서 봉사하지 못한다고 말한다. 그 외에도 시간이 없다는 말로, 대신하려는 경우가 많다.

고속도로를 한창 달리고 있는데, 주유 등에 불이 들어온다. 도착지까지 가려면, 아직 많이 남았기 때문에 주유해야 한다. 하지만 주유하기 위해 시간을 소비하면, 도착해야 할 시간에 도착할 수 없다. 조금이라도 늦으면 안 되는 상황이다. 고민하고 있는데, 앞에 보이는 주유소가 마지막 주유소라는 것을 알게 된다. 이럴 때 어떻게 할까? 시간이 없으니 그냥 달려갈까? 늦더라도 주유를 하고 갈까?

늦더라도, 주유할 거다. 기름이 떨어지면 차가 멈출 것이란 것을 알기 때문이다. 차가 멈추게 되면, 더 많은 시간과 노력을 투입해야 한다. 주유는 해도 되고 하지 않아도 되는, 선택의 문제가 아니다.

시간이 없다고 둘러대면서 미뤘던 이유는, 선택의 문제라고 생각하기 때문이다. 내 의지만 있다면, 내가 원하는 때에 언제라도 할 수 있다고 생각하는 것이다. 하지만 전혀 그렇지 않다. 몸이 안 좋으면 운동이나 독서를 하고 싶어도, 할 수 없다. 친구를 만나야겠다고 마음을 먹어도, 친구의 상황이 되지 않으면, 만날 수 없다. 봉사도 마찬가지이다. 그 어떤 것도 내가 마음만 먹는다고 해서 될 수 있는 것은 없다. 그래서 할 수 있을 때 해야 한다.

몸이 괜찮을 때 운동을 하고, 책을 읽을 수 있을 때 읽어야 한다. 친구가 만나자고 하면, 부득이한 상황이 아니라면 만나야 한다. 누군가가 봉사를 하자고 제안을 하면, 도저히 안 되는 상황이 아니라면 해야 한다. 마음이 동요하진 않지만 그렇게 했을 때, 깨닫게 된다. 잘했다는 것을 깨닫게 된다.

시간이 언제나 그 자리에 머물러 있지 않듯, 사람도 그 자리에 머물러 있지 않다. 조금만 마음을 내어놓으면, 충분히 만들어 낼 수 있다. 그것을 선물로 내어놓는 것이다. 그렇게 만든 시간은 나에게, 그리고 타인에게 내어놓는 선물이 되는 것이다.

시간은, 마음이 만들어내는 선물이다.

무의식적으로 하는
습관적인 행동이 잘못인가요?

램프의 요정 지니가 나타나, 소원 한 가지를 들어준다면, 바로 말할 수 있는 것이 있을까?

아마 바로 말할 수 있는 사람은, 거의 없을 것이다. 원하는 것이 많아서일 수도 있지만, 간절한 한 가지가 없을 가능성이 크다. 어쩌면, 바로 답을 하지 못하는 사람은, 현재를 그럭저럭 살아내고 있다고 봐도 될 것이다. 부족함은 느끼지만, 심한 갈증에 필요한 마지막 한 모금의 물처럼, 간절하지 않을 수도 있다. 간절하다고는 말하지만, 극한 상황까지 치달은 것은 아니다. '없으면 말고'라는 생각으로 넘길 수 있는 것도 있다. 그럴 수 있는 삶을 살아가고 있다면, 이 또한 복이라고 생각된다.

앞을 보지 못하는 사람에게 물어본다면, 보게 해 달라고, 바로 답을 할 것이다.

내일 집이 철거된다면, 살 수 있는 집을 마련해달라고, 바로 답을 할 것이다. 시한부 판정을 받았다면, 단 며칠만이라도 더 살게 해 달라고, 바로 답을 할 것이다. 태어날 아기에게 이상이 있다는 말을 들었다면, 건강하게 해 달라고, 바로 답을 할 것이다. 이 사람들의 공통분모는, 다른 것은 떠오르지 않을 만큼, 간절한 무엇이 있다는 것이다. 돼도 그만 안 돼도 그만이 아닌, 반드시 이루어져야 하는 거다.

극단적인 상황이 아니더라도, 내가 간절히 원하는 것이 무엇인지 생각해 볼 필요가 있다.

막연하게 생각하는 것 이상으로, 구체적으로 생각해 볼 필요가 있는 것이다. 하고 싶은 것일 수도 있고, 가고 싶은 곳일 수도 있다. 반드시 이루어 내고 싶은 것일 수도 있다. 일상이 하루하루 낙엽 쌓이듯 쌓이다 보면, 바닥에 새겨둔 소망은 가려진다. 언제든 일상의 낙엽을 치워서 소망을 찾을 수 있다고 생각하지만, 낙엽의 층은 이미 치울 수 없을 만큼 두터워진다. 그렇게 점점 묻히고 잊혀서, 내 소망은 무엇이었는지, 기억해 내지 못할 수도 있다.

무의식적인 습관의 무서움을 말해주는 이야기가 있다.

자갈이 많은 바닷가에서 침울해하고 있는 청년에게, 어떤 노인이 다가와 말을 건넨다. "여기 널려있는 수많은 돌 중에 따뜻한 돌이 있다네. 그것을 찾으면 자네가 원하는 것을 이룰 수 있다네!" 청년은 그 말을 듣고, 밑져야 본전이라는 생각으로, 돌을 집어 바다에 던지기 시작했다. 팔을 들어 올리기도 힘겨울 정도가 되었지만, 청년은 포기하지 않았다. 그렇게 계속 바다에 돌을 던지던 그때, 청년은 자신의 손에서 떠나 바다 한가운데로 날아가는 돌을 멍하니 쳐다봤다. 돌을 던지는 순간 따뜻함이 느껴졌기 때문이다. 던지는 순간 아차 하는 마음이 들었지만, 청년은 하던 습관대로 돌을 던진 것이다.

짧은 이야기지만, 많은 것을 생각하게 한다.

따뜻한 돌을 얻으면 원하는 것을 얻을 수 있었지만, 습관적인 행동으로, 허무하게 던진다. 무의식적인 일상도 이와 같다. 매일 긴장감 속에서 살라는 의미가 아니다. 내가 바라는 것과 이루고 싶은 것이 무엇인지 찾고, 계속해서 살펴야 한다. 그래야 기회가 왔을 때, 습관적으로 던져버리는 실수를 하지 않는다.

악습은, 원하는 기회가 와도 던져버릴 수 있는 행동이다.

어떤 선택을 해도 아쉬움이 남는데,
이것도 병인가요?

잘 죽기 위해서는, 잘 살아야 한다는 말이 있다.

죽음을 맞이하는 순간, 아쉬움보다, 미련 없이 떠날 수 있는 마음이 필요하기 때문이다. 아쉬움이 전혀 없을 순 없지만, 그래도 미련 없이 떠난다는 것은, 삶을 충실히 살아낸 사람만이 가질 수 있는 마음이라 생각된다.

죽음을 맞이하는 분들이 공통으로 언급하는 이야기가 있다고 한다.

좋았던 기억도 있겠지만, 아쉬운 부분이 주를 이룬다. 호스피스 병동에서 간호하던 분이 쓰신 책에도, 비슷한 내용을 본 기억이 난다. 죽음의 그림자가 가까이 오고 있다는 것을 알았을 때, 스스로 잘했다고 생각하는 부분도 있겠지만, 체기처럼 마음을 불편하게 하는 것이 있다. 사람마다 살아온 삶이 달라서, 그 내용도 가지각색일 것으로 생각했는데 그렇지만은 않다.

세 가지 정도로 요약하면 이렇다.

첫 번째는, 자기 뜻대로 살아봤으면 하는 것이다.

누구나 자신의 자유의지에 따라 살아간다고 하지만, 가만히 생각해 보면, 그렇지 않다는 것을 곧 깨닫게 된다. 대부분 자신의 의지보다, 살아내기 위해, 누군가의 선택에 따르는 삶을 살아가는 경우가 많다. 모든 것을 그렇게 하진 못하겠지만, 아주 작은 것이라도, 자신의 자유의지로 선택하는 삶을 살아가는 노력을 해야 한다.

두 번째는, 주변에 불편한 감정이 있던 사람과 화해하는 것이다.

모든 사람과 좋은 마음을 나누며 살아가는 것은 불가능하다. 하지만 죽음을 맞이하기 전, 할 수 있다면, 불편한 마음을 털어내면 좋을 것 같다. 그것이 상대방의 마음을 편하게 해 줄 수도 있기 때문이다. 남아있는 사람이, 떠나보낸 사람에게, 미안한 마음을 안고 살아가지 않도록 배려해 주는 것으로 생각된다.

세 번째는, 더 많이 나누지 못한 것이다.

살아가는 동안, 부족하면 안 될 것 같고, 더 필요할 것 같아서 어떻게든 움켜쥐게 된다. 하지만 떠나는 순간에는 그것이 부질없다는 것을 깨닫게 되는 것 같다. 이 말은 참 많이 들었던 이야기지만, 행동으로 옮기기가 쉽지 않다. 이 말을 들었다고 해서 갑자기 나누는 삶을 살 수는 없겠지만, 나눔의 마음을 다시 한번 생각하는 계기가 된다.

'올 때는 순서가 있어도, 갈 때는 순서가 없다.'라는 말이 있다.

태어나는 것은 출생연도로 순서를 구분하지만, 죽음은 태어난 순서대로 되지 않는다. 성묘하러 가면, 주변의 묘비를 둘러볼 때가 있다. 가끔은 출생연도와 사망 연도를 보고 놀라게 된다. 너무 어린 나이에 죽은 사람이 많아서 그렇다. 심지어 엄마 아빠를 불러보지도 못하고 죽은 아이도 있었다. 그럴 때마다 죽음에 대해 생각하게 된다.

'만약, 내일 내가 죽는다면 아쉬울까?'

가끔, 이 질문을 나 자신에게 넌지시 건넨다. 그때마다 드는 생각은, 아쉬울 게 별로 없다는 것이다. 가족의 생계에 대한 걱정을 빼고는 없다. 가진 것이 없어서 그럴 수도 있지만, 끊임없이 내려놓는 연습을 했기 때문이라 생각된다. 집착하지 않기 위해 노력하고, 아쉬움을 남기지 않기 위해 끊임없이 생각한다. 이런 모습이, 언제라도 떠날 수 있는 준비라는 생각이 든다. 벌써 죽음을 생각한다는 것이 이상할 수도 있지만, 언제 초대받을지 모르기 때문에 염두에 둘 필요는 있다.

자신이 잘 살아내고 있는지 궁금하다면, 죽음에 관한 질문을 할 필요가 있다.

언제라도 떠날 수 있는 마음의 준비가 되어있다면, 잘 살아내고 있다는 방증이다. 현재의 삶에 최선을 다하고 있기 때문이다. 모든 것을 미뤄두지 않고 아쉬움 없이 하고 있다는 것은, 사실 불가능하다. 사람은 가지 않은 길에 대해 동경을 하기 때문이다.

가족과 함께 있는 시간에 친구에게 만나자는 전화가 온다.

가족을 두고 가기도 그렇고 친구의 만남을 거절하기도 그렇다. 어떤 선택을 하든, 누군가는 서운해하고, 당사자도 아쉬움이 남게 된다. 가족과 있으면서 친구를 생각하게 되고, 친구와 있으면서 가족의 걱정을 하게 된다. 어떤 것이 정답이라고 말하기는 어렵다.

가장 현명한 것은, 선택하지 않은 길을, 뒤돌아보지 않는 거다.

뒤돌아볼수록 아쉬움만 커질 뿐, 아무런 도움이 되지 않는다. 선택하고 걸어가는 길을 점검하는 것은 필요하지만, 막연한 아쉬움은 불필요하다.

최악의 선택은, 잘못된 선택이 아니다. 자신이 선택한 것을 믿지 않는 거다. 자꾸 뒤돌아보는 거다. 최악의 선택은 선택할 때가 아니라, 선택한 다음 벌어지는 일이다. 그러니 최악의 선택이 되지 않도록 내가 한 선택에 집중할 필요가 있다.

죽음은, 잘 살아낼 때 값지게 되는 것이다.

주변에서 소신껏 행동하라고 하는데, 도대체 소신이 뭔가요?

가족들과 함께 집에서 '극비수사'라는 영화를 봤다.

한국 영화를 워낙 좋아해서, 제목을 들어봄 직한 영화는, 거의 다 봤다고 생각한다. 봤던 영화도 다시 보는 재미가 있어서 종종 다시 보기도 한다. '신세계'는 10번도 넘게 본 것 같다.

'극비수사'는 2015년도에 나온 영화고, 주연 배우도 익숙해서 당연히 봤다고 생각했다.

실화를 바탕으로 한 유괴 사건을 다뤘다는 것과 두 주연 배우가 어떤 역할로 나오는지 알고 있었기 때문이다. 하지만 영화를 볼수록 기억이 떠오르지 않았다. 봤던 영화는, 전체는 아니더라도, 주요한 장면은 기억이 떠오르는데 전혀 알 수 없었다. 중간 정도 지나면서, 봤던 영화가 아니라는 걸 알았다. 예고편을 여러 번 봤고 개봉 당시 광고를 많이 봐서, 봤던 영화로 착각을 했다. '내가 꼭 해야지!'라고 생각하고 있으면, 하지 않아도 했다는 착각을 하는 것처럼.

영화의 줄거리는 이렇다.

부산에서 한 아이가 납치된다. 부모의 요청으로 지목받은 '공형사'가 사건을 맡게 되고, 아이의 안전을 위해 극비로 수사가 진행된다. 가족들은 아이의 생존 여부를 확인하고 싶어, 유명하다는 점집을 찾아다닌다.

모두가 죽었다고 말하는 절망적인 상황 속에서, '김도사'를 만나게 된다. 김도사는 아이가 반드시 살아있다고 이야기한다. 그렇게 '공형사'와 '김도사'는 합동으로 수사를 한다. '공형사'는 '김도사'가 하는 예측을 믿지 않았지만, 그가 말한 대로 상황이 벌어지자, 점차 신뢰하게 되고 함께 힘을 합치게 된다. 아이를 서울로 데리고 갔다는 범인의 전화를 받고, 서울로 올라오는데, 부산의 수사팀도 함께 올라온다.

'공형사'는 아이를 찾는다는 목적이지만, 수사팀은 범인을 잡는 성과와 보상이 목적이었다.

'김도사'는 서울로 오면서, 잘 나가는, 자신의 스승에게 전화한다. 아이가 살아있다는 확신을 얻고 싶었기 때문이다. 스승은 단번에 아이는 이미 죽었으니, 포기하라고 잘라 말한다. 하지만 '김도사'는 자신의 '소신'을 믿기로 한다. 공을 가로채려는 수사팀의 방해가 있었지만, 마음과 몸을 던진 끝에, 범인과 아이를 찾는다. 두 사람이 만들어낸 성과였다. 하지만 경찰에서는 '공형사'가 아닌, 다른 수사팀 모두가 승진하게 된다. 아이가 살아있다는 것을, '김도사'의 스승이 예측했다며, 공이 스승에게 돌아가고 더 주목을 받게 된다.

쓸쓸한 마음이 들었지만, 소신 있는 행동으로, 좋은 결과를 냈다는 것으로 위안을 삼는다.

하지만 손바닥으로 해를 가릴 수 없듯, 이들의 노력을 숨길 수는 없었다. '공형사'가 승진에서 왜 빠졌냐며 탄원이 접수됐고, 아이의 이모는 손님들을 데리고 '김도사'에게 몰려간다. 곁에서 함께 한 사람들은, 이들의 마음과 공로를 알고 있었다.

노력한 만큼 공로를 인정받지 못하고 있다는 생각이 들면, 마음이 흔들리게 된다.

열심히 할 필요를 느끼지 못한다. 평소에 좋지 않게 바라봤던, 열심히 하지 않는 사람들과 같은 모습이 되고 싶어 진다. 여기서 흔들리는 자신의 마음을 잡아 줄 수 있는 것이 '소신(所信)'이다.

소신이 있는 사람은 흔들리기는 하지만, 다시 제자리로 돌아온다.

자신의 마음이 있어야 할 곳을 알기 때문이다. 절대 흔들리지 않을 수는 없다. 사람이니까.

소신을 찾는 방법은, "내가 왜 이것을 하고 있는가?"라고 자신에 물어보는 것이다.

학생은 '내가 왜 공부를 하는가?', '내가 공부하는 이유는 무엇인가?'라고 묻는다.

직장인은 '내가 왜 이 일을 하고 있는가?', '내가 왜 이 직장에 다니는가?'라고 묻는다.

그밖에 다른 역할을 하는 사람이라면, 자신이 왜 그것을 하고 왜 그곳에 있는지 묻는다.

답을 깊이 생각해 보고 찾는다. 그리고 계속해서 되묻는다. 맞냐고!

소신을 찾고 간직하기 위해서는, 매일 자신을 돌아보는 시간을 가져야 한다.

내가 가고 있는 길과 가야 할 길을 살피는 시간을 가져야 한다. 나는 매일 새벽에 하는 기도 시간이 소신을 찾고 잡아주는 시간이 된다. 그래서 잘살고 있다고 자신할 순 없지만, 그나마 크게 어긋나지 않는 삶을 살고 있다고 말할 수 있다.

소신은, 나의 작은 믿음이 확실한 믿음이 되는 발판이다.

결심하면 실천해야 하는데, 잘 안돼요.
의지가 문제인가요?

무언가를 하고자 마음먹을 때, 가장 좋을 때는, "지금"이라는 말이 있다. 무엇을 하더라도, '내일'이나 '나중에', '이따'가 아니라 '지금'이라는 말이다. 운동을 해야 할 때, 책을 읽어야 할 때, 가족과 함께 있어야 할 때, 사랑하는 사람을 만나야 할 때, 잘못했던 사람에게 용서를 구해야 할 때 등등 머리에 떠오르는 생각이나 계획한 것들을 해야 할 가장 좋을 때는, 지금이다.

'지금'은, 물리적인 시간의 의미도 있지만, '오래 지나지 않은 시간'을 의미한다.

지금 당장 해야 할 것도 있지만, 너무 오랜 시간 미루거나 멈추지 말라는 것이다. 미루고 미루다 보면, 하고 싶을 때가 아니라, 해야 할 때가 된다. 나의 의지가 아닌, 타의에 의해 할 수밖에 없는, 어쩔 수 없는 지경에 이른다. 내 발로 걸어가는 것이 아니라 끌려가게 된다. 좋아하는 음식도 내키지 않을 때, 타의에 의해 어쩔 수 없이 먹어야 한다면, 고문이 된다.

미루지 말아야 하는 이유와 그와 동반되는 꾸준함에 대해 잘 알려주는 표현이 있다.

'걸어야 할 때 걷지 않으면, 뛰고 싶지 않을 때 뛰어야 한다.' 걸어야 하는데 걷기 싫다고 주저앉아있으면, 뛸 수밖에 없는 상황이 생긴다. 지금 조금씩 해나가는 노력을 하면, 갑자기 뛰어야 할 상황을 막을 수 있다.

어릴 적, 방학 숙제 중에, 일기가 가장 대표적인 예라 할 수 있다.

매일 저녁 그날의 일기를 썼다면 문제가 없지만, 개학 하루 전날, 그것도 저녁에 밀린 일기를 쓰기 시작할 때가 있었다. 조급한 마음을 따라가지 못하는 손 때문에 글씨는 개발 새 발이 되고, 무슨 내용인지도 모르는 일기가 된다. 다음 방학에는 매일 쓰기로 다짐하지만, 방학이 되고 하루 이틀 미룬 일기는, 다시 방학 마지막 날에 후회와 함께, 책상에 머리를 박고 써야만 했다. 매일 썼다면, 방학 마지막 날 저녁도 지금까지 보내온 방학 저녁과 다르지 않았을 거다. 하지만 그렇지 않았기 때문에, 그 어느 때보다 혹독한 마지막 방학 저녁이 된다.

새로운 것을 하려고 마음먹었을 때, 바로 시작하지 못하는 이유는 뭘까? 너무 거창하게 생각하기 때문이다. 시작하기 전부터 거창한 생각들로, 차마 행동으로 연결되지 못하게 만든다. 가장 대표적인 것이, 운동이다. 운동을 미루는 사람들이 공통으로 하는 말은, '시간이 없어서…'이다. 운동은 시간이 남아서 하는 것이 아니라, 시간을 내서 해야 한다. 시간을 내야 하고 운동시설에 가야 하고 그곳에서 옷을 갈아입고 운동을 하고 다시 씻고 옷을 갈아입어야 하고…. 번거롭고 시간이 오래 걸린다는 생각이 든다. 하지만 일상에서 할 수 있는 것도 많다. 엘리베이터 대신 계단을 이용하는 것, 점심을 먹고 잠시 걷는 것, 샤워하기 전에 5분 정도 스트레칭을 하는 것 등 마음만 먹으면, 잠깐 할 수 있는 것이 많다.

마음 챙김도 그렇게 할 수 있다.

흐트러지고 복잡한 마음을 추스르고 싶을 때, 어딘가로 떠나거나 어떤 프로그램을 해야만 하는 것은 아니다. 아침에 일어나, 5분 정도 고요하게 눈을 감고 있는 것으로 시작할 수 있다.

주변 산에 오르거나 산책을 하는 것도 하나의 방법이 될 수 있다. 지금 매일 조금씩 마음을 챙긴다면, 언제 어느 때 닥칠지 모르는, 외부의 흔들림에 조금은 의연하게 버틸 수 있다.

지금은, 어쩔 수 없는 시간과 마주하지 않기 위한 시간이다.

뭘 해도 마음이 기쁘지가 않아요.
우울증 초기 증상인가요?

한 사람을 알기 위해서는, 주변에 있는 사람을 보라는 말이 있다.

주변에 있다는 것은, 자주 찾고 만나는 사람을 의미한다. 자주 찾고 만나는 이유는 여러 가지가 있겠지만, 필요에 의한 이유가 가장 크다. 최근에 전화했던 사람이나 메시지를 주고받았던 사람을 보면, 친구나 가족보다 비즈니스나 현재 관심 있는 것과 관련된 사람이 많다. 안부를 묻기 위해 연락하기보다, 필요한 것을 얻기 위한 이유가 많다.

필요로 하는 것을 얻기 위해, 모임에 참여하기도 한다.

오프라인 모임도 있지만, 다양한 온라인 모임도 많이 생겨났다. 다양한 플랫폼 중에서 자신의 욕구에 맞는 것을 선택하고 참여한다. 단체 메신저를 이용해서 더 쉽게 참여하기도 한다. 예전에는 오프라인 모임을 하다가 더 자주 소통하고 싶은 마음에 온라인 모임이 생겨났다. 하지만 언제부턴가는 온라인 모임을 하다가, 오프라인 모임으로 연결될 때가 더 많아지고 있다. 아무리 비대면 시대라고는 하지만, 직접 만나서 나누는 교감은 어떤 방법으로도 따라올 수 없기 때문이다.

필요하다고 생각해서 모임에 참여했는데, 충족이 되지 않을 때가 있다.

그 이유를 크게, 외적 요인과 내적 요인으로 나눌 수 있다. 외적 요인은 모임의 취지와 다른 방향으로 흘러가고 있을 때다. 독서 모임에 들어왔는데, 책에 관한 이야기보다 개인적인 대화가 주된 내용이라면 충족될 수 없다. 이런 경우에는 그 모임에서 나오면, 간단하게 해결된다. 중요한 것은 내적 요인이다.

내적 요인은 자신의 필요를 정확하게 알지 못할 때다.

자신의 필요를 정확하게 알지 못한다는 말이 이해가 안 될 수 있다. 내가 나를 제일 잘 안다고 생각하기 때문이다. 하지만 의외로 잘 모르거나, 알려고 하지 않는 사람이 있다. 식사 메뉴를 고르거나 무언가를 선택할 때 이런 말을 습관적으로 하는 사람이다. "아무거나."

지금은 있는지 모르겠지만, 대학로에 있는 호프집 메뉴 중에, '아무거나'라는 메뉴가 있었다. 다양한 종류의 음식이 있었고, 가격 대비 매우 푸짐했다. 딱히 당기는 메뉴가 없거나 다양한 메뉴를 먹고 싶을 때 이 메뉴를 시켰다. 공부하기도 머리 아픈데, 메뉴까지 고민해야 하는 학생을 위한, 호프집 사장님의 배려라 생각된다.

메뉴는 아무거나 선택해도 문제가 없다.

하지만 자신의 필요를 생각하지 않거나 아무렇지 않게 내버려 두는 것은 문제가 될 수 있다. 원인을 알지 못하는, 갈증에 시달리게 되는 것이다. 갈증을 느껴 물을 마시는데 갈증이 해결되지 않는다. 의아한 생각이 들지만, 이유를 찾으려 하지 않고, 계속 물만 마신다. 갈증이 해결되지 않는 이유는, 자신이 갈증으로 느끼는 몸의 상태가, 물이 부족해서가 아니기 때문이다. 내 몸이 필요로 하는 것은, 물이 아닌데, 그냥 물일 것으로 추측하고 넣는 것이다.

좋은 답은, 좋은 질문에서 시작된다.

좋은 질문은 한 번에 그치는 것이 아니라, 땅을 파 내려가듯, 몇 번을 더 들어가야 한다.

처음에 했던 질문에 답을 하고 선택하는 것이 아니라, 몇 번을 더 질문 해야 한다. 몇 차례에 걸친 질문에 대한 답이, 처음에 했던 답과 다르게 나오기 때문이다.

요즘은 조금 나아졌지만, 어디를 마음껏 다니지 못할 때가 있었다.

그러면 갑갑한 마음이 밀려온다. 그래서 이렇게 질문할 수 있다. '아, 갑 갑하다. 어디 갔다 올까?' 이에 대한 답은 가고 싶은 장소가 된다. 하지만 근본적인 이유에 대해 몇 번 더 질문해본다. '왜 갑갑한 마음이 들까?' 생 각해 보면, 실내에 있는 시간이 많고, 하고 싶은 것을 억누르고 있기 때문 이라는 것을 알게 된다. 그러면 이렇게 질문하게 된다. '야외에서, 억눌리 지 않고 할 수 있는 것은 무엇이 있을까?' 멀리 떠나는 것이 아니라, 주변 에서 마음먹으면 할 수 있는 것을 찾게 된다.

등산을 좋아한다면, 집 근처에 작은 산에 오른다.

운전을 좋아하면 창문을 열고 드라이브를 한다. 그냥 걷는 게 좋으면 멀지 않은 공원에 가서 걷는다. 그러면 갑갑한 마음이 조금은 풀어진다. 갑갑함을 느낄 때, 필요한 것은 갑갑한 마음을 덜어내는 것이다. 그 마음 을 덜어내기 위해서 꼭 멀리 여행을 가야 하는 것은 아니다. 하지만 여행 에 꽂히면, 여행이 전부라고 한정 짓게 된다. 가지 못하는 여행 때문에, 갑갑한 마음은 점점 더 무거워져만 간다. 내가 필요로 하는 것을 위해, 나 에게 몇 번이고 질문해야 한다. 어떤 가요의 가사처럼 말이다. **"네가 진**

짜로 원하는 게 뭐야?"

느낌표는, 질문으로 끝까지 파고 내려가야 얻을 수 있는 표다.

지금 회사 잘 다니고 있는데, 뭘 또 준비해야 하나요?

초대한 손님을 맞이하는 것과 예상하지 못한 손님을 맞이하는 것에는 큰 차이가 있다.

준비하고 맞이하는 것과 그러지 못한 것은 마음 상태부터가 다르다. 준비하고 기다릴 때는 마음 준비가 돼 있으니, 돌발 상황이 생기지 않는 이상 당황할 일은 없다. 하지만 예상하지 못한 손님은 마주한 그 자체가 돌발 상황이다. 마음 준비는 물론 맞이할 아무런 준비가 돼 있지 않았기 때문이다. 음식을 대접할 준비가 돼 있지 않고, 맞이할 수 있도록 집안을 정리해 놓지 않았다. 주부의 처지에서 살던 그대로의 민낯을 보여주는 것은, 자신의 치부를 드러내는 것이라고 말할 정도로 매우 불편하게 느낀다.

예상하지 못한 상황을 마주하는 것은, 누구에게나 불편하다.

좋은 일이라면 깜짝 파티에 초대받은 느낌이겠지만, 그렇지 않은 상황은 매우 혼란스럽게 만든다. 그래서 업무를 하거나 다른 일을 할 때, 예상치 못한 상황이 발생하지 않도록 지식과 경험을 바탕으로 준비를 해야 한다. 경력자는 같은 업무를 능숙하게 하는 사람이 아니라, 지금까지의 경험을 바탕으로 벌어질 문제 상황을 예측하고 사전에 차단하거나 준비할 수 있는 사람이다. 어느 정도 예상하고 준비할 수 있다는 것은, 성과를 결정짓는 데 중요한 역할을 한다.

공격과 수비로 나뉘는 스포츠도, 강조하는 것이 '준비'다.

야구에서는 수비수에게 준비에 대해 강조한다. 외야 플라이는 공이 떨어질 위치를 예측하고 그 자리에 가 있어야 안정적으로 잡을 수 있다. 내야 땅볼은 타구가 지나가는 길목을 예측해서 지키고 있어야 잡아낼 수 있다. 타율이 좋은 타자가 나왔을 때, 수비 위치를 정상 위치가 아닌, 좌측으로 몰거나 우측으로 모는 이유가 그것이다. 타구가 많이 나가는 방향으로 극단적인 수비를 해서, 확률을 높인다.

배구에서는 공격 시, 특히 스파이크 기회에서, 맞이하라고 말한다.

체대 입시를 준비할 때, 배구가 전공이셨던 선생님이 자주 하셨던 말씀이 있었다. 스파이크를 때리기 위해 대기하고 있으면, 공을 띄워주시면서 "맞이해! 맞이해!"라고 외치셨다. 공을 때리는 위치가 중요하다는 말이다. 점프했을 때, 공을 내 머리 앞에 둬야 정확하고 강력하게 때릴 수 있다. 공을 맞이하지 못하면, 머리 위나 그 뒤에서 때리게 되는데, 그러면 공을 정확하게 타격할 수 없다.

준비하지 못하고 맞이했던 경험을 한 사람은, 그 상황에 대비해 미리 준비하게 된다.

손님을 갑작스레 맞이한 사람은, 빠르게 내놓을 수 있는 음식을 냉장고에 보관한다. 스포츠에서는 반복된 훈련을 통해, 준비할 수 있는 선수가 되도록 노력한다. 하지만 인생에서는 '다시'라는 말을 사용할 수 없을 때가 있다. 돌이킬 수 없는 상황이다. 가장 대표적인 상황이, 퇴사의 압박을 받을 때다.

준비한 사람은 의연하게 대처할 수 있지만, 그렇지 않은 사람은 당황할 수밖에 없다.

혼자서 생활하는 사람은 그나마 충격이 덜하겠지만, 부양해야 할 가족이 있다면 난감함을 넘어 절박함에 허둥대게 된다. 나도 그때의 느낌을 아직 잊을 수 없다. 퇴사의 압박은 급격하게 다가왔지만, 돌이켜보면, 조금씩 그런 낌새가 있었다는 것을 뒤늦게 깨달았다. 준비하지 못한 나 자신을 원망할 수밖에 없었다.

아무리 좋은 관계로 맺어졌다 해도, 순간이다.

서로의 필요로 맺어진 관계는 필요에 따라 갈라지게 된다. 일반적으로 갈라지는 칼자루는 개인보다 회사가 더 유리하게 잡고 있다. 그래서 잊지 말아야 한다. **'그 누구도 나를 대신 책임져주지 않는다.'** 오히려 책임지겠다고 떠들고 다니는 사람을 더 조심해야 한다. 책임이라는 덫을 놓고, 필요가 다하면 언제든 뒤돌아설 수 있기 때문이다. 그러니 누구보다 잘 한다고 말할 수 있는, 무기 하나는 가지고 있어야 한다. 그 무기를 준비하라는 말이다.

준비는, 상황이 닥쳐서 하는 것이 아니라, 미리 해야 하는 필수 사항이다.

거래처 담당자와 친하게 지내고 싶은데 잘 안돼요.
방법이 있을까요?

공들이는 시간과 노력은 많지만, 즐거움을 느끼는 것은 한순간인 게임이 있다.

'도미노 게임'이다. 다양한 색상의 블록을 일정 간격으로 배열하고, 중간중간 장애물과 장치를 설치해서, 다양한 모양으로 설치했던 기억이 난다. 심혈을 기울여 하나씩 차곡차곡 배열하고 있는데, 누군가 실수로 건드려 와르르 무너트리면 그렇게 허무할 수가 없었다. 그렇게 몇 번의 시행착오를 겪다 보면 요령이 생겨, 중간중간에 블록을 빼놓는다. 넘어지더라도 그 지점에서 끊길 수 있게 말이다.

도미노의 배열이 다 완성되면, 중간에 빼놨던 블록을 채우고 마무리한다. 이때가 가장 떨리는 순간이다. 정성껏 세워두었던 도미노가 넘어지는 모습을 보기 때문이다. 쌓았던 노력이 아까운 마음도 들지만, 차례로 넘어지는 모습을 보기 위한 것이 목적이라는 것을 상기하면서, 손가락으로 처음의 블록을 살짝 밀어낸다. 마지막 도미노가 쓰러질 때까지 막힘없이 흘러가면 성공이지만, 중간에 끊기게 되면 보는 맛도 끊기게 된다. 아쉽지만 그 지점에 있는 도미노를 살짝 밀어 이어가게 한다.

'도미노 게임'을 보면, 신뢰와 불신의 모습이 떠오른다.

신뢰를 쌓는 것은 오랜 시간과 노력이 필요하지만, 불신으로 무너지는 건 한순간이다. 아홉 번 신뢰 있는 모습을 쌓아도, 불신의 씨앗 한 알로 아홉은 금세 무너져 내린다. 신뢰가 두터운 사이라면 관계가 쉽게 무너지지 않겠지만, 그마저도 장담할 순 없다. **신뢰가 도미노의 조각을 세우는 일이라면, 불신은 하나의 조각으로 나머지를 쓰러트리는 거다.** 그만큼 신뢰를 쌓기는 어렵고 무너지는 건, 의도했건 의도하지 않았건, 한순간이다.

왜 신뢰를 쌓는 것은 어렵고 무너지는 것은 한순간일까?

무엇이 신뢰를 두텁게 하는 것일까? 오랜 시간 만나고 오랜 시간 함께하면 신뢰가 두터워질까? 사실 정답은 없다. 그건 사람에 따라 다르기 때문이다. 한 번으로 신뢰가 가는 사람이 있고, 오랜 시간 봐도 신뢰가 가지 않는 사람이 있다. 여러 번 실수해도 끝까지 믿음의 끈을 놓을 수 없는 사람이 있는 반면, 한 번의 실수에도 단칼에 관계를 정리하게 되는 사람이 있다. 따라서 어떠한 이론과 설명으로도, 신뢰와 불신에 대해 명확한 정의를 내릴 수 없다.

신뢰를 얻었다고 말할 수 있으려면, 저 정도는 돼야 한다는 생각이 든 영화가 있다.

'신세계'다. 다시 보기를 가장 많이 했던 영화인데, 볼 때마다 재미와 울림이 있다. 국내 최대 범죄 조직인 '골드문'이라는 그룹에 잠입하게 된 경찰 이자성(이정재)은, 그룹 2인자 이자 실세인 정청(황정민)이라는 사람의 오른팔이 된다. 그러다, 정청은 이자성이 경찰이라는 사실을 알게 되고 고민에 빠진다. 지금까지 형제처럼 지냈던 동생을 경찰이라는 이유로 처벌할 것인지, 품을 것인지를 고민한다. 고민 끝에 결국 품게 되고, 정청은 견제하고 있던 다른 세력에 의해 죽게 된다. 죽기 직전, 이자성은 정청이 자신이 경찰임을 알고도 품어주었다는 사실을 간접적으로 알게 된다.

정청이 이자성을, 자신들의 최대 적인 경찰임을 알고도 품었던 이유에 대해 생각해 봤다.

너무 식상한 표현일지 모르겠지만, 가장 명확한 표현으로, 사람의 마음을 얻었다고 볼 수 있다. 이자성은 정청에게 아부를 하거나 잘 보이기 위해 노력하지 않았다. 영화 초반에도 나오지만, 매정할 정도로 쌀쌀맞게 대한다. 그런데도 정청은 이자성을 아끼고 사랑한다. 죽음이 임박한 그 순간에도 그 마음은 변하지 않는다.

사람의 마음을 얻는 방법은, 공식처럼 정해져 있는 것 아니다.

사람마다 가지고 있는 탤런트가 다르고, 생각하는 것과 마음이 다르기 때문이다. 하지만 한 가지 확실한 건 있다. **사람의 마음을 얻기 위해 무엇을 해야 할지 고민하기보다, 어떤 마음으로 다가가야 할지 고민하는 것이다. 방법이 아닌, 마음이 앞장서야 한다는 말이다.**

신뢰는, 사람의 마음을 얻으면, 자연스럽게 따라오는 덤이다.

인내는 쓰고 열매는 달다고 하는데, 저는 쓰기만 합니다. 인내하는 방법이 있나요?

일정 시간 묵혀야, 제맛을 내는 것이 있다.

묵힌다는 건, 기다림의 시간을 말한다. 바로 맛을 보고 싶지만, 제맛을 위해 인내의 시간을 보내야 한다. 대표적인 것이 장(醬)으로 끝나는, 된장이나 고추장 그리고 간장 등이 있다. 시간을 두고 묵혀야, 음식에 꼭 필요한 맛을 낼 수 있다.

김치는 바로 담가서 먹는 신선한 맛도 좋지만, 묵은지라야 제맛을 내는 음식이 있다.

대표적인 음식이 김치찌개다. 바로 담근 김치로 한 김치찌개는, 묵직한 맛이 나지 않는다. 맛이 겉돈달까? 밋밋하다. 묵은지로 끓인 김치찌개야 말로, 진정한 김치찌개라 할 수 있다. 식당에서 파는 김치찌개도 묵은지의 상태를 강조할 정도로, 김치찌개는 묵은지가 맛을 가름한다고 볼 수 있다.

음식 말고도 묵혀야 깊은 맛을 낼 수 있는 것이 있다.

글이다. 세계적으로 유명한 작가, 어니스트 헤밍웨이가 이런 말을 했다. "모든 초고는 쓰레기다." 자신도 '노인과 바다'를 200여 회나 고쳐 썼을 정도로 많은 퇴고를 했다고 한다. 20회 정도는 어찌어찌해보겠지만, 200회는 실로 어마어마한 횟수라 생각된다.

무라카미 하루키는 '직업으로서의 소설가'에서 자신이 어떻게 작업하는지 자세히 설명한다.

초고가 완성되면 일주일 정도 쉰다. 그리고 고쳐 쓰는데, 전체적으로 손을 본다고 한다. 보통 한두 달 정도 걸린다. 그리고 일주일쯤 쉬었다 두 번째 고쳐 쓰기에 들어간다. 처음이 대수술이었다면, 두 번째는 세세한 수술이라 표현한다. 세세한 표현을 수정하는 작업을 하기 때문이다. 그리고 또다시 한숨을 돌리고 고쳐 쓰기에 들어간다. 이번에는 스토리 전개 부분에 대해, 조일 곳은 조이고 풀 곳은 푼다. 그다음 보름에서 한 달 정도 재워둔다. '양생(養生)'이라고 표현한다. 예전에 목욕탕 갔을 때, 일정 부분을 줄로 울타리치고, '양생 중'이라고 쓰여 있던 푯말을 본 기억이 난다. 굳을 때까지 기다려야 하니 건들지 말라는 표시다. 그렇게 하고 나서, 다시 철저하게 고쳐 쓴다.

유명한 작가들이 오랜 시간 묵혀두면서 끊임없이 고쳐 쓰는 이유가 뭘까?

고쳐 쓰면 고쳐 쓸수록 더 좋은 문장이 나온다는 것을 믿기 때문이다. **'양생(養生)'의 과정을 통해 더 단단해지고 촘촘한 문장이 된다는 것을 믿는다.** 경험을 통한 깨달음이다. 헤밍웨이도 처음부터 승승장구했던 것은 아니다. 처음에는 출판사에 투고한 원고가, 모두 퇴짜를 맞았다. 몇 번이나. 심지어 어떤 사람은 글에는 소질이 없는 것 같으니, 다른 일을 하라고 충고까지 했다. 헤밍웨이는 이에 개의치 않고 끝까지 글을 써서, 결국 성공했다. 단순하게 글을 오랫동안 써서 성공한 것이 아니라, 자신이 쓴 글을 끊임없이 묵히고 고쳐 쓰는, 인고의 시간을 견뎌왔기 때문이라 생각된다.

시간을 두고 인내로써, 열매를 맺어야 할 것이 있다.

거기에 반드시 수반되어야 하는 것은, 믿음이다. 된다는 믿음이, 인내의 시간을 견디게 해 준다. 어릴 때 강력한 기억 중에, 콩나물이 자라는 과정이 있다. 콩나물시루에 물을 부으면, 전부 빠져나간다. 화분처럼 물을 머금고 있는 시간이 전혀 없다. 과연 콩이 자랄까 싶을 정도로. 하지만 얼마 지나지 않아, 콩이 콩나물이 되어가는 것을 발견하게 된다. 의미 없이 물을 붓는 것 같지만, 콩이 콩나물로 자란다는 확신이 생긴다.

기다림의 시간에 확신이 없다면, 작은 기다림의 성공을 해보는 것이 좋다.

콩나물이 자라는 것을 보는 것처럼, 자신이 체험할 수 있는 작은 기다림의 성공 경험을 느껴본다. 그러면 어렵게 느껴지는, 기다림을 견딜 수 있는 용기가 생기게 된다. 용기는 곧 믿음이 되고 믿음은 인내를 버텨줄 강력한 지원군이 된다. 인내로서 열매를 맺게 된다.

기다림은, 볼 수 있다는 믿음으로 견뎌내는, 인내의 시간이다.

저는 사실을 말하는데, 부정적이라는 피드백을 들어요. 뭐가 잘못된 건가요?

'가족 오락관'이라는 프로그램이 있었다.

알고 있다면 연식(?)이 좀 되신 분이고, 모른다면 신세대에 속한다고 볼 수 있다. 요즘으로 따지면 '런닝맨'이나 '아는 형님' 정도 되는 예능 프로그램이다. 두 편으로 나뉘어서 문제를 맞히는 형식의 프로그램이었다. 제일 재미있고 기억나는 게임이 있다. 한 사람이 제시어를 보고, 다음 사람에게 설명하는 릴레이 형식의 게임이다. 마지막에 있는 사람이 제시어를 맞혀야 한다. 주어진 시간 안에 많이 맞추는 팀이 이기는 게임이다.

제시어를 보고, 처음 설명하는 사람이 가장 중요하다.

거기서 틀어지면 마지막에는 전혀 상관없는 답이 나오기 때문이다. 시작은 작은 차이지만, 그 차이는 점점 넓어진다. 두 개의 선이 시작할 때 1도만 벌어져서 그어져도, 조금만 지나면 닿을 수 없는 넓이까지 벌어지는 것과 같다. 이 게임이 재미있었던 이유는, 정답과 상관없는 설명을 열심히 하기 때문이다. 보는 사람은 정답을 알고 있기에, 그들의 모습이 참 우스워 보인다. 나만의 비밀을 알고 있는 듯한 기분이랄까?

게임이 종료되고, 한참을 헤맸던 정답을 보면 반응이 한결같다.

'그걸 그렇게 설명하면 어떻게?', '이게 그거였어?'라는 식이다. 앞선 사람의 설명이 잘못되었다는 지적이다. 서로가 서로에게 그렇게 묻는다.

물론 짜증을 내거나 그런 건 아니다. 이 부분도 하나의 웃음거리가 된다. 그러면서 한 단어에 대해 사람들이 인식하는 것이 매우 다를 수 있다는 것을 느꼈다. 각자의 경험으로 단어를 해석하기 때문이다. **설명하는 목적은 상대방에게 전달하기 위함인데, 설명하는 내용은 자신이 잘 아는 것으로 하니 잘 못 알아들을 수밖에 없다.** 어쩌면 잘 아는 관계라고 생각하는 사람조차 어려울 수 있다고 본다.

사람과의 관계에서도 이런 상황이 종종 발생한다.

누군가의 말을 듣고, 말에 대한 상황을 판단하기 때문이다. 내 앞에 있는 사람이 누군가에 대해 말하면, 그 말에 따라 생각하게 된다. 좋은 부분을 말하면 좋은 사람으로 인식하게 되고, 그렇지 않으면 반대로 인식하게 된다. 그래서 말을 전달하는 사람의 역할이 매우 중요하다. 전달하는 뉘앙스에 따라 받아들이는 사람의 판단이 달라진다. 가장 좋은 예로 이 이야기를 들을 수 있다.

신발 회사에서 두 명의 직원을 아프리카로 출장을 보낸다.

시장성을 조사하기 위해서다. 두 사람이 아프리카의 한 도시에 도착한다. 사람들이 맨발로 다니고 있는 것을 목격한다. 두 사람은 전혀 다른 마음으로 회사로 복귀한다. 한 사람이 이렇게 보고한다. "아프리카는 전혀 시장성이 없습니다. 아무도 신발을 신고 다니지 않습니다." 한 사람은 이렇게 보고한다. "아프리카는 시장성이 무궁무진합니다. 아무도 신발을 신고 다니지 않기 때문입니다." 같은 현상을 보고 이렇게 다르게 해석할 수 있다. 어떤 해석이 맞는다고 할 수는 없다. 결과를 듣진 못했으니까. 중요한 건, 같은 상황을 보고 어떻게 전달하는지에 따라 결과가 전혀 달라진다는 사실이다.

나는 어떤 말을 전달하는 사람인가?

내가 전달하고 있는 말의 뉘앙스가, 나의 현재 상태이다. 상황이 다른 것이 아니라 그것을 바라보는 내 마음의 상태가 다르다는 말이다. 하고자 하면 방법이 생기지만, 피하고자 하면 핑곗거리만 찾게 된다. 상황을 탓하기보다, 그것을 바라보고 해석하고 행동하는 내 마음을 점검하는 것이, 더 현명한 방법이다. 상황은 내가 바꿀 수 없지만, 마음은 바꿀 수 있다. 어떤 말을 전달하는 사람이 되고 싶은지 생각하면, 어렵지 않게 답을 찾을 수 있다.

말은, 내 마음 상태에 따라 전달하는 내용이 달라지는 표현이다.

한 후배가 하는 말은 도무지 신뢰가 안 가요.
의심하는 제가 잘못된 건가요?

다양한 골프 명언이 있다.

배꼽을 잡을 만큼 웃긴 문장도 있고, 의미심장한 문장도 있다. 골프에 국한된 것이 아니라, 살면서 되새기고 새겨들어야 할 문장도 있다. 골프 명언 중에, 고수와 하수의 차이를 표현한 여러 가지 이야기가 있다. 읽는 순간, '맞네!'라며 격하게 공감한 문장이 있다. **"고수는 본 대로 가고, 하수는 우려한 대로 간다."**라는 문장이다.

본 대로 간다는 것은 내가 보내고자 하는 방향과 위치로 공을 보내는 것을 말한다.

골프라는 스포츠는 '티 박스'라는 출발선에서 깃대가 꽂혀있는 '홀'이라는 목적지까지, 얼마나 적은 타격으로 도달하는가를 겨루는 스포츠다. 최소한의 타격으로 도달하기 위해서는 멀리 보내는 것도 중요하지만, 벗어나지 않게 보내는 것도 중요하다. 방향과 거리를 맞춰야 한다. 잘못된 타격으로 밖으로 나가게 되면, 벌타를 1~2개까지 받게 된다. 타수를 줄여야 하는 상황에서 벌타는, 치명적인 페널티가 된다.

골프는 자연에서 하는 스포츠라, 지형지물을 잘 살펴서 타격해야 한다.

아무리 잘 쳐서 멀리 보내도, 짧은 코스라면 밖으로 나가 페널티를 받게 된다. 반대로, 잘 못 쳐서 밖으로 나갔는데, 돌이나 나무를 맞고 안으로 들어오는 행운을 얻기도 한다. 휘어져 있는 코스는 멀리 보내려는 욕심보다, 짧게 끊어서 가는 전략이 필요하다. 끊어가기 때문에 타수가 늘어난다는 생각이 들 수도 있지만, 잘못 쳐서 벌타를 받으면 타수가 더 늘어나는 결과가 나온다.

본 대로 공을 보내는 사람은 고수다.

자신이 원하는 곳으로 보내기 위해 자신이 본 곳과 자신의 샷을 믿고 과감하게 스윙한다. 연습을 많이 한 결과이기도 하지만, 어쩌면 고수는, 자신의 감각과 스윙을 믿는 사람이라 생각된다. 여러 가지 변수가 발생할 수 있는 자연에서, 자신이 원하는 곳으로 보낼 수 있다는 자신이 없다면 스윙도, 연습한 대로 나오지 않을 가능성이 크다. 골프 광고에도 이런 말이 나온다. "자신의 아이언을 믿어라!" 자신을 믿고 불안감을 떨쳐버려야 좋은 샷이 나온다.

우려한 대로 공을 보내는 사람은 하수다.

'저기로 가면 안 되는데.'라며 걱정하는데 그 방향으로 간다. 우려했는데 왜 그 방향으로 갈까? 자신의 샷을 믿지 못하기 때문이다. 마음으로는 거기로 보내면 안 된다고 다짐하지만, 거기로 보낼 수밖에 없는 스윙을 하게 된다. 자신을 믿지 못하기 때문이다. 믿지 못하는 스윙은 원활하게 이루어지지 않는다. 공을 제대로 맞히지 못하거나, 우려한 방향으로 끌려가게 된다.

믿는다는 건 참 어렵다.

특히 자신을 믿는 건 더 어렵다. '내가 뭘'이라는 하지 않아도 될 겸손을 떨기 때문이다. 쓸데없는 겸손을 떨지 않으려면, 익숙하게 해야 한다. 골프 같은 스포츠라면, 반복된 훈련으로 좋은 샷을 익숙하게 만든다. 그러면 불안에 떨지 않고 스윙을 할 수 있다. 발표라면, 불안에 떠는 시간에 한 번이라도 더 해봐야 한다. 내용을 숙지하지 못했다면, 스크립트를 보고 반복해서 읽는다. 내용이 어느 정도 익숙해지면 말하듯 해본다. 손으로 제스처를 취하면서 해본다. 그리고 실전처럼 슬라이드를 열고 연습한다. 이왕이면 1~2명이라도 앉혀놓고 하면 더 효과가 좋다.

믿음은 그냥 생기지 않는다.

가만히 있는데 그냥 믿음이 막 샘솟진 않는다. 땅을 파지 않으면, 샘물을 찾을 수 없는 것과 같다. **노력이 필요하다.** 믿음은 절대 그냥 생기지 않는다. 믿음이 생기지 않는다고 탓할 시간에, 믿음이 생길 수 있는 행동을 할 필요가 있다.

믿음은, 내 노력의 크기만큼 커지고 단단해지는 마음이다.

입찰이 안 될 게 뻔한데, 계속 시도하자는 선배 때문에 미치겠어요. 방법이 없을까요?

불가능할 것 같은 일이 현실로 벌어질 때, 우리는 기적이라고 표현한다.

스포츠에서 이런 경우를 종종 보게 된다. 야구에서 10점 차 이상 차이가 난 경기를 9회 말에 뒤집는 경기가 있다. 축구에서, 종료 5분을 남겨놓고 3점 차를 따라잡는 경기도 있다. 복싱에서, 몇 번을 다운당했음에도 불구하고, 역전 KO 승을 일궈내기도 한다. 이외에도 수많은 기적이 스포츠에서 일어난다. 각본 없는 드라마라는 말처럼, 생생한 경기가, 마치 드라마나 영화의 한 장면을 보는 듯한 착각을 불러일으킨다. 사람들이 스포츠에 열광하는 이유다.

경기를 지켜보던 사람 대부분이 끝났다고 생각했을 때, 뒤집을 수 있던 이유는 뭘까?

야구 역사상 최고의 포수로 칭송받는, 뉴욕 양키스의 '요기 베라'가 한 말 때문이라 생각한다. "끝날 때까지 끝난 게 아니다." 요기 베라가 뉴욕 메츠 감독 시절에 했던 말이다. 뉴욕 메츠가 내셔널 리그 동부에서 꼴찌를 하고 있었다.

선두 시카고 컵스와는 9.5게임 차였다.

이 간격을 따라잡는다는 것은 불가능에 가깝다. 뉴욕 메츠가 9.5번 이길 때, 시카고 컵스가 9.5번 져야 맞춰지는 간격이다. 기자가 이번에는 안 될 거라는 말을 하자, 불끈하며 되받아쳤던 말이라고 한다. 그 해, 그의 말처럼 기적적으로 동부에서 1위를 차지했고, 월드 시리즈까지 갔지만 7차전까지 가는 접전 끝에 패배하였다. (참조: 위키피디아 참조)

모두가 안 된다고 말할 때, 선수들은 끝까지 해보겠다는 의지가 있었다. 그렇게 집중하고 최선의 노력을 다해서 하나씩 만들어 갔다. 중요한 것은 점수나 실력 차가 아니라, 안 된다는 생각이다. 그 생각이, 실제로 안 되게 만든다. 하지만 할 수 있다는 마음은 기적을 만들어낸다. 기운이라고도 한다. 상대방은 기세에 눌리게 된다. 기세에 위축돼서 하지 않던 실수를 하게 되고, 앞장서던 분위기가 끌려가는 분위기로 바뀌게 된다.

일상의 기적도 그렇다.

안 될 거라 포기하면, 안 된다. "하는 데까지 해보자!"라는 생각과 행동이, 하게 만든다. 나도 그랬던 경험이 몇 차례 있다. 스포츠 얘기를 언급하다 보니, 대학 입시 실기시험을 치를 때가 떠오른다. 오전 종목은 자신이 없던 종목이기도 했고, 실수가 좀 있었다. 함께 시험을 치르던 친구도 마찬가지였다.

우울한 분위기에서 점심을 먹는데, 친구가 "그냥 집에 갈까?"라며 포기하자고 했다.

순간적으로, '그럴까?' 생각했다. 하지만 곧바로 마음을 바꿔 먹었다. 오후 실기는 자신 있는 종목이기도 하고, 끝까지 해야 후에 후회가 없을 것 같다는 생각이 들었다. "이왕 보는 김에 끝까지 하고 가자."라고 친구를 다독이고 끝까지 시험을 마쳤다. 학교 정문을 빠져나오는데, 친구가 이런 말을 했다. "끝까지 마치니까 기분은 좋네!" 어떻게 됐을까? 시험에 합격했고, 졸업까지 잘 마쳤다.

후배들에게 가끔 하는 말이 있다.

"하고자 하면 방법이 생기고, 피하고자 하면 핑계가 생긴다."

하고자 하면, 되는 방향으로 생각을 하게 된다. 그러면 되는 방법에 집중해서 답을 찾아낼 때가 있다. 신기하게도 주변의 도움을 받기도 한다. 간절함이 불러오는 끌어당김의 효과라 생각된다.

피하려고 마음먹으면, '어떻게 빠져나갈까?' 궁리하게 된다.

안 되는 이유만 찾게 된다. 당연히 안 되는 방향으로 집중하게 되고, 그럴 수밖에 없는 변명을 나열하게 된다. 주변의 도움도 전혀 일어나지 않는다. 하고자 하지 않는데, 주변에서 도와줄 리 만무하다.

간절히 원하는 것이 있다면, 할 수 있는 최선을 다해야 한다.

그래야 내가 어찌할 수 없는 부분에서, 도움을 받을 수 있다. 너무 물린 말이라 생각할지 모르지만, 그러기 때문에 간과하지 않았는지 생각해 봐야 한다. "에이, 이건 안 돼!"라며 할 수 있는 노력을 하지 않는데, 어떻게 될 수 있을까? 본인이 안 되는 방향으로 결정하니, 안 되는 거다. **물에 빠진 사람을 건져주고 싶어도, 그 사람이 손을 뻗지 않으면 구해줄 방법이 없다. 내가 할 수 있는 최소한의 마음과 노력이 반드시 있어야 한다.**

기적은, 내가 하고자 해야 맞이할 수 있는 현상이다.

문제를 잘 해결했다고 생각했는데, 같은 문제가 반복돼요. 뭐가 문제죠?

스포츠에서 결과를 내는 건 기술이지만, 기술을 발휘하는 데 필요한 건 체력이다.

기술이전에 체력이 뒷받침되어야 한다. 아무리 기술이 뛰어나더라도, 체력이 뒷받침되지 않으면, 결정적인 순간에, 가지고 있는 기술을 써보지도 못할 수 있다. '구슬이 서 말이라도 꿰어야 보배'라는 말처럼, 아무리 좋은 기술을 가지고 있어도, 결정적인 순간에 발휘되지 않으면 아무 소용이 없다. 이 부분을 가장 강조했고 결과로 보여준 사람이, 2002년 월드컵에서 4강 신화를 일궈낸, 히딩크 감독이다.

평가전에서 '오대영'이라는 치욕적인 별명을 얻고도, 히딩크 감독은 흔들리지 않았다.

자신의 목표는 월드컵이지, 평가전이 아니었기 때문이다. 선수들도 처음에는 이해하기 어려웠다고 한다. 그럴 만도 한 것이, 우리나라에서 축구를 가장 잘하는 사람을 모아놓고, 기초체력 위주로 훈련이 진행되었기 때문이다. 큰 우려 속에 뚜껑이 열렸고, 홈그라운드의 이점을 고려한다고 해도, 상상 이상의 결과를 보여줬다. '우승?'이라는 단어를 떠올렸을 정도였으니까.

시야가 좁거나 생각이 짧으면, 당장 앞에 있는 것만 보거나 떠올리게 된다.

나무의 잎이 썩어 들어갈 때, 썩은 나뭇잎만 잘라내면 된다고 생각한다. 조금만 넓게 그리고 깊게 생각해 보면, 그 이유를 잎에서 그치는 것이 아니라, 뿌리까지 내려갈 수 있다. 뿌리를 내리고 있는 흙의 상태를 확인해 볼 수 있고, 수분이나 영양공급 상태를 살펴볼 수 있다. 이런 모습을, 근본적인 대책 마련이라 표현한다.

문제가 발생하거나 결과가 나오는 시작 부분을, '근본(根本)'이라 표현한다.

한자 그대로 풀이하면, 뿌리라는 말이다. 나뭇잎의 상태를 결정하는 시작이 뿌리인 것처럼, 모든 문제와 결과에는 뿌리라는 시작이 있다. 그 뿌리를 명확하게 인지하면, 세상에서 마주하는 모든 것에 의연하게 대처할 수 있다. 의연하다는 것은, 좋은 결과를 낸다는 말이 아니라, 어떤 결과도 겸허히 받아들인다는 말이다. 덤덤하게.

『내가 단단해지는 새벽 공부 천년의 내공』에, 논어의 한 문장이 인용된다.

'지혜로운 사람은 미혹 당하지 않고, 어진 이는 근심하지 않고, 용감한 자는 두려워하지 않는다.' 저자는 이 내용을 이렇게 풀어냈다. '자신이 맡은 일에 대한 전문성과 함께 세상을 보는 폭넓은 지혜(知), 다른 사람을 이해하고 배려하며 올바른 인간관계를 만들어주는 사랑(仁), 그리고 어떤 위기 앞에서도 결코, 흔들리지 않는 담대한 용기(勇). 이 세 가지는 오늘날을 살아가는 우리도 갖추고 있어야 할 가장 중요한 덕목이다.'라고 말이다. 내공을 갖추기 위해 절대적으로 필요한 세 가지라 생각된다.

내가 세상에 뿌리내리고 살아가는 지금.

나의 뿌리는 어디를 향하고 있으며 그 뿌리의 상태는 어떠한지 점검해 봐야 한다. '그냥 되는 대로'라고 생각할 수도 있지만, 그건 어쩌다 한 번이지, 근본적으로 그래서는 곤란하다. 항상 긴장하면서 살아갈 순 없지만, 내 마음이 어디에 뿌리를 내리고 있는지 생각하지 않는 다는 건 매우 위험하다.

근본은, 흔들리더라도 다시 일어설 수 있고, 잘 못 들어섰더라도 되돌아올 수 있는 뿌리다.

계획을 잘 세우고 실행하는데,
계획대로 되지 않아 마음이 너무 힘들어요. 어떻게 하죠?

모든 일이 바라는 대로 이루어지면 좋겠지만, 그렇지 않은 게 현실이다. 바라는 대로 이루어지는 것도 있고, 그렇지 않은 것도 있다. 심지어 정반대로 이루어지는 것도 있다. 바라는 대로 이루어졌다고 해도, 다 만족스러운 건 아니다. 바랐지만 만족스럽지 못할 때도 있다. 때로는 바라는 대로 이루어지지 않았지만, 만족스러울 때도 있다. '인생지사 새옹지마'라는 말을 실감한다.

인생의 방향을 바꿀 만큼 중대한 사항일 때는, 바라는 마음이 더 간절해진다.

『완벽한 하루』강연할 때도 언급했지만, 인생에서 가장 중요한 순간에, 내 바람대로 된 것이 없었다. 결혼이 그랬고 직업이 그랬고 직장이 그랬다. 누누이 강조하지만, 지금의 아내가 바라던 사람이 아니라는 건 절대아니다. 시기가 그랬다. 백수였고 어렸다. 임용고시를 준비하기 위해 일을 그만둔 상태였다. 내 나이 28세, 아내의 나이 24세였다. 부모님들끼리 식사하는 자리에서 날짜를 정하셨기 때문에, 계획보다 일찍 결혼하게 되었다. 처음에는 심리적으로나 경제적으로 너무 힘들었지만, 지나고 보니 그때 하길 잘했다고 생각한다. 아직 한참 키워야 하지만, 지금은 마음에 여유가 생겼다.

임용고시에서 떨어지고 첫째 아이가 태어나, 시험을 포기했다.

이일 저일 하다가, 지금 업으로 삼고 있는 일을 하게 되었다. 우연한 기회로 알게 되었는데, 전혀 모르던 일을 새로 시작한 나이가 30세였다. 서른이 되어서 지금까지와는 전혀 다른 길을 걷게 되었다. 그렇게 15년 넘게 하는, 지금의 일을 아직 즐겁게 하고 있다. 적성에 맞는다. 만약 15년 전으로 되돌아가 다시 선택할 수 있다고 해도, 나는 지금의 일을 선택한다. 그만큼 적성에 맞고 많은 것을 배우고 얻게 해 준 일이다. 가장 큰 소득을 꼽으라고 하면, 좋은 사람들이다. 좋은 사람을 많이 만났다.

일을 시작한 첫 직장에서, 8년 만에 밀려나게 되었다.

경제적으로 매우 빠듯했고, 아이가 이미 셋인 상태였기 때문에 많이 힘들었다. 정신과 마음도 매우 힘들었다. 삶에서 가장 어둡고 암담했던 터널이라 생각된다. 나를 그렇게 만든 사람들이 매우 원망스러웠다. 모든 잘못은 그들에게 있다고 생각했다. 하지만 가끔 그때를 떠올리면, 내가 잘못한 것도 분명 있다는 생각이 든다. 그랬으니 그런 일이 일어났다는 생각이 든다. 지금도 성숙했다고 말할 순 없지만, 그때는 더 성숙하지 못했다. 그래서 내가 한 잘못을, 그때는 깨닫지 못했다.

생각지도 못한 시기에, 아이 셋을 둔 가장이, 계획도 없이 백수가 되었다.

퇴사를 하고 한 달을 조금 넘긴 시점에, 생각지도 못한, 새로운 직장을 얻게 되었다. 그 직장에서 지금까지 거의 10년을 보내고 있다. 전 직장에서 배우고 경험한 업무와 사람들을 통해, 새롭게 뿌리내리게 되었고, 아주 풍성하다고 할 순 없지만 열매를 맺었다. 지금은 부서를 옮겨 새로운 열매를 맺기 위해 노력하고 있다.

이 모든 것이 바라는 대로 되지 않았던 그때는, 매우 괴로웠다.

하지만 시간이 지나면서 내가 원하는 대로 되지 않았던 상황이 나에겐 오히려 도움이 됐다는 생각이 강하게 들었다. 그걸 깨닫게 된 시점부터는, 내가 바라는 대로 되지 않을 땐 이렇게 생각한다. '하느님께서 다 계획이 있으시겠지?' 어떤 상황이든 다 이유가 있다는 마음으로 받아들이고, 그 이유를 찾기 시작했다. 이른 시간 안에 이유를 찾을 때도 있고, 한참이 지나서 찾을 때도 있었다. 분명한 건, 다 이유가 있었다는 사실이다. **바라는 대로 되지 않는 일이 있다면, '다 이유가 있겠지?'라며 덤덤하게 받아들이는 연습을 할 필요가 있다.** 마음의 평화를 얻는 가장 좋은 방법이기 때문이다.

이유는, 계획대로 이루어지지 않을 때 왜 그런지 알아차리고 마음의 평화를 얻는 열쇠다.

후배한테 잘 해준다고 생각하는데, 후배가 잘 안 따라요.
뭐가 문제죠?

어차피 가는 군대 끌려가지 말고 내 발로 걸어서 가자는 심정으로 해병
대에 지원했다.

무슨 계기가 있었던 건 아니다. 호기 넘치던 20대라 그랬던 것 같다. 생
각보다 경쟁률이 셌다. 얼핏 듣기로는 10대 1 정도의 경쟁률이라고 했
다. 우스갯소리로, 서울대 연고대 다음이 해병대라는 말도 돌았다. 그 이
유를 입대하고 조금 지나 알게 되었다. 내가 입대한 시점이 98년 1월이
었는데, IMF라는 쓰나미가 밀려올 때였다. 동기 중에는 4수 끝에 입대한
놈도 있었다. 돌이켜보면 인생에서 처음 맞는 인생의 파도를 군대 안에
서 잘 보냈다는 생각이 든다. 군 생활이 녹록했던 건 아니었지만, 군대라
는 울타리 안에서는 내 몸 하나로 때우면 됐다. 사회적으로 가장 문제가
됐던, 경제적인 걱정을 할 필요는 더욱 없었다.

2년 2개월의 군 생활을 의미 있게 보냈다고 자부한다.

짧지만 긴 시간 안에서 많은 경험을 했고 깨닫는 것도 많았다. 함께 했
던 동료 중에 지금까지 연락하고 지내는 사람이 없다는 게 아쉽긴 하
지만, 그 안에서의 시간은 참 값졌다. 고된 훈련으로 몸이 내 몸이 아닌 것
처럼 느껴졌던 적도 있었고, 2~3교대 해안 경계 근무로 흐리멍덩한 정신
으로 몇 달을 보낸 적도 있었다. 내무반에서 숨 막히는 시간을 오랜 시간
보내기도 했다. 이 모든 시간이 지금의 나를 있게 했고, 삶을 살아내는 데

많은 도움이 된다는 것을 직간접적으로 느끼고 있다.

백령도에서 근무했는데, 제대하는 날 기상이 좋지 않았다.

배가 떠야 인천 연안 부두에 도착할 수 있고, 그래야 전역증을 받을 수 있었다. 제대 신고를 하고 부대를 빠져나왔다고 제대하는 것은 아니었다. 한참 대기를 하면서 조마조마했는데 가까스로 배가 떴고 인천에 도착해서 전역증을 받았다. 이대로 헤어질 수 없다며 동기 몇이 함께 신촌으로 향했다. 우리만 알고 있는 수선집에서 제대복에 이것저것 오버로크를 치고, 술 한잔하러 지하에 있는 호프집을 찾아갔다.

꿈같던 시절을 보낸 자신들만의 스토리를 연신 떠들고 있는데, 한 아저씨(?)가 우리를 불렀다.

'뭐지?'라는 생각으로 우리를 부른 아저씨한테 어정쩡한 걸음으로 다가갔다. "몇 기야?" 우리는 누가 먼저랄 것도 없이 큰 소리로 경례하고 기수를 말했다. 그게 서로를 알아보는 우리만의 암호(?)였다. 그때부터 그 아저씨는 거드름 피우는 자세를 시작으로 반말과 그리 유쾌하지 않은 태도로 우리를 대했다. 우리는 선배니까 당연히 받아들여야 한다는 생각에 그냥 묵묵히 받아들였다. 그리고 자리를 떠나기 전 지금도 적지 않지만, 그때는 더 크게 느껴졌던 돈, 십만 원짜리 수표를 건네주고 자리를 떠났다. 돈 액수에는 무척 고마운 마음이 들었지만, 그 사람에 대해선 고마운 마음이 들지 않았다.

우리는 자리에 돌아와 좋기도 하고 찝찝하기도 한 어정쩡한 기분으로, 맥주잔을 부딪쳤다.

서빙하던 형(?)이 멋쩍은 표정으로 우리에게 다가왔다. 그리고 우리의 인원수에 맞게 산 담배를 테이블 위에 슬그머니 올려놓았다. "난 000기야. 반가워. 난 돈이 없어서 이것밖에 줄 게 없네. 제대 축하해." 이번에도 우리는 누가 먼저랄 것도 없이 일어섰는데, 테이블에 허벅지가 걸쳐진 상태로 경례를 했다. 그리고 그 형은 자신은 일을 마쳤다며 가게 문을 빠져나갔다.

잠시 우리는 아무 말 없이 자신의 맥주잔을 입으로 가져갔다.

우리는 서로 말하진 않았지만, 마음에서 올라오는 짠함을 느끼고 있었다. 짧은 시간 마주한 두 선배의 상반된 모습을 통해 우리는 어떤 선배가 되어야 할지 각자가 자신에게 약속하는 듯했다. 오래된 일이지만, 아직 기억 속에 뚜렷하게 남아있는 이유는 그 여운이 컸기 때문이다.

누군가에게 무언가를 해주고 싶지만, 가진 게 없다는 생각이 들 때, 이 일이 떠오른다.

정말 가진 게 없는 것인지, 나눌 마음이 없는 것인지 다시 생각하게 된다. 나누고 싶다는 마음만 있으면 그게 무엇이라도 충분히 마음을 전달할 수 있다는 것을, 20년도 더 지난 오래전에 깨달았음에도 아직 익숙하지 않다. 연륜이 쌓일수록 그런 생각이 더 강해져야 하는데, 그러지 못하고 더 계산적으로 변한다.

내 마음보다, 주변의 시선을 더 의식하기 때문이다.

'이런 걸 주면 남들이 뭐라 하겠어?', '그래도 체면이 있지!', '안 하느니만 못한 거 아냐?'라는 마음에 머뭇거리게 된다. **마음이 진심이라면 손에**

든 것이 무엇이든 좋은 나눔이 될 수 있다는 것을 잊지 않아야 한다. 무엇을 나눌지를 고민하기보다, 나누는 내 마음의 출발을 먼저 살펴야 한다.

나눔은, 타인의 시선을 의식하지 않고, 내 마음의 출발을 살펴야 하는 행동이다.

아닌 건 알지만,
너무 간절할 땐 어떻게 해야 하죠?

한번은, 혼자 영화 몇 편을 몰아 본 적이 있었다.

마지막으로 봤던 영화는 「보통 사람」이었다. 예전에 봤던 영화다. 줄거리도 대충 기억이 났는데 다시 보고 싶다는 생각이 들었다. 봤던 영화를 다시 보는 걸 아내는 이해하지 못한다. 내용을 아는데 뭘 또 보냐는 생각이다. 봤던 영화를 다시 보는 이유는, 책도 그렇지만, 전에 발견하지 못했던 것을 얻는다는 기대 때문이다. 어떤 장면일 때도 있고 대사일 때도 있다. 아니면 몰랐던 사실일 때도 있다.

보물 찾기에서 숨겨진 쪽지를 발견했을 때의 기쁨과는 무게가 다르다. 가슴으로 묵직하게 밀려 들어올 때도 있고, 뒤통수를 얻어맞은 것처럼 번쩍일 때도 있다. 때로는 코끝에서 찡하게 울릴 때도 있다. 그래서 영화를 같이 보는 것도 좋아하지만, 혼자 보는 것을 더 좋아한다. 온전히 몰입해서 봐야, 앞에서 언급한 느낌을 건질 가능성이 크기 때문이다. 「보통 사람」은, 어떤 느낌을 주었다기보다, 나에게 질문하고 생각하게 했다.

"너라면 어떻게 할래?"

영화의 배경은, '남산'이라는 단어만으로 충분히 위협할 수 있던 시절이다. 무소불위의 권력이라 불리던 안기부의 계획에 따라, 평범히 살던 가장이자 형사 한 사람이 이용된다. 그에게는 친형과도 같은 기자가 있었는데, 수상한 낌새를 눈치채고 손을 떼라고 말한다. 하지만 이 형사는 그 사람들로부터, 학교에서 왕따 당하고 있는, 다리가 불편한 아들의 수술을 약속받은 상태였다. 지긋지긋한 가난에서 벗어날 수 있고, 마음의 짐이었던 아이의 다리를 고칠 수 있다는 생각에 다른 생각을 할 수 없었다.

안기부에서는 기자가 눈엣가시였다.

수배를 내려 찾았지만 찾지 못하고 있는데, 형사의 집에 찾아온다. 형사는 갈등하다, 몸만 성하게만 나오게 해달라는 부탁과 함께 기자를 안기부에 넘긴다. 하지만 기자는 모진 고문 끝에 사망한다. 형사는 정신을 차리고 모든 사실을 알리기로 마음먹지만, 기자회견을 하기 전날, 가족 모두 가스 테러를 당한다. 가까스로 목숨을 건졌지만, 아내는 죽고 아들마저 죽었다고 생각했다. 가족을 위한 선택이 가족을 죽게 만든 것이다.

한 가정의 가장으로, 형사의 선택을 무조건 잘못됐다고 말하고 싶진 않았다.

내가 만약 그 상황이었더라도, 형사와 같은 선택을 했을 가능성이 크다. 많은 가장이 그러지 않았을까? 가장으로서 가정을 지키고 좋은 것을 해주고 싶은 마음은 다르지 않다. 하지만 목적이 순수해도 수단이 잘못되었다면, 잘못된 결과를 불러온다는 것을 영화가 말해준다. 형사가 안기부의 앞잡이가 되어 죄수 한 명에게 다른 죄를 뒤집어씌우기 위해 갖은 고문을 하는 장면이 나오는데, 영화가 끝날 무렵, 형사는 이 죄수에게 미안하다는 말을 전한다. 자신의 행동이, 잘못된 판단이었다는 것을 인정했다. 자신의 가족을 잃고 깨닫게 된 것이다.

「보통 사람」에 나온 형사가 악한 사람은 아니다.

가족을 위한 마음에 다른 가족을 보지 못한 것뿐이다. 이런 사람의 약점을 쥐고 흔든 사람들이 잘못된 사람이고 벌을 받아 마땅하다. 하지만 가장이라면, 언제나 이런 사람들로부터 유혹을 받을 수 있는 여지는 많이 있다. 이런 사람들의 유혹이 아니더라도, 마음이 흔들릴 상황이 생길 수도 있다.

혼란스러운 상황에 직면했을 때, 이렇게 질문해보면 어떨까 싶다. **'내 가족을 위한 것이 남의 가족을 울리게 한다면?', '이것이 과연 정당한 방법인가?'** 지금 내 발끝을 보는 것이 아니라, 고개를 들고 조금 더 앞을 볼 필요가 있다는 말이다. 바닥이라고 생각한 그 길이, 늪일 수도 있기 때문이다.

정당성은, 목적이 순수해도 수단이 옳지 않다면 이루어질 수 없는 명분이다.

아무리 노력해도 아무도 알아주지 않아요.
계속해야 하나요?

카카오뱅크에 재미있는 적금 방식이 있다.

매일 일정 금액을 자동으로 저금하는 방식이다. 천 원단위로 할 수 있는데, 5천 원으로 설정해서 했던 적이 있었다. 예전에도 두 번 정도 했던 적이 있었는데, 이 방식이 좋은 점은 무리 되지 않는 금액으로 저금할 수 있다는 사실이다. 매일 5천 원이면, 한 달이면 15만 원이다. 만약 매달 15만 원의 적금을 들라고 했으면, 부담스러워서 하지 않았을 거다.

이 적금의 또 다른 장점은, 선물 받은 느낌이 든다는 사실이다.

신경 쓰지 않고 빠져나가는 대로 두고 있다, 문득 생각나서 금액을 확인하면 좀 놀랄 때가 있다. 5천 원이라고 하면 그리 큰돈은 아닌데, 어느 순간 제법 큰 돈이 됐다는 사실에 마음 한쪽이 든든해진다. 여기서 중요한 점은 의식하지 않았다는 사실이다. 매일 얼마가 쌓이고 있는지 의식하지 않기 때문에, 또 다른 즐거움을 느낄 수 있었다.

매일 의식하면서 쌓여가는 금액을 확인했다면 어땠을까?

더디게 모이는 금액에 답답해하면서 중간에 해지했을 가능성이 크다. 하나 마나 한 것으로 생각하고, 차라리 매월 얼마의 금액으로 적금을 드는 편이 낫다고 생각할 수도 있다. 하지만 이런 생각을 하고 있다면, 매월 적금을 들더라도 오래 지나지 않아, 해지하게 될 가능성이 크다. 당장 목

돈이 되지 않기 때문이다. 100원을 넣으면 100원어치 상품이 나오는 자판기는 있어도, 1,000원어치 상품이 나오는 자판기는 없다.

내가 하는 작은 행동, 그중에 좋은 행동도 이 적금과 같지 않을까? 눈에 띄지 않아 남들이 의식하고 인정해 주지 않아도, 하늘 어딘가에 차곡차곡 쌓이고 있다고 말이다. 남들이 알아주지 않는다고 투덜대는 것은, 매일 적은 금액이 쌓이는 것을 보고 답답해하는 것과 같다. 의식하고 확인할수록 내 마음만 더 불편하다. 쌓여가는 금액에 감사한 마음도 갖지 못하게 된다.

지금 당장 알아주기를 바라는 사람은, 적금을 깨는 사람과 같다.

나중은 모르겠고 일단 내 손에 쥐어져야 속이 시원한 사람은 적금을 깨게 된다. 그러면 내 통장에 고스란히 그 금액이 들어온다. 하지만 크지 않은 그 금액으로 내가 할 수 있는 건 그리 많지 않다. 마음도 그리 편하지 않다. 내가 원해서 해지했지만, 불편한 마음이 사라지지 않는다.

매일 통장에서 빠져나가 쌓여가는 적금을 이렇게 비유할 수 있다.

통장에서 빠져나가는 돈은 나의 작은 선행이다. 적금에 쌓여가는 돈은 내 작은 선행에 대한 가치다. 내 작은 선행이 마냥 빠져나가고 없어지는 것이 아니라, 어딘가에 그 가치가 차곡차곡 쌓이고 있다. 그러니 걱정하지 말고 무엇을 해야 할지 잘 판단하고, 해야 할 것에 집중해야 한다. 적금은 절대 사라지지 않는다. 오히려 이자가 붙어서 나에게 돌아온다. 그날과 시간을 모를 뿐이다.

적금은, 빠져나가서 없어지는 것 같지만, 어딘가에 차곡차곡 잘 쌓이고 있는 나의 가치이다.

매일 새벽 기상을 하고 있는데, 아직도 힘들어요.
나하고 안 맞는 건가요?

'정보의 홍수'라는 표현은 이제 한물간, 오래된 표현이 되었다.

음악 시장으로 치면, 테이프 정도가 되지 않을까 싶다. 이제는 CD도 거의 사용하지 않고 스트리밍으로 듣는 시대가 되었다. 하루하루는 길게 느껴지지만, 한 달 일 년은 그냥 지나가는 느낌이다. 지난 추억을 떠올리며 그때가 언제인지를 되짚어 볼 때, '벌써?'라는 말이 나도 모르게 나올 때가 많다. 마음은 아직 수십 Km도 너끈히 달릴 수 있다고 생각하지만, 몇 Km만 뛰어도 힘에 부친다는 것을 느끼면서 세월이 많이 흘렀다는 것을 체감하고 있다. 어쩌면 세월이 흘렀다는 표현보다 게을렀다는 표현이 맞을 수도 있겠다. 운동을 꾸준히 하고 관리했으면, 체력이 떨어지는 느낌을 거의 받지 않았을 텐데 말이다.

세상에는 내가 이루고자 하는 방법에 대해 너무 잘 알려져 있다.

꿈을 이루는 방법부터 간단한 요리에 대한 방법까지, 너무 잘 알려져 있다. 마치 '내가 더 잘 알려줄게'라고 경쟁하듯, 다양한 수단으로 세상에 쏟아지고 있다. 이제는 방법을 몰라서 할 수 없다고 말하기는 어려운 세상이 됐다. 핑곗거리가 없어진 거다. 집 짓는 방법까지 나왔으니, 할 말이 없다. 경제적 여건이나 기타 여건에 따라 하고 싶어도 하지 못하는 것은 있지만, 마음을 먹고 실행할 수 있는 거라면 불가능하지 않다.

가장 간단한 예로, '미라클 모닝'이라는 것이 있다.

새벽 기상을 하는 운동(?) 같은 건데, 말 그대로 새벽의 기적이다. 성공한 사람이나 무언가를 도전해서 성취한 사람들이 공통으로 한 것이, 새벽 기상이다. 24시간이 다 같은 시간 아니냐고 묻는 사람에게, 새벽 시간의 가치를 한마디로 이렇게 표현한다. "아무에게도 방해받지 않는 새벽 1시간은 오후 3시간과 맞먹는다." 이렇게 말하는 이유는, 오후의 시간은 내가 계획한 대로 온전하게 보내기 어렵기 때문이다. 전화가 오기도 하고 누군가 말을 걸어오기도 한다. 갑자기 업무지시가 떨어지기도 한다.

내 시간이기는 하지만, 내 마음대로 사용할 수 있는 시간이 아니다.

직장인은 자신의 시간과 노동을 대가로 월급을 받는 사람이 아닌가. 온전한 내 시간이라 말하기 어려운 이유다. 하지만 **새벽 시간을 방해하는 유일한 한 사람은, 바로 자신뿐이다.** 일어나기 싫다는 자신과 싸워야 하고, 이런저런 생각과 걱정으로 새벽 시간을 온전히 보내지 못하게 하는 것도 자신이기 때문이다. 그렇지 않다면 새벽 2~3시간은 자신이 계획한 대로 온전히 사용할 수 있다. 오후로 치면, 6~9시간을 말이다.

내가 후배들에게, 우리의 직업(헬스케어 마케팅/ 주로, 심포지엄 운영)을 이렇게 표현했다.

"아무나 할 수 있지만, 누구나 할 수 있는 일이 아니다."

하고 싶은 사람은, 전공이나 학벌에 상관없이 시작할 수 있다. 신입 직원을 채용할 때도 그렇게 하고 있다. 나 역시 전공은 체육교육이고, 30세에 처음 이 일을 시작했다. 15년 동안 우여곡절이 있기는 했지만 말이다. 시작은 누구나 마음만 먹으면 할 수 있는 일이다. 하지만 오랜 시간 꾸준히 이 일을 잘해나가는 사람은 그리 많지 않다. 여러 힘든 점이 있기 때문이다. 어떤 일이나 그렇겠지만.

'미라클 모닝'도 마찬가지다.

누구나 할 수 있지만, 아무나 할 수 없다. 누구나 알고 있지만, 아무나 실천하지 못한다. 새벽에 일어나기 싫은 몸을 이끌고 일어나야 하는 싸움은, 자신과 싸움 중 가장 힘든 싸움이다. 익숙하면 쉽지 않냐고 묻는 사람이 있는데, 그렇지 않다. 예전에, '총각네 야채가게' 이영석 대표의 강연을 들은 적이 있었다. 매일 새벽에 일어나는 게 자기 일이지만, 새벽에 일어나는 게 아직도 힘들다고 이야기했다. 알람시계 여러 개를, 머리맡부터 간격을 둬서 멀리 떨어뜨려 놓았다고 했다. 그렇게 일어날 수밖에 없는 자신만의 시스템을 만들 정도로, 새벽 기상은 누구에게나 힘들다.

힘들고 좁은 문으로 들어가는 사람은 적다.

그래서 해볼 만하다는 생각이 든다. 출발점이 다르지만, 해볼 만하다는 생각이 든다. 신해철의 「민물장어의 꿈」처럼, 좁고 좁은 문으로 들어가기 위해서는 나를 깎고 잘라서 스스로 작아지는 것뿐이지만, 여기서 작아진다는 의미를 '도전'이라는 단어에 담아 본다. **좁은 문으로 들어가는 것은, 내가 가야 할 길 그리고 이루어야 할 길에 대한 도전이다.** 그렇게 통과한 좁은 문 뒤에 있을 축복을 기대해야 한다.

도전은, 좁은 문으로 들어가 그 뒤에 있을 무언가를 위해 나를 깎고 자르는 일이다.

나름 계획은 잘 세우는데,
시간 관리가 잘 안 된다는 느낌이 들어요. 이유가 뭔가요?

'자기 경영'이라는 말이 있다.

자신을 스스로 관리한다는 말이다. '경영'이라는 단어를 사전적 의미에서 보면, 기업이나 사업 등을 관리하고 운영하는 것으로 표현한다. 이렇듯 조직에서만 사용되던 단어를 개인에게 붙이면서, 그 개념을 새롭게 바라보게 되었다. 자기 경영을 통해 지금의 모습보다 더 나은 모습으로 변화될 수 있다는 희망을 품는다. 개천에서 용 나는 것까지는 아니어도, 많이 달라지는 삶을 꿈꾼다. 사람들은 그것을 성공이라는 단어로 표현한다.

자기 경영을 위한 다양한 시스템이 있다.

관련된 책이 많이 출간되었고, 강연이나 교육 프로그램이 진행되기도 한다. 커다란 수박을 한 번에 먹을 수는 없다. 먹을 수 있는 크기만큼 잘라서 먹어야 한다. 마찬가지로 자기 경영이라는 큰 덩어리도 세부적으로 잘라서 하나씩 달성해야 한다. 자르는 기준은 책이나 프로그램에 따라 다르다. 하지만 공통으로 강조하는 것이 있다. 바로 '시간 관리'다. 시간 관리는 누구나 강조했고 가장 중요하게 다뤘다.

시간은 누구에게나 똑같이 주어진다.

부자든 가난한 사람이든 나이가 많든 적든 남자든 여자든, 주어지는 양도 같고 사용하는 방법도 같다. 시간에 관한 재미있는 이야기가 있다. 매일 아침 86,400원이 입금되는 계좌가 있다. 이 돈은 그날 사용하지 못하면 사라진다. 일반적인 계좌처럼 이월되지 않는다. 모아둘 수도 없다. 당일 인출해서 모두 사용해야 한다. 무슨 말일까? 86,400원은, 우리가 매일 받는 86,400초라는 시간을 의미한다.

시간 관리의 핵심은 기록이다.

내가 사용할 시간을 미리 계획하고 사용한 시간을 확인한다. 보통은 계획만 하지 실제 사용한 시간을 확인하진 않는다. 하지만 실제 사용한 시간을 기록해보면 자신도 모르게 새어나가는 시간이 많다는 것을 알게 된다. 가계부를 쓰는 것처럼, 시간 가계부를 쓰는 것이 매우 중요한 이유다.

10년 전쯤 한창 사용했던 도구가 '프랭클린 플래너'였다.

그때는 시간 관리를 하겠다고 다짐한 사람은 거의 이 플래너를 사용하지 않았을까 싶다. 어떤 구성으로 되어 있는지 정확하게 기억나진 않지만 정말 열심히 썼던 기억이 난다. 몇 년 전부터는 온라인 캘린더로 시간 관리를 했는데 잘 안됐다. 어떻게 할까 고민하던 중, 온라인 강연에서 '3P 바인더'라는 것을 알게 되었다. 시간 관리가 흐트러진 지금, 꼭 필요한 도구라 생각하고 바로 사용하기 시작했다.

기록에 대한 중요성을 깨달은 건 대학교 복학해서였다.

군 제대 후 복학하면서 2~3년 자취했던 적이 있었다. 아침 일찍 나가 밤늦게 돌아오는데, 매월 고정적으로 나가는 비용이 상당했다. 밥도 거의 밖에서 먹고 평일에는 집에 거의 있지 않아, 수도나 전기를 별로 사용하지 않는데 왜 그런지 이해가 되지 않았다. 그래서 가계부를 쓰기 시작했다.

고정비용 때문이었다.

가계부를 쓰기 시작하고 얼마 지나지 않아 이유를 알았다. 먹지 않고 쓰지 않아도 나가는 기본적인 비용. 자동차로 따지면 1년 내내 주차장에 세워놔도 나가는, 세금과 보험료 같은 것 말이다. 고정 비용의 무서움을, 그때 깨달았다. 기록하지 않았으면 알지 못했을 거다.

내가 사용하는 시간을 살펴볼 필요가 있다.

가장 많이 사용하는 시간이 곧 내 삶을 만들기 때문이다. 그냥 그냥 소비되는 시간으로 사용하고 있다면, 그냥 그냥 소비되는 삶이 될 수 있다. 의미 있는 곳에 시간을 사용한다면 의미 있는 삶이 될 수 있다. 의미 있는 시간의 기준은 없다. 누군가에게 의미 있는 시간이 누군가에게는 의미 없을 수 있고, 그 반대일 수도 있다. 의미가 있는지 없는지는 본인이 잘 안다. 똑같이 부여받은 시간이라면, 그냥 사라지고 없어질 시간으로 보내기보다, 오랜 시간 여운이 남을 수 있는 시간으로 보내는 게 어떨까?

양식은, 주어진 시간을 꾸준히 잘 사용함으로 얻어지는 삶의 원동력이다.

매일 힘들기만 한데
언제쯤 편안하게 생활할 날이 올까요?

일생 최고의 맥주 맛을 기억하는가?

나도 맥주를 참 좋아하지만, 이 질문을 받으면, 가장 잊지 못할 한 모금의 막걸리가 생각난다. 군대에서 유격훈련을 2주간 받은 적이 있다. 한여름은 아니었던 것 같은데, 매우 더운 날씨였던 것으로 기억된다. 우리의 소원은 통일이 아닌, 비였다. 비가 오면 훈련을 하지 않기 때문이다. 막사에서 듣는 빗소리는, 심신을 안정시켜주는 음악과도 같았다. 비가 그쳤다는 청천벽력 같은 소리를 듣기 전까지는 말이다.

끝나지 않을 것 같은 2주간의 훈련이 끝났다.

짐을 다 챙겨서 도보로 이동했다. 기억으로는 2~3시간 정도 걸렸다. 평소의 몸 상태였다면 일도 아니었지만, 그때는 아니었다. 2주간 막사 생활을 하면서 훈련받는다는 건, 생각보다 고되다. 육체적인 힘듦도 있었지만, 진이 빠진다고나 할까? 정신도 반쯤 나간 상태로 기운이 없었다. 집 나가면 고생이라는 말은, 군대 야전 생활에도 적용된다. 한창 훈련 시즌일 때는, 한 달에 2/3를 밖에서 생활한 적도 있었다.

햇빛 눈이 부신 날에 도보 행군은, 정말 최악이다.

나무가 우거진 곳을 지날 때는 그늘이라도 있어 다행이지만, 그렇지 않은 곳은 정말이지 아니다. 등에는 군장이 누르고 위로는 강렬한 햇빛이 누른다. 점점 바닥으로 깔리는 느낌이다. 어찌어찌 꾸역꾸역 걷는데 부대가 보였다. 그렇게 반가울 수가 없었다. 당이 떨어졌을 때 초콜릿을 먹은 느낌이랄까? 흐릿한 정신이 조금은 돌아왔다.

입구에 다다랐을 때 조금씩 정체가 되었다.

가다 서기를 반복했다. '다 와서 뭐야?' 슬슬 짜증이 올라오고 있었는데, 눈에 들어온 건 낮은 테이블에 올려진 커다란 드럼통이었다. '웬 국?' 내 차례가 돌아와 그 안을 보는데, 커다란 얼음이 둥둥 떠 있는 막걸리였다. 한 대접 떠서 목으로 넘기는데, 와! 다른 말이 필요 없었다. 갑자기 기운이 불끈 솟았다. 막걸리에 이런 효능이 있는 줄 처음 알았다.

지금 나에게 가장 힘이 되는 시간은 언제였을까?

가장 힘들었던 시기다. 너무 힘들어 '이렇게까지 살아야 하나?'라는 생각이 들 만큼 힘들었던 시기다. 매일 계속되는 야근과 주말 근무에 몸과 마음이 너덜너덜해졌을 때가 있었다. 하루는 야근을 마치고 버스에 머리를 기대고 멍하니 가고 있었다. 눈에 들어온 건 밝은 불빛 아래, 파라솔에서 삼삼오오 모여 맥주를 마시고 있는 사람들이었다. 그렇게 부러울 수가 없었다. 그들이 마시는 맥주와 안주가 아니라, 그럴 수 있는 여유가 부러웠다.

견뎌냈던 시간이 있었기에 지금의 내가 있다.

지금도 여유 있게 사는 건 아니지만, 많이 좋아진 건 사실이다. 매우 힘들고 어려운 과정을 잘 견뎌냈기에, 그때의 경험과 만났던 사람들로, 지금까지 일을 할 수 있었다. 그때는 필요 없는 경험이라 생각했고, 피할 수 있다면 피하고 싶은 경험이 많았다. 하지만 겪어내지 않았다면, 지금 나의 존재는 어떻게 되었을지 알 수 없다.

모든 일에서 반드시 거쳐야 하는 과정이 있다.

그 과정은 매우 힘들고 고통스럽다. 하지만 그 과정이 없으면 영광도 없다. 십자가의 고통과 죽음이 없었다면 부활은 존재하지 않는다. 영광스러운 부활을 원한다면, 그에 따른 십자가의 무게도 견딜 각오를 해야한다. 그 과정이 없으면 절대 영광을 얻을 수 없을 뿐만 아니라, 설사 영광이 오더라도 알아보지 못한다. 그것을 볼 수 있는 눈이 없고, 맛볼 수 있는 감각이 없기 때문이다. 지금 힘들다는 건, 곧 영광의 순간이 머지않았다는 신호가 아닐까?

과정은, 부활의 영광 전에 십자가의 고통과 죽음이 있었다는 것을 깨닫는 것이다.

남들은 기회가 잘만 오는데, 저는 기회가 오질 않아요. 재수가 없는 건가요?

기회란, 오는 것인가? 찾아가는 것인가?

일반적으로는 전자로 많이 표현한다. 하지만 언젠가부터 후자의 표현이 많이 들리기 시작했다. 기회를 가만히 앉아서 기다리는 게 아니라, 직접 찾아 나선다는 말이다. 여기서 찾아 나선다는 말에는 두 가지 의미가 담겨있는 것으로 보인다.

첫 번째는, 말 그대로 찾아 나서는 것.

내가 현재 있는 곳이 아닌 다른 곳으로 찾아 나서는 것을 의미한다. 물리적인 이동일 수도 있지만, 거의는 분야의 이동이라 볼 수 있다. 현재 직업이 아닌 다른 직업을 선택하거나 또 하나의 업을 갖는 것이 대표적이다. 요즘 말로 부케라고 표현한다. 그래서 직업이 하나가 아닌 여러 가지를 가지고 있는 사람이 많아졌다. 적금만 들던 사람이 주식을 하거나 코인을 구입하는 등의 투자를 하는 것도 기회를 찾아 나서는 방법의 하나로 볼 수 있다. 다만 기회가 욕심으로 바뀌는 순간, 오히려 더 많은 것을 잃을 수 있다는 것도 기억해야겠지만 말이다.

두 번째는, 준비하고 있는 것.

내가 현재 있는 곳에서 지금보다 나은 기회를 얻기 위해 준비하는 것을 의미한다. 대표인 사례로는 프로선수들을 들 수 있다. 후보 선수나 2군에 있는 선수가 1군 무대에 오르기 위해 부단한 노력을 한다. 노력이 빛을 발해 감독에 눈에 띄어 올라오기도 하지만, 뜻하지 않은 기회가 오기도 한다. 1군 선수의 부상이나 이탈 등의 변수가 그렇다. 선수를 채우기 위해 선발했는데 의외의 결과를 발휘하는 선수가 등장한다. 그렇게 한 게임 두 게임 뛰다, 어느새 주전 자리를 꿰차는 선수도 생긴다.

이 선수들은 경기에 임하는 자세가 남다르다.

눈빛도 다르다. 한 번 온 기회가 전부라는 생각으로 전력을 다하고 전심을 다 한다. 그런 모습이 느껴질 때가 많다. 다행히 좋은 결과가 나오면 기분이 좋지만, 그렇지 않은 모습을 보면 안타깝다. 그 좌절감은 1군 무대에서 뛰지 않을 때보다, 몇 배나 더 클 것 같다는 생각 때문이다. '어떻게 잡은 기회인데….'라는 안타까운 마음과 허무하게 날린 자신에 대한 원망이 어우러져, 매우 괴로워할 거다. 이런 선수들의 고전분투를 보면, 현실에 임하는 내 마음을 돌아보게 된다. 배부른 투정을 부리고 있는 건 아닌지.

기회를 맞이할 준비가 되어있는가?

오는 기회이든 찾아가는 기회이든, 맞이할 준비가 돼 있지 않으면 받아안을 수 없다. 그럼 어떤 준비가 필요할까? 분야에 해당하는 전문적인 지식을 공부하거나 인맥을 쌓는 것이 직접적인 준비라고 할 수 있다. 하지만 그것만이면 될까? 어쩌면 이보다 더 중요하지만 간과하는 것이 있다. 겸손한 마음이다. 생뚱맞게 무슨 말이냐며 낯간지러워하거나, 무슨 상관이냐고 반문할 수 있다. 하지만 정말 중요하다.

앞서 말한 지식과 인맥에 비춰보면 알 수 있다.

지식을 공부하는데 얼추 보고, "다 아는 거네!"라거나 "별거 없네!"라는 마음을 갖는다면 어떨까? 집중하지 못한다. 다 안다는 생각은, 받아들이기를 거부하게 만든다. 자만이라는 놈이 가로막기 때문이다. 본인이 열심히 해서 얻으려 하기보다 요행으로 얻기를 바란다. 인맥도 그렇다. 상대에 대한 배려 없이 교만한 모습으로 대한다면, 상대방은 다시는 마주하고 싶지 않게 된다. 교만한 사람의 특징은 자신의 말을 더 많이 한다는 것이다. 그리고 상대의 말을 무시한다. 듣기보다 말하기를 더하면, 좋은 정보를 얻을 기회를 잃게 된다. 이와 함께 더 좋은 사람을 소개받을 기회도 함께 잃게 된다. 나는 기회를 맞이할 준비가 되어있는가?

기회는, 겸손한 마음으로 할 수 있는 최선을 다할 때 마주할 수 있는 선물이다.

둘 다 선택하고 싶은데 어떻게 할지 모르겠어요.
좋은 방법이 있을까요?

'6:4의 법칙'을 아는가?

내가 누구와 이야기하다, 문득 떠올라서 말한 법칙이다. 말하면서도 참 괜찮은 이야기라는 생각이 들었다. 왜 이럴 때 가끔 있지 않나? 내가 말 하면서도 '괜찮네!'라는 느낌이 드는 이야기. 내가 생각해도 대견하게 느 껴지는 이야기, 말하면서 가슴 한쪽이 달아오르는 느낌이 드는 이야기, 말하면서 깨닫게 되는 이야기 말이다. 내가 앞으로 어떤 선택을 할 때도 도움이 될 법칙이라는 확신이 들었다. 진심! 그렇다는 얘기는 뭐다? 내 머리에서 나온 법칙이 아니라는 말이다. 계시까지는 아니라도, 거저 얻 은 것으로 봐야한다.

검색해봤다.

무슨 법칙 무슨 법칙 하면서 법칙도 참 많으니, 혹시 있으면 어쩌나 해 서. 내가 거저 얻은 법칙인데 말이다. 아…. '6:4의 법칙'으로 검색하니, 있었다. 검색 결과로 나열된 블로그와 브런치에 '6:4의 법칙'이 볼드체로 드문드문 보였다. 하지만 그 의미는 달랐다. 다행이라고 해야 하나? 암 튼. 검색 결과로 나온 법칙의 의미는, 상대에게 6을 주고 내가 4를 가지 라는 말이었다. 비즈니스에서 그렇게 했을 때, 더 많은 것을 얻을 수 있다 고 알려준다. 베풀수록 더 받는다, 뭐 이런 의미로 보면 된다.

내가 말한 '6:4'의 법칙은 다른 의미다.

어떤 선택을 하는데 매우 고민이 될 때가 있다. 여기로 가면 저기가 더 좋아 보이고, 저기로 가면 여기가 더 좋아 보이는, 두 마리의 토끼를 잡고 싶은 그런 상황 말이다. **두 마리중 하나만 선택해야 한다면 어떻게 해야 할까? 그때 필요한 게, '6:4의 법칙'이다. 6을 선택하라는 말이다.**

예를 들어, 다니고 있는 회사가 있다고 하자.

너무 좋은 회사일 수도 있고, 너무 싫은 회사일 수도 있다. 하지만 대부분은 이 두 마음이, 냉탕과 온탕을 오가듯 반복된다. 심할 때는 하루에도 몇 번을 오간다. 이때 실수하는 게 있다. 특히 그만두어야겠다고 생각할 때다. 끓어오르는 감정이 최선이라 생각하고 결정한다. 하지만 지나고 후회하는 사람이 많다. 본인은 아니라고 해도, 표정과 지내는 모습을 보면 알 수 있다. 아! 이건 지극히 내 주관적인 생각이다. 그래서 내 착각일 수도 있다. 나 역시, 끓어오르는 감정으로 선택하려 했던 적이 있다는 것을 인정한다.

감정이 격해질수록 차분하게 생각해야 한다.

지금의 감정을 100%로 보지 말라는 말이다. 차분하게 생각해 본다. 적어보는 게 더 좋다. 내가 계속 다녀야 하는 이유와 내가 그만둬야 하는 이유를 적어본다. 그렇게 적어보고, '6:4의 법칙'을 적용해 본다. 조금이라도 더 비중을 차지하는 방향으로 선택하라는 말이다. 아쉬움이 남을지는 몰라도, 최소한 후회하지는 않을 테니 말이다. 다른 선택도 이렇게 하면 도움이 될 듯하다. 100% 좋고 100% 나쁜 건 없기 때문이다.

'6:4의 법칙'을 차분하게 적용하는 데 필요한 게 있다.

마음의 평정이다. 마음의 평정을 찾지 못하면, 그 어떤 좋은 법칙을 알고 있어도 무용지물이 된다. 감정을 이길 수 있는 건 없다. 그래서 태풍처럼 몰아치는 마음을 빠르게 잔잔하게 만들 수 있는, 그 무엇이 필요하다. 나는, 마음 밭을 가꾼다고 표현한다. 내 마음 밭을 잘 가꾸는 방법을 안다면, 내 안에 그 어떤 씨앗이 떨어져도 잘 가꿀 수 있게 된다.

평정은, 올바른 판단을 객관적으로 하는데 필요한 마음 상태이다.

하루하루가 버겁다는 느낌 때문에 많이 힘들어요.
벗어나고 싶은데 방법이 있을까요?

매년 11월 2일은, '죽은 모든 이를 기억하는 위령의 날'이다.

가족이나 주변에 돌아가신 분들도 기억하지만, 아무도 기억하지 않는 불쌍한 영혼들을 기억하고 영원한 안식을 위해 기도하는 날이다. 나이가 들어 세상을 떠날 때가 되어 떠나는 건, 어찌 보면 축복이다. 하지만 병이나 사고 그밖에 억울하게 죽을 수밖에 없었던 영혼들이 있고, 자유와 평화를 유해 목숨을 바친 영혼들도 있다. 그분들을 위한 마음 깊은 기도가 필요하다.

삶과 죽음을 바라보는 시선은 다양하다.

병으로 고통 중에 있거나 삶이 너무 힘든 사람은, 차라지 죽는 게 낫다고 말하기도 한다. 사는 게 사는 게 아니라는 말처럼, 고통과 삶의 무게에서 벗어나고 싶은 마음이 그만큼 크다는 말이다. 살면서 죽고 싶다는 생각을 한 번도 안 해본 사람이 있을까 싶을 정도로, 삶 중간중간에 너무 버거울 때가 있다. 지나고 나면 그리 버거운 일도 아닌데, 당시에는 왜 그렇게 버겁게 느껴졌는지 모르겠다. 이미 지나고 나서 그런지 아니면, 지나면서 이겨낼 힘이 생겨서 그런지 모르겠지만 말이다.

개똥밭에 굴러도 이승이 낫다는 속담도 있다.

삶이 아무리 힘들고 고통스럽다고 해도, 살아있는 게 더 낫다는 말이다. 이 말에 공감하지 못하는 사람도 있겠지만, 살아야 하는 이유가 명확했던 누군가는 이 말을 몸소 실천했다. '사기(史記)'를 집필한 사마천이다. 그는 궁형(宮刑)이라는 고통과 수모를 당했지만 살아냈고, 그렇게 자신이 목표한 '사기'를 완성했다. 지독하다는 수식어도 그의 의지와 집념을 위로하기에는, 역부족이라는 생각이 든다.

"오늘은, 어제 죽은 누군가가 그토록 원했던 내일이다."

이 문장에서 두 가지 의미를 찾을 수 있다. 하나는, 삶이 힘들고 고통스럽다 해도, 하루라도 더 살고 싶은 게 사람의 마음이라는 것이다. 100%라고 말할 수는 없지만, 대다수가 그렇게 원한다는 생각이 든다. 다른 하나의 의미는, 살아 있는 사람이 품고 있어야 할 마음이다. 누군가는 그토록 원하는 하루였지만 얻을 수 없었다. 하지만 오늘은 사는 우리는 그 하루를 얻었다.

이것을 어떻게 생각하고 받아들여야 할까?

그냥 원래 오는 하루인데 뭘 그렇게 유난 떠냐고 말할 수도 있다. 하지만, 다시 한번 이 문장을 천천히 읽어보자. "오늘은, 어제 죽은, 누군가가, 그토록, 원했던, 내일이다." 조금은 마음이 달라지지 않는가? 내가 이 문장을 알게 된 건 꽤 오래전이다. 이 문장을 어디에서 봤는지 기억나진 않지만, 처음 이 문장을 접했을 때 몇 번을 되뇌면서 생각했다. '아! 그럴 수도 있겠구나!'

매일 맞이하는 하루가, 그냥 하루가 아니었다.

소중한 선물 같은 느낌이었다. 아주 작지만, 책임감이라는 단어가 어느

새 내 등 뒤에 붙었다. 내가 살아 숨 쉬는 오늘은 내 삶일 수도 있지만, 그토록 원하던 누군가의 삶의 일부일 수도 있겠다는 생각도 들었다. 하루라는 짧은 시간이, 그냥 그냥 왔다가 가버리는 시간이 아니었다. 솜털같이 가벼운 하루의 무게가 물먹은 솜처럼 무겁게 내려앉았다. 그 마음이 오래 지속됐으면 좋겠건만, 사람은 망각의 동물이라…

삶의 무게가 힘겹게 느껴져 내던지고 싶을 때는, 잠시 내려놓을 필요가 있다.

내던지면서 포기하지 말고, 잠시 내려놓는 방법을 찾아야 한다. 나를 짓누르는 삶의 무게는, 내던질 수 없고 포기할 수 없기에 짊어지고 있는 게 아닌가? 꿈을 위해서거나 아니면, 먹고사는 데 필요하기 때문이 아닌가? 그러니, 할 수 있고 해야 하는 건, 잠시 내려놓는 거다. 그리고 살펴보는 거다.

불필요한 것을 담고 있지는 않은지 살펴보고 덜어내야 한다.

굳이 지금 필요하지 않은 것이라면 덜어내야 한다. 너무 많은 것을 짊어지려 하지 말고, 힘들 땐 꼭 필요한 것만 챙겨서 짊어지자. 학교 다닐 때, 책가방에 많은 물건을 넣어서 다닌 기억이 있다. 언제 어떻게 쓰일지 몰라 챙기다 보니, 가방에 한가득 채워졌다. 하지만 한 달 이상, 한 번도 사용하지 않은 물건이 대부분이었다. 그래도 미련이 남아, 가지고 다녔다. 무겁고 힘들다고 투덜대면서 말이다.

아무 일도 일어나지 않는다.

혹은 별 무리 없이 지나갈 수 있다. 내가 꼭 짊어져야 할 것은 무엇인지 살피는 시간을 통해 구분해낼 수 있다. 새벽 고요한 시간, 가만히 눈을 감고 있어 보자. 의도적으로 무슨 생각을 하기 위해 애쓸 필요는 없다. 그렇게 있으면 내 머릿속이나 마음을 차지하고 있는 일이나 사람이 떠오른다. 흘러가는 물처럼 그렇게 그냥 떠오르는 대로 흘러가도록 두다 보면, 어느 순간 나에게 꼭 필요한 것이 떠오른다. 고민을 해결하는 방법일 수도 있고, 생각지 못한 지혜일 수도 있다. 그렇게 짐을 짊어지는, 슬기로운 방법을 깨닫게 된다.

짐은, 인생에서 꼭 짊어지고 가야 하는, 자신이 감당해야 할 무게다.

빠른 성과를 내기 위해 집중하는데 생각보다 잘 안 돼요. 좋은 방법이 있을까요?

정도(正道).

바를 '정', 길 '도' 즉 올바른 길이라는 의미의 단어다. 어렵지 않은 단어지만, 이 단어를 실천하는 건 쉽지 않다. 정도의 길이 어떤 길인지 몰라서 그런 게 아니다. 오히려 잘 알고 있어서 그렇다. 정도의 길과 내가 걷고 싶은 길의 방향이 다를 때가 많다. 정도의 길은 손해 보는 것 같은 느낌이 든다. '굳이 그렇게까지 해야 하나?'라며, 들어가지 않아도 되는 시간과 비용이 들어간다고 생각한다.

원하는 것을 달성하기 위해서는, 필요한 최소한의 조건이 있다.

최소한의 조건을 갖추지 못하면, 더 이상의 기회는 얻을 수 없다. 자격 심사를 통과하기 위해서는, 필요한 서류가 있다. 주최 측에서 1차 검증에 필요한 최소한의 서류를 요청하면, 그것에 맞게 준비해서 제출한다. 이 최소한의 조건에 통과하지 못하면, 이어지는 2차 3차 과정에는 기회가 주어지지 않는다. 예체능 계열 임용시험도 그렇다. 기본적으로 필기시험에 통과하지 않으면, 실기를 아무리 뛰어나게 해도 소용이 없다. 기회를 부여받지 못하기 때문이다.

필요한 조건이 충족되지 않으면, 그에 따른 대가를 치르게 된다.

대표적인 예로, 건강을 위해 충족되어야 요건 중 하나인, '잠'을 들 수 있다. 하루에 7시간의 잠을 자지 않으면, 언젠가 그에 대한 대가를 치른다는 말을 들은 기억이 있다. 대가를 치른다는 말이, 섬뜩하게 들렸는데, 가만히 생각해 보니 고개가 끄덕여졌다. 바쁘다는 이유로 가장 많이 줄이는 게 잠이다. 학창 시절부터 직장 생활에 이르기까지, 물리적인 시간 대비해야 할 것은 넘쳐난다. 그래서 가장 줄이는 시간이 잠이다. 잠은 줄여도, TV 보는 시간이나 노는 시간은 못 줄이겠다는 사람이 의외로 많다. 이해하기 어렵지만 말이다.

당장은 잠을 줄이는 게 시간을 아끼는 효율적인 방법이라 생각하지만, 아니다.

언젠간 그렇게 줄인 대가를 치르게 된다는 말에, 동의한다. 최소한으로 섭취해야 할 물과 영양소가 있는 것처럼, 쉬어야 할 최소한의 시간이 필요하다. 잠깐 당겨서 사용할 수는 있겠지만, 계속 당겨쓰다가는 정해진 시기보다 일찍 바닥날 수 있다. **연료가 떨어진 자동차가 시간이 없다고 주유하지 않고 계속 달리면 어떻게 되겠는가? 자동차가 앞으로 나가지 못하는 것은 물론, 다른 여러 장치가 망가진다. 더 많은 시간과 노력이 소요되는 것은, 두말하면 잔소리다.**

줄일 수 있고 줄여야 할 것은 줄여야겠지만, 그러지 말아야 할 것을 줄여서는 안 된다.

오히려 더 많은 시간과 노력을 쏟아야 하는 대가를 치러야 한다. 자동차는 시간과 돈을 들여서 고치고 정비하면 된다. 정 안되면 폐차하고 다시 구매하면 된다. 하지만 사람은 그럴 수 없다. 크지 않은 병은 큰 어려움 없이 고칠 수 있지만, 손을 쓸 수 없게 되면 방법이 없다. 그래서 필요한 최소한의 조건을 충족시키면서 살아야 한다.

최소한의 조건을 갖추거나 충족시키지 않으면서 바라는 건 욕심이다.

욕심은 다른 방법을 찾게 한다. 그 방법이 당장은 묘수처럼 느껴질지 몰라도, 언젠가는 결국

그 대가를 치르게 된다. 묘수는 기본적인 조건을 채우고 더 나은 방법을 찾는 것이지만, 꼼수는 기본도 채우지 않고 방법만 찾기 때문이다. 스포츠로 치면, 체력도 다지지 않고 기술을 익히겠다고 달려드는 것과 같다. 잠깐은 빛을 발할지 모르겠지만, 어느 시점에서 무너질 수밖에 없다.

원하는 것이 있는가? 도달하고자 하는 곳이 있는가?

그것을 얻기 위해 혹은 도달하기 위해 기본적으로 갖춰야 할 최소한의 조건은 무엇인가? 그것을 하고 있는가? 하고 있지 않다면, 얻거나 도달하더라도 오래가지 못할 가능성이 크다. 욕심으로 자신의 눈과 마음을 가리기보다, 최소한으로 갖춰야 할 조건이나 충족해야 할 조건을 살필 필요가 있다. 원하는 길을 제대로 걷기 위해서는 말이다.

조건은, 원하는 것을 이루는데 충족되고 갖춰야 할, 최소한의 기본이다.

가끔은 사는 게 팍팍하다는 느낌이 들어요.
윤활유를 칠하는 방법이 있을까요?

아이들이 블록을 정성스레 쌓고 있는 모습을 볼 때가 있다.

블록뿐만 아니라 많은 조각을 조립해서 커다란 모형을 완성하는 모습을 보기도 한다. 지금은 아이들이 어느 정도 성장해서 이런 모습을 보기 어렵지만, 취학 전에서 초등 저학년까지는 간혹 이런 모습을 봤다. 평소에는 까불까불하던 아이들의 표정과 모습이 그처럼 진지할 때가 없었다. 이런 모습을 지켜보는 많은 부모는 이런 생각을 한다. '공부를 저렇게 좀 했으면….'

블록 쌓기는 지금 아이들 세대에 갑자기 생겨난 놀이가 아니다.

지금의 어른들도 어릴 때 많이 했던 놀이다. 부단히도 쌓았다가 허물고 만들었다가 해체했다. 위로 쌓는 블록 말고도 옆으로 늘어트리는 도미노 게임도 있다. 한참 집중해서 쌓고 있는데 누군가 잘못 건드려 와르르 넘어질 때면 그렇게 허무할 수가 없었다. 그래서 나중에는 중간중간 블록을 빼서, 혹시 넘어지더라도 최소한의 피해(?)를 보자는 전략을 짜기도 했다.

희한한 건 같은 놀이지만, 바라보는 느낌이 다르다는 사실이다.

어릴 때는 그런 생각을 하지 못했는데, 어른이 돼서 이런 놀이를 하는 아이들을 보면 이런 생각이 든다. '어차피 무너트릴 거 뭐 그렇게 애를 쓰나?' 우리가 이 놀이를 할 때, 우리를 바라보던 어른들도 그랬겠지? 왜 어른이 되면 이런 생각을 하게 될까? 다양한 표현이 있겠지만, 한마디로 요약하면 이렇지 않을까? "블록이 밥 먹여주냐?"

실용성을 말한다.

그래시 얻을 수 있는 이익이 뭔지, 부수적으로 얻을 수 있는 효과는 무엇인지를 따지게 된다. 이 질문에 답하지 못하는 그 어떤 생각이나 행동은 쓸데없는 짓이 되어버린다. 나름대로 이유가 있더라도 당장에 얻을 수 있는 효과가 없다면, 무시당하기에 십상이다. 그렇게 우리는 최소한의 노력으로 최대한의 효과를 얻는 것이, 최대의 가치라 여기며 살아가고 있다.

그렇게 살았기 때문에 지금 먹고살고 있다는 것을 부정하진 않는다.

하지만 그렇게만 살기에는, 무너지는 블록과 쓰러져가는 도미노보다, 허무하게 느껴질 때가 오지 않을까? 최선이라 생각하며 열심히 달렸는데, 고개를 들어보니 아무것도 없는 벌판을 마주한다면 어떨까? 내가 선택하고 내 의지대로 달렸다면 허무함의 크기는 그나마 적을 것이다. 하지만 우리 대부분은, 자신의 선택과 의지보다는 그렇게 해야 하는 상황때문에 하고 있다.

마음 창고 어딘가에, 먼지를 맞으며 방치된 나만의 블록을 쌓아보는 건어떨까?

어릴 적에 가졌던 소망까지 가지 않더라도, 그것에 집중할 수 있고 집중하는 것만으로도 행복할 수 있는 것 말이다. 먹고살기 바쁘다는 이유로 밀어두고 밀어놨던 그것을 꺼내서 하나씩 쌓아보는 건 어떨까 싶다. 지금 상황에 말도 안 된다며 손사래 치지 말고, 그 말도 안 되는 상자를 일단 꺼내보자.

쌓여있는 먼지를 털어내고 그냥 둬도 된다.

눈에 띄는 곳에 두고 오갈 때 한 번씩 쳐다보자. 가끔 시간이 나거나 마음이 동할 때 상자를 열어보고, 또 여력이 된다면 블록을 하나씩 꺼내보고 그러다가 하나씩 쌓아보자. 그렇게 쌓은, 밥 먹여주지 않는 블록이 나를 살아가게 하는 동력이 될 수 있다. 왜냐면 아무런 대가 없이 온전히 나를 집중할 수 있기 때문이다.

가만히 생각해 보자.

가슴 벅찼던 순간이 언제였는지를. 어떤 대가를 위해서 한 행동이 아니라, 아무런 대가를 바라지 않고 한, 순수한 동기에서 시작된 행동이지 않았나? 그것이 가슴을 뛰게 했고 살아내게 했다. 그 순간을 너무 멀리했기에 감각이 둔해진 것뿐이지, 잊힌 건 아니다. 그 감각을 다시 깨워보면 좋겠다. 그렇게 가슴을 뛰게 하고 세포 하나하나를 깨우는 나만의 블록 쌓기를 찾는다면, 지금보다 조금은 더 행복하지 않을까?

블록은, 나를 깨우는, 마음속에 조각 하나하나이다.

새로운 시도 자체가 두렵고 떨려요.
마음을 다스리는 방법이 있을까요?

'고양이 목에 방울 달기'

어릴 적 한 번쯤은 들어본 이야기다. TV에서 만화로 본 기억도 난다. 내용을 살짝 각색해서 요약하면 이렇다. 쥐들이 모여서 회의를 한다. 시도 때도 없이 나타나는 고양이 때문에 불안해서 살 수 없다고 하소연한다. 각자가 의견을 내다가 고양이 목에 방울을 다는 것이 어떻겠냐는 의견이 나온다. 고양이가 움직일 때마다 방울 소리가 들리니, 그 소리를 듣고 숨어버리면 되기 때문이다. 모두가 너무 좋은 아이디어라고 칭찬을 아끼지 않았다.

고양이 목에 방울을 달기만 하면, 조금은 마음 편하게 살 수 있다는 느낌이 들었다.

"자! 그럼 고양이 목에 누가 방울을 달지 결정하시죠!" 이 말이 끝남과 동시에 정적이 흘렀다. 방울을 다는 건 좋은데, 내가 그것을 하기는 싫었던 거다. 싫다기보다 두려웠던 거다. 자칫 잘못했다가 봉변을 당할 수도 있기 때문이다. 모두가 머뭇거리고 있다가 결국, 각자 알아서 조심하기로 하고 흩어진다. 실행되지 못한, 좋은 아이디어로 끝나게 되었다.

쥐들은 두 가지 두려움을 가지고 저울질을 했다.

고양이 목에 방울을 달아야 한다는 두려움과 언제 나타날지 모른다는 긴장감 속에 살아야 한다는 두려움이다. 두 가지를 비교하면 전자보다 후자의 두려움이 더 크게 느껴진다. 매일 긴장된 몸과 마음으로 살아야 한다는 것이 얼마나 피 말리는 것인가? 하지만 쥐들은 후자의 두려움을 선택했다. 고개를 갸우뚱하게 만드는 이 선택을 왜 했을까?

두 가지 이유로 생각해 볼 수 있다.

첫 번째는 원래 그렇게 살았기 때문에 익숙하다. 익숙한 두려움이라고 해야 할까? 두렵기는 하지만 익숙해서 견딜 만하다고 생각한다. "지금까지도 그렇게 살아왔는데, 뭐." 두 번째는 총대를 메야 하는 두려움이다. 혼자서 감당해야 한다는 생각은, 몇 배는 더 큰 두려움에 휩싸이게 만든다. 왜 혼자서 해야 한다고만 생각했을까? 팀을 짜서 방울을 달 수 있는 아이디어를 냈으면, 큰 두려움 없이 해낼 수 있었을 텐데 말이다. 부담을 나눠 갖듯이.

두려움을 선택해야 할 때가 있다.

어떤 잘못을 했을 때가 그렇다. 잘못한 사실을 말해야 한다는 두려움과 말하지 못하고 끙끙 앓는 두려움 중 하나를 선택해야 한다. 두 가지 모두 결과에 대해서, 알지 못한다. 잘못을 저지른 순간, 그것을 판단하고 조치하는 몫은 이미 나에게서 떠났기 때문이다. 내가 쥐고 있는 것은, 말을 할지 말아야 할지에 대한 판단뿐이다.

어떤 판단이 현명한 판단일까?

두려움에 대처하는 방법 중 가장 안 좋은 것은, 자신이 떠안고 있는 거다. 자신이 판단하거나 결정하지 못할 것을 떠안고, 이런저런 상상의 나래를 펼친다. 그 상상의 나래에서 좋은 모습이 보일 리 없다. 두려움에 두려움이 더해지고, 더 큰 두려움이 만들어진다. 아니, 만든다. 자신이 상상으로, 두려움을 더 크게 만드는 거다.

어딘가를 갈까 말까 망설여질 때 가장 어려운 건, 한 발을 떼는 거다.
한 발을 떼면 두 발 세 발은 그냥 따라가게 된다. 처음 한 발이 어려운 거다. 한 발을 떼는 게 두려움을 떨치기 위한 첫걸음이다. 거기까지만 용기를 내자. 그러면 두 발 세 발은 자연스레 만들어진다. 내가 원하는 결과가 아니더라도 실망하거나 좌절할 필요는 없다. 어쩔 수 없는 거다. 내가 어찌할 수 있는 건, 두려움을 담아두고 상상의 나래를 펼치지 않기로 다짐하고 실천하는 것뿐이다.

선택은, 내가 어찌할 수 있는 것을 취하고, 어찌할 수 없는 것은 받아들이는 마음이다.

어떤 결정을 하면 항상 아쉬움이 남아요.
결정하지 말아야 할까요?

사회인 야구를 했던 적이 있다.

5년 정도 했는데, 일정이 여의치 않아 그만두었다. 오래전부터 좋아하는 야구라서 하고 싶다는 생각만 했지, 선뜻 시작할 수 없었다. 시작하는 초기 비용이 만만치 않았기 때문이다. 거기에 더해, 주말에 하는 경기인데, 주말 출장이 많아 자주 참석하기도 어려웠다. 하지만 더 나이가 들면 하고 싶어도 할 수 없다는 생각이 들었다. 마흔이라는 나이도 적은 건 아니었지만, 최소한 하지 못하는 후회는 하지 말자 생각하고 결단을 내렸다. 그래서 시작했는데, 하길 잘했다는 생각이 든다. 공이 방망이에 맞아 나가는 손맛과 소리를 들으면 짜릿하고, 구장에 있는 그 시간이 좋았다. 순간적인 판단으로 좋은 결과를 내면, 또 다른 희열을 맛보기도 한다.

한 번은 첫 게임을 찬바람이 불 때 뛰었다.

그때까지 게임이 없었던 건 아니고, 내가 시간이 안 돼서 참여하지 못했다. 그 게임이 마지막 게임이 될 줄이야…. 아무튼. 오랜만에 출전이라 그런지, 수비 포지션은 우익수였고 타순은 8번이었다. 참고로 원래 나는 1~3번 타선에 내야수를 주로 했었다. 사회인 야구는 안타와 점수가 많이 나오기 때문에 타선에 자주 들어갈 수 있다. 하지만 이번 게임에서는 2회, 그것도 투 아웃에 첫 타선을 맞았다.

상대 팀이 잘하기도 했고, 우리가 운이 없기도 했다.

주자는 1루와 3루에 있었다. 초구는 몸쪽으로 바짝 붙어 들어왔다. 1루 주자는 2루까지 달렸다. 주자는 2루와 3루. 두 번째 공은 바깥쪽으로 약간 높게 들어왔다. 배트를 냈고, 정타가 나왔다. 공은 3루수와 유격수 사이를 적절한 속도로 빠져나갔다. 두 명의 주자가 모두 들어왔고, 홈으로 송구된 공이 빠진 것을 보니, 2루까지 내달렸다. 첫 게임 첫 타석에서 2타점이라. 느낌이 매우 좋았다. 하지만…

다음 타선 초구였다.

투 아웃 2루였기 때문에, 배트에 공이 맞는 소리와 함께 홈까지 달리기로 마음먹었다. '땅!' 소리와 함께 공은 좌측으로 떠서 날아갔다. 나는 뒤도 돌아보지 않고 홈까지 달렸다. 우리 더그아웃이 3루 쪽에 있어서 뭔가 지르는 소리가 들렸는데, 내용이 들리지는 않았다. 달리라는 건지 멈추라는 건지. 처음 결심한 대로 열심히 달렸다. 홈까지 1/3 정도 남았는데, 공이 포수에게 낮게 깔려오는 게 보였다. '아차!' 순간적으로 판단을 해야 했다. 그냥 내달릴지, 아니면 3루로 되돌아갈지.

일반적으로 판단은 머리로 한다.

하지만 이럴 때는 머리가 아니라, 몸이 한다. 몸이 상황에 반응해서 알아서 움직인다. 하지만 이때는 달랐다. 머리는 그냥 달리라는 신호를 보냈고, 몸은 돌아가라는 신호를 보냈다. 정확히 말하면 그렇게 추측한다. 내가 돌아가려고 몸을 틀었기 때문이다. 하지만 뭐가 잘못됐을까?

몸의 관성은 그럴 마음이 전혀 없었나 보다.

몸을 돌리다 넘어졌다. 넘어지는 와중에 포수를 봤는데, 공이 포수 오른쪽으로 떨어졌다. 정확하게 잡지 못한 것이다. 나는 나름 몸부림쳤다. 기어서라도 홈을 찍으려고 했지만, 포수는 공을 얼른 들어, 내 몸에 갔다 댔다. 그렇게 아웃이 되었다. 불과 3분 사이에, 영웅이 됐다가 좋은 분위기에 찬물 끼얹은 사람이 되었다.

내 몸은 왜 내 머리를 믿지 못했을까?

타이밍으로는 어차피 죽을 거라는 걸 알았기 때문일까? 홈으로 들어가면 백 프로 아웃이니, 살 가능성을 조금이라도 높이기 위해 되돌아가라고 했던 것일까? 몸의 판단은, 몸의 상태를 이겨내지 못했다. 그렇게 처절하게 넘어진 상태에서 몸부림을 쳤으니 말이다. 그날뿐만 아니라 며칠 동안, '그냥 달릴걸…'이라는 생각이 떠나지 않았다. 그만큼 아쉬웠다. 아웃된 것도 아쉽고, 내가 나를 믿지 못한 것도 아쉬웠다.

12월이 되면 한 해를 마무리하고, 새로운 한 해를 준비한다.

매년 돌아보지만, 매년 아쉬움이 크다. 크게 두 가지의 아쉬움으로 갈린다. '이걸 해야 했는데!'와 '그걸 하지 말아야 했는데!'이다. 하지 못한 것에 대한 아쉬움과 한 것에 대한 아쉬움이다. 하지 못한 것을 했거나 한 것을 하지 않았더라도, 아마 같은 반응으로 되돌아보지 않았을까 싶다. 사람 마음에 있는 아쉬움의 그릇은 작아서 금방 차지만, 만족의 그릇은 크기 때문에 쉽게 차지 않는다.

가장 큰 아쉬움은 어떤 아쉬움일까?

나를 믿지 못했던 아쉬움이지 않을까 생각된다. 나는 이렇다고 생각했

는데 주변에서 저렇다고 얘기한 말에 따랐던 일 말이다. 그래서 결과가 좋았으면 다행이지만, 그렇지 않으면 아쉬움은 몇 배로 되돌아온다. 결과에 대한 아쉬움도 아쉬움이지만, 나 자신을 믿지 못했던 아쉬움이 가장 크다. 잘 잊히지 않고 계속 내 마음을 꾹꾹 찌른다. 새로운 한 해에는, 자신을 믿지 못해서 아쉬워하는 일을 최소화하는 것을 목표로 삼으면 어떻까? 잘 되든 안 되든 날이다.

아쉬움은, 내가 나를 믿지 못했을 때, 가장 크게 다가오는 느낌이다.

결정해도 계속 망설여져요.
잘못된 결정이라서 그런 건가요?

'고객 만족을 넘어, 고객 감동으로!'

지금은 잘 보이지 않지만, 예전에 참 많이 언급된 홍보 문구다. 제품만 좋으면 팔린다고 생각했던 시대에서, 서비스의 시대로 넘어가면서 대두된 것으로 생각된다. '만족'과 '감동'을 구분하는, 기준은 무엇일까? 바로, '기대'다. 내 기대가 100이라고 가정했을 때, 100이 채워지면 만족이라는 등에 불이 들어온다. 여기에 더해 110이나 120 혹은 그 이상까지 넘친다면, 내 마음에는 감동의 쓰나미가 몰아친다. 감동한 기억은 쉽게 잊히지 않는다. 제품이든 사람이든, 지속해서 찾게 된다.

사람은 자신이 상상하는 것 이상을 보지 못한다.

누군가의 독창적인 생각에 놀란다는 것은, 내 상상이 거기에 미치지 못했기 때문이다. 관심이 없어서 깊이 생각하지 않았을 수도 있고, 차마 거기까지 도달하지 못했을 수도 있다. 어떤 공동체든, 리더의 머릿속을 뛰어넘지 못한다는 말이 있다. 리더의 머릿속이란, 리더의 능력뿐만 아니라 구성원이 제안하는 아이디어를 포용할 수 있는 것까지 포함한다. 리더 자신의 아이디어를 구현할 수도 있지만, 자신이 생각하지 못한 제안을 수용할 수 있는 능력 또한 매우 중요하다.

누군가는 이런 말을 했다.

'혁신을 보기 위해서는 상상하지 말라!' 사람의 상상은 극히 제한적이기 때문에, 지금까지 보지 못했고 생각하지 못했던 것을 보기 위해서는, 상상이 오히려 독이 된다는 말이다. 상상이라는 공간은 무한대일 것 같지만, 상상은 자기 생각이라는 틀에 갇히게 된다. 그래서 극히 제한적이게 된다.

기대에 선을 긋고, 상상에 선을 긋는다.

의식적으로 그을 수도 있고 무의식적으로 그어질 수 있다. 선이라는 것은 넘어서지 못하게 하는 강력한 힘이 있다. 학교에서 짝꿍이 책상에 선을 긋고, 넘어오면 다 자기 것이라고 엄포를 놓았을 때부터였을까? 흙바닥에 선을 그어놓고 했던 게임에서, 밟지 말아야 할 선을 밟았거나 넘지 말아야 할 선을 넘어서, 느꼈던 쓰라린 기억 때문일까? 선에 대한 힘은 강력하다.

선(線)은, 두려움이다.

선 앞에만 서면 작아지는 이유는, 두려움 때문이다. 밟거나 넘으면 안 된다는 두려움으로 감히 엄두를 내지 못한다. '고르디아스의 매듭'을 과감하게 칼로 자른 알렉산더처럼, 용기 내기를 주저한다. 두려움은 어떤 대상에서 오기도 하지만, 자신에게서 오기도 한다. '될까? 되겠어?' 이런 부정적인 생각도 두려움이 내재한 상태에서 나온다. 상처받고 싶지 않은 두려움 말이다.

두려움을 맞이하는 자세에 대해 생각해 본다.

'번지 점프'를 해보지 않았지만, 그 느낌과 비슷하다는 생각이 든다. 번지 점프를 하기 위해 정상에 올라간다. 대기하면서 뛸까 말까를 다시 망설인다. 할 수 있는 건 둘 중 하나다. 못하겠다고 그냥 내려가던가, 눈 딱 감고 뛰어내리는 거다. "그래! 결심했어!" 하고 두 가지의 상황을 모두 상상해 본다.

못하겠다고 그냥 내려왔다고 하자.

뛰어내리는 순간의 공포에서는 벗어날 수 있지만, 두고두고 아쉽지 않을까? 안 뛰어내리길 잘했다는 생각보다, '아! 그냥 뛰어내릴걸'이라는 생각이 더 들지 않을까? 뛰어내린 사람들의 표정을 보면 더 그런 생각이 들지 않을까? 끝을 보지 못했다는 아쉬움이 두고두고 남을 것이다.

눈 딱 감고 뛰어내렸다고 하자.

뛰어내리는 순간의 찰나를 제외하고는, 펑 뚫리는 기분이 들지 않을까? 허공을 가로지르는 기분도 좋지만, 막연한 두려움에서 벗어났다는 생각이 해방감을 느끼게 해주지 않을까? 바닥에 내려와서는 떠나지 않은 흥분된 마음을 혼자서 혹은 기다려준 사람들과 함께 나누지 않을까? 두려움에서 벗어난 사람의 표정, 딱 그것이다.

행동하지 않으면 결과가 나지 않는다.

결과가 나지 않으면, 두려운 감정을 계속 가지고 살아야 한다. 원하는 결과를 얻든 그렇지 않든, 시도한 것으로 두려움에서 벗어날 수 있다. 그것만으로도 큰 짐을 덜어낼 수 있다. 가벼워진 마음은, 그 마음 자체로도 좋지만, 다음 도전을 생각하게 만든다. 결과를 떠나, 두려움에 맞서본 사람만이 가질 수 있는 마음이다. 무거운 마음을 가볍게 할 수 있다. 바로, 지금!

선(線)은, 두려운 마음에 그어진 것으로, 뛰어넘어야 온전히 살 수 있다.

초보 직장인을 위한
직장생활 설명서

초 판 1 쇄	2023년 11월 10일
지 은 이	김영태
펴 낸 곳	하모니북

출 판 등 록	2018년 5월 2일 제 2018-0000-68호
이 메 일	harmony.book1@gmail.com
홈 페 이 지	harmonybook.imweb.me
인스타그램	instagram.com/harmony_book_
전 화 번 호	02-2671-5663
팩 스	02-2671-5662

ISBN 979-11-6747-132-1 03320
© 김영태, 2023, Printed in Korea